NANT GWRTHEYRN

The Enchantment *Y Swyngyfaredd*

A photographic exploration by the artist
Fforiad ffotograffig gan yr arlunydd

GLYN DAVIES

Foreword *and* Personal Relationship with Nant *by Dr Carl Clowes*
Rhagair *a* Perthynas Bersonol â'r Nant *gan y Dr Carl Clowes*

PUBLISHED BY GLYN DAVIES PHOTO-ARTIST LTD

ISBN: 978-0-9557003-2-3

All of these images are available as signed archival prints.

Glyn Davies Photo-Artist Ltd, The Gallery, Menai Bridge, Anglesey LL59 5DN
Tel: 01248 715511 Email: glyn@glyndavies.com Website: www.glyndavies.com

Design & Production by Magic Bean Publishing, Design & Event Services
Tel: 0870 850 2125 Email: jonathan@magic-bean.co.uk
Website: www.magic-bean.co.uk

Translated by Dr Bruce Griffiths & Ann Corkett

Foreword by Dr Carl Clowes

Welsh Language and Heritage Centre
Nant Gwrtheyrn, Llithfaen, Pwllheli, Gwynedd, LL53 6PA
01758 750334 www.nantgwrtheyrn.org

Project management by TMG Horizon Ltd

Printed by Stephens & George Ltd, Merthyr Tydfil

CYHOEDDWYD GAN GLYN DAVIES PHOTO-ARTIST LTD

ISBN: 978-0-9557003-2-3

Ceir pob un o'r lluniau hyn fel print archifol â llofnod yr arlunydd.

Glyn Davies Photo-Artist Ltd, Yr Oriel, Porthaethwy, Ynys Môn LL59 5DN
Ffôn: 01248 715511 E-bost: glyn@glyndavies.com Gwefan: www.glyndavies.com

Dyluniwyd a chynhyrchwyd gan Magic Bean Publishing, Design & Event Services
Ffôn: 0870 850 2125 E-bost: jonathan@magic-bean.co.uk
Gwefan: www.magic-bean.co.uk

Cyfieithwyd gan Ann Corkett a'r Dr Bruce Griffiths

Rhagair gan y Dr Carl Clowes

Canolfan Iaith a Threftadaeth
Nant Gwrtheyrn, Llithfaen, Pwllheli, Gwynedd, LL53 6PA
01758 750334 www.nantgwrtheyrn.org

Rheolwyd y Prosiect gan TMG Horizon Ltd

Argraffwyd a rhwymwyd gan Stephens & George Ltd, Merthyr Tydfil

In fondest memory of my Nain and Taid
Who will always remain my biggest reason for loving Wales

Robert Davies 1903 – 1977; Edith Davies 1908 – 1991

Er cof annwyl am Nain a Thaid
A erys am byth fy rheswm pennaf dros garu Cymru

CONTENTS / CYNNWYS

Foreword by Dr Carl Clowes

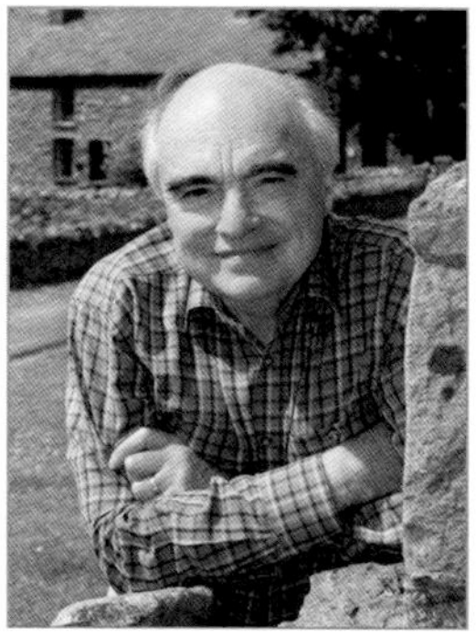
© Glyn Davies

It was 1965 when I first 'chanced' on Nant Gwrtheyrn. As a medical student in Manchester, I was home in Llanberis for the weekend and, together with Dorothi, my wife to be, decided to explore the Llŷn peninsula. I was unaware of the 'Nant' at the time and, quite innocently, turned up the hill at the crossroads in Llithfaen to follow what appeared to be an interesting opportunity. After a mile we parked and walked towards the coast tracing a path through the forest, taking roughly the direction the road follows today. Here, as we approached the furthest point we could safely walk, we peered over the edge to witness a sight so stunning and unexpected that it defied words. Nestled in the valley several hundred feet below, surrounded on three sides by mountains and looking out towards the sea, lay the village of Porth y Nant and the remarkable valley of Nant Gwrtheyrn. We walked back excited and picked up on the steep winding track that served as the only foot access down to the village. On arrival, it was clearly empty, totally empty, overgrown and forlorn save for one exception, Capel Seilo, the old Presbyterian chapel inscribed 1878 AD where everything was intact. It was as if there had been a service the previous day, the hymn numbers still evident for all to see. Discovering the village that day was an awesome experience and, when exploring some of the ancient temples around Angkor Wat in Cambodia many years later, seemed strangely reminiscent.

Although I didn't appreciate it at the time, that weekend was to change my life.

Even today, with the village largely restored and a safe access now secured, the village has an aura which needs a very special skill to interpret it to the unwitting. In Glyn Davies's interpretation of the 'Nant' we have a work of art which does just that. Glyn's talent is founded on his undoubted skills as a photographer with considerable technical understanding. His work, however, is much more, enhanced as it is by his keen artistic eye and highly polished computer literacy. These combine to take the craft to a new level and a skill the likes of which I have not been privileged to witness previously. He has gone to the very soul of Nant Gwrtheyrn and interpreted it in a way I could only aspire to for thirty years and more.

His appreciation of the area is endless and, as Glyn has portrayed, the opportunities virtually limitless. Its history, going back to the Iron Age typified by Tre'r Ceiri; the development and later demise of the quarries with their self-contained community; the stunning environment with numerous Sites of Special Scientific Interest and the unusually close proximity of mountain and sea give birth to a unique and challenging landscape.

It is difficult to appreciate today that, in the area around Nant Gwrtheyrn, 2,000 men were employed in the heavy industry of the granite quarries in the early 20th century, making setts to pave the roads of industrial

England. With the advent of tarmac, the industry withered as the demand fell. When I arrived in medical practice in nearby Llanaelhaearn in 1970, the area was moribund. The last quarry was about to close, depopulation was rampant, the village schools had falling rolls, Llithfaen school had already closed and the village of Nant Gwrtheyrn had seen the last residents leave in 1959. The confidence of the area was rock bottom and social decline a real concern. There was a need for real action. A charitable trust was established and, after six interminable years of negotiation, we finally bought the village!

Glyn's enthusiasm for the 'Nant' is something that, of course, I share but, as he describes, his enthusiasm for the Welsh language and culture is also something that has become instilled in him in recent years. This was particularly important for me as one of the motivations in my attempts to re-vitalise the communities of Bro'r Eifl has always been the creation of employment to strengthen the language, culture and confidence of an area where Welsh is the predominant and natural language of the community. By now, Nant Gwrtheyrn has been developed as a National Centre for Language and Heritage where some 25,000 people have had the opportunity to develop their understanding of Welsh, many of them the 'dispossessed' of Wales, whilst many others have travelled from all corners of the globe to share in this gem. Employment has been created and, by today, several millions of pounds have been injected into the local economy and the confidence of the area has been improved considerably.

Much more needs to be done, however, if the potential of Nant Gwrtheyrn is to be maximised for the benefit of the local community. How to do this sensitively without destroying the very essence of the place? This fragile environment needs nurturing and developing very carefully, something that the trust, Ymddiriedolaeth Nant Gwrtheyrn, is wholly committed to and, hopefully, more jobs and confidence for the area will follow. Glyn's work Y Swyngyfaredd or 'The Enchantment' gives a huge opportunity for the trust to market the positive features of the 'Nant' to a new audience in a highly professional way.

With 6,912 known languages in the world today, Welsh is probably in the top 100 in terms of its viability and is relatively well placed to face the future. There are many threats however and, in an increasingly globalised market, the pressures are likely to increase. Many other lesser-used languages have a common interest in Welsh and our fate and, of course, many non-Welsh speakers identify readily with the challenges we face. Working co-operatively with those who share our common ambitions is paramount for the future. This will involve reaching out in dialogue, sharing experiences and promoting the treasure we have in Nant Gwrtheyrn, not only in terms of the physical environment but the integrally related cultural environment. With this volume, Glyn's work captures that relationship and will enable us to do just that – reach out in confidence knowing that we have something very special to share.

I have greatly appreciated working with Glyn on this volume – a big thank you for the opportunity!

Rhagair gan Dr Carl Clowes

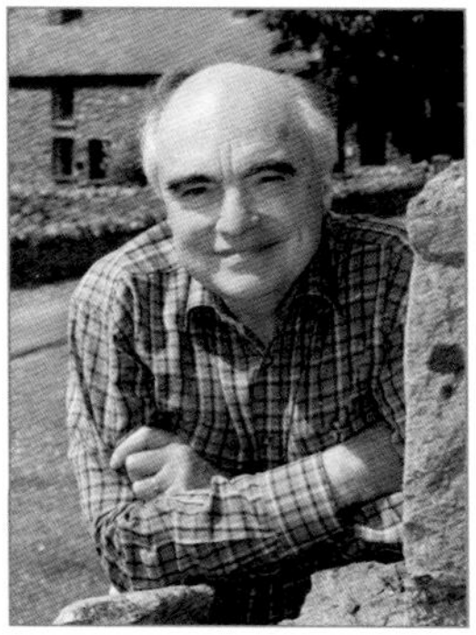

© Glyn Davies

Yn 1965, a minnau o hyd yn fyfyriwr meddygol ym Mhrifysgol Manceinion, 'roeddwn i gartref yn Llanberis am y penwythnos gyda'm darpar wraig Dorothi. 'Roedd penrhyn Llŷn yn ardal eitha' ddieithr inni'n dau ac, ar y Sadwrn, 'doedd 'na ddim byd amdani ond mynd am dro i chwilota am ei chyfrinachau. Wedi cyrraedd y groesffordd yn Llithfaen, gwelsom y ffordd yn arwain am ochr y mynydd a phenderfynu bod hynny'n cynnig cyfle diddorol. 'Doeddwn i ddim yn ymwybodol o'r Nant ar y pryd ac felly'n ansicr o'r hyn oedd yn ein hwynebu. Ar ôl tua milltir dyma barcio'r car a dechrau cerdded trwy'r goedwig i gyfeiriad glan y môr, yn dilyn mwy neu lai gyfeiriad y ffordd sydd yno heddiw. Ar y pryd, sut bynnag, prin oedd 'na unrhyw lwybr ac, wrth wthio ymlaen, daethom o'r diwedd at y man pellaf oedd yn ddiogel, gyda'r llethrau a oedd yn arwain at y môr o'n blaenau. Yn fan hon, buom yn sbecian dros yr ymyl a gweld golygfa mor annisgwyl a thrawiadol fel y gadawai rywun yn gegrwth. Yn swatio yn y dyffryn, gannoedd o droedfeddi islaw, wedi ei amgylchynu ar dair ochr gan fynyddoedd yr Eifl, ac yn wynebu'r môr, oedd hen bentref Porth y Nant a chwm gwefreiddiol Nant Gwrtheyrn. Dyma ni'n cerdded yn ôl, wedi ein cyffroi, nes inni gyrraedd yr hen gamffordd oedd yn cynnig llwybr mwy hwylus, er yn serth iawn, i lawr i'r pentref. Wedi inni gyrraedd, 'roedd yn amlwg bod y pentref yn wag, yn gwbl wag, a'r mieri yn prysur adfeddiannu'r lle. Er hynny, 'roedd 'na un eithriad, sef Capel Seilo, yr hen gapel Presbyteraidd, yn dyddio o 1878, lle 'roedd popeth mewn trefn fel petai gwasanaeth wedi bod yno'r diwrnod cynt, a hyd yn oed rifau'r emynau yn cael eu hysbysu ar y bwrdd ac yn amlwg i bawb i'w gweld. 'Roedd darganfod y pentref y diwrnod hwnnw'n brofiad arbennig, rhywbeth a adleisiwyd yn fy mhrofiad arswydus rai blynyddoedd wedyn wrth grwydro rhai o'r hen demlau o gwmpas Angkor Wat yng Nghambodia.

Er nad oeddwn yn ei werthfawrogi ar y pryd, 'roedd y penwythnos hwnnw yn mynd i newid fy mywyd. Hyd yn oed heddiw, gyda sail Nant Gwrtheyrn yn gadarn a mynediad diogel i'r cwm wedi ei sicrhau, mae gan y pentref ryw naws arbennig sy'n gofyn dawn eithriadol i'w chyfleu'n llwyddiannus i'r sawl nad yw'n gyfarwydd â hi.

Yn y gyfrol gelfyddydol hon gan Glyn, mae ei dehongliad arbennig o'r cwm a'i rinweddau'n gampwaith sy'n derbyn yr her yn deilwng. Mae llwyddiant Glyn wedi ei seilio ar ei ddawn fel ffotograffydd gyda chryn wybodaeth dechnegol o'i grefft.

Mae ei waith, serch hynny, yn llawer mwy na hynny, yn bennaf oherwydd ei lygad craff a chelfydd a'i feistrolaeth o dechnegau cyfrifiadurol. Mae'r ffactorau hyn yn ymuno i greu ysbryd ac ansawdd llun nad wyf erioed wedi profi mo'i debyg o'r blaen. Yn ei waith, fe aeth i'r afael ag enaid Nant Gwrtheyrn a'i dehongli mewn modd na allwn i ond dyheu ei wneud ers dros deng mlynedd ar hugain.

Mae ei werthfawrogiad o'r ardal yn ddiwyro ac, fel y dangosodd Glyn, mae'r posibiliadau o ran ei bortreadu bron yn ddiderfyn: hanes y fro, sy'n mynd yn ôl i'r Oes Haearn, wedi ei nodweddu gan Dre'r Ceiri; datblygiad y chwareli, a'r dirywiad ym mywyd y pentrefwyr yn y cwm; yr amgylchedd gwerthfawr, gyda sawl Ardal o

Ddiddordeb Gwyddonol Arbennig a'r agosrwydd rhwng y môr a'r mynydd sy'n creu tirlun mor ddifyr. Heddiw, mae'n anodd credu bod yr ardal hon yng Ngogledd Llŷn wedi cyflogi tua 2,000 o ddynion yn y chwareli gwenithfaen ar ddechrau'r 20fed ganrif, yn bennaf yn gwneud 'setts' ar gyfer palmantu ffyrdd y Lloegr ddiwydiannol. Gyda dyfodiad tarmac, nid oedd eu hangen a chwalodd y diwydiant. Pan gyrhaeddais Llanaelhaearn, yn feddyg ifanc yn 1970, 'roedd dirywiad yr ardal yn rhemp. 'Roedd y chwarel olaf ar fin cau, diboblogi yn ddybryd, nifer plant ysgolion yr ardal yn disgyn, Ysgol Llithfaen wedi ei chau eisoes a'r pentrefwyr olaf wedi symud o Nant Gwrtheyrn ers1959. 'Roedd hyder yr ardal ar ei isaf, a'r dirywiad cymdeithasol yn achos pryder mawr. 'Roedd angen gweithredu. Sefydlwyd ymddiriedolaeth elusennol ac, yn dilyn chwe blynedd o drafodaethau diderfyn, daeth y pentref i'n dwylo ni!

Mae brwdfrydedd Glyn dros y Nant yn rhywbeth y medraf, wrth gwrs, uniaethu ag ef ond, fel y dywed hefyd, mae ei frwdfrydedd dros y Gymraeg a diwylliant Cymru yn rhywbeth sydd wedi cynyddu yn ei ymwybyddiaeth yn ystod y blynyddoedd diwethaf. Golyga hyn gryn dipyn imi fel rhywun sydd wedi ymdrechu i hyrwyddo gwaith yn yr ardal er sicrhau parhad y cymdogaethau Cymraeg naturiol. Bellach, mae Nant Gwrtheyrn yn gweithredu fel Canolfan Iaith a Threftadaeth Genedlaethol ac, yno, mae tua 25,000 wedi cael y cyfle i ddatblygu eu dealltwriaeth o'r Gymraeg, llawer ohonynt yn rhai sydd wedi eu hamddifadu o'r iaith trwy ddiffygion y system addysgol yng Nghymru, ac eraill wedi teithio o'r tu allan i'n gwlad, rhai o bellafoedd y byd, i ddod i'r llecyn hudolus hwn. Mae'r Ymddiriedolaeth wedi llwyddo i greu swyddi i'r ardalwyr ac wedi sicrhau miliynau o bunnoedd ar gyfer economi'r ardal. Fel y gellid disgwyl, o ganlyniad, mae hyder yr ardal wedi gwella'n sylweddol. Er hynny, mae angen gwneud llawer iawn mwy os yw potensial Nant Gwrtheyrn i wella parhad ac economi'r ardal i'w wireddu'n llawn ond sut mae gwneud hynny'n sensitif heb ddifetha naws ac ysbryd y lle? Mae ar yr amgylchedd bregus hwn angen ei feithrin a'i ddatblygu'n ofalus iawn, peth y mae'r Ymddiriedolaeth wedi ymrwymo i'w wneud, a gyda hyn fe welir gwaith a hyder yr ardal yn tyfu'n fwy eto. Mae gwaith Glyn, Y Swyngyfaredd, yn rhoi cyfle arbennig inni farchnata'r nodweddion unigryw sydd ar gael yn y Nant a hynny mewn modd na welwyd o'r blaen.

Gyda 6,912 o ieithoedd yn bod yn y byd, mae'r Gymraeg ymysg y 100 uchaf o ran ei gobaith parhau, ac mae'n medru wynebu'r dyfodol yn weddol hyderus. Mae llawer o fygythiadau iddi er hynny ac, mewn byd lle mae pwysau globaleiddio'n cynyddu, mae'r pwysau ar ein hiaith yn debygol o gynyddu. Mae'r rhan fwyaf o ieithoedd llai eraill yn wynebu'r un pryderon ac fe ymdeimlir â'r her sydd yn wynebu'r iaith Gymraeg gan lawer o bobl ddi-Gymraeg. Ceir pob rheswm felly dros gydweithio'n agos â'r rhai hynny sy'n rhannu ein dyheadau ar gyfer y dyfodol. Bydd angen inni ymestyn ein gorwelion, cyfnewid ein profiadau, a hyrwyddo'r trysor sydd gennym ni yn Nant Gwrtheyrn, nid yn unig yr amgylchedd corfforol, ond hefyd yr amgylchedd diwylliannol ynghlwm wrth hynny. Gyda'r gyfrol hon, bydd gwaith Glyn yn ein galluogi i wneud hynny yn yr wybodaeth bod gennym ni rywbeth arbennig iawn i'w rannu.

'Rwyf wedi gwerthfawrogi'n fawr y cyfle i gydweithio gyda Glyn ar y gyfrol hon - mawr ddiolch am y cyfle!

Introduction

The project

Nant Gwrtheyrn – for me at least – is a place of mysterious childhood memories. It's an association shared by many others: 'Oh, Nant. Yes, I went there years ago – strange place. Do you remember that awful winding road down into the village, and the horrendous walk back up? Can't remember exactly where it is, can you? Somewhere down on the Lleyn?'

I can honestly say I didn't remember the houses, but I distinctly remember the old quarry workings on the beach – huge cavernous structures still full of gleaming white gravel, and hot-baked, concrete retaining walls. As a child, I thought it was fantastic to have such industrial structures on a beach, a place for swimming and sunbathing! I remember my Dad giving my brother and me in turn shoulder-rides back up the steep, heavily-rutted, arduous track to the car park at the top of the hill. Thanks Dad.

Nowadays you may have heard of it in passing, in a snatch of conversation about Welsh language and identity, not heard of it at all or, on the contrary, have shared its life, its spirit, its education and its atmosphere. If it's the last, then almost certainly you will have also fallen in love with the place. I too have now become intoxicated by this magical place. I am drawn back to the Nant, without choice – there is a calling. How can I have a *hiraeth* for a place I hardly know? But I have. It feels like 'my place' though it is not; I feel protective towards it though it is not my responsibility; I feel as if I share an understanding of the place with past generations here, though of course this is an impossible claim; I feel at one with nature here, but at the same time I am not; I can walk the woods at dusk and not feel afraid; I can trudge the beach in darkness and it all feels familiar and safe. It feels utterly human here; I have a strong empathy with those who have lived and worked here, yet I know nothing about them, really, other than snippets of history in books.

About five years ago, a gently-spoken, very distinguished-looking gentleman walked into my gallery. He spent a long time perusing my images, studying some in great depth. After a while he approached me with a simple question, one that would be repeated years later: 'I am writing an English-language guide book about the lost village of Nant Gwrtheyrn. Having looked through your work, which is very atmospheric, I think it's exactly the sort of imagery that would suit the place. I wonder if you might be interested in taking some pictures to illustrate the guide?' He left me his name and number, scribbled onto a piece of paper, and then walked out... and I heard nothing more.

Dr Clowes re-appeared in my new gallery, about four years later! I recognised the face but not the context when, in January 2008, Carl re-introduced himself and once again raised the question about the guide book. I had thought the book must have been completed ages ago and was quite disappointed that nothing had ever happened, so it was with huge excitement that I listened, even more carefully this time, to the plans about the village and its future and for the guide. I was captivated by the potential and, this time, I was not going to let the opportunity pass.

Planning was rapid, and rather than letting the project get ruined by financial debate, I offered to do the whole shoot for nothing more than subsistence and the ability to sell my resulting images afterwards, at Nant, my gallery or wherever I wish. I am so pleased that we worked this way – without the formality of a paid commission I was able to approach the project in my own way, in my own time and without compromise. I worked in a way that was purely for myself, but which also provided for Nant's needs. The meetings and interactions were hugely positive, the picture-viewing sessions motivating and rewarding. Mutual respect grew quickly and a shared understanding was nurtured.

We rapidly achieved the goal of producing images for the guide, over just two or three visits, but it was apparent to both Carl and me that many of the images I was producing were very personal, artistic and of a value over and above the guide itself. I suggested that we might think about doing an art book, in a style similar to that of my *Anglesey Landscapes* series, one in which the surrealism, beauty, drama, history, industry and nature within my images of Y Nant could be celebrated as a beautifully-printed coffee

ON CLOUD NINE The views from Yr Eifl are spectacular at most times, but today was particularly dramatic and spacious. The huge fluffy clouds were racing up the coast over the tiny-looking villages of Trefor and Clynnog Fawr, and the morning sunshine cast distinct shadows down across a green-grey sea. They towered high above the land and dwarfed even the mountains. From my elevation, it gave an impression of flying, that ability to look down on the world below as if it were a map. When staying in Y Nant, surrounded on three sides by mountains, nestled amongst dark trees, the contrast between the escape of this nearby hilltop and the seclusion of the village was even more striking.

AR BEN Y BYD Mae'r golygfeydd o'r Eifl fel arfer yn rhai ysblennydd, ond 'roedd heddiw'n arbennig o ddramatig ac eang. Ysgubai'r cymylau gwlanog, anferth ar hyd glan y môr, uwchben pentrefi bychan yr olwg Trefor a Chlynnog Fawr, a thaflai heulwen y bore gysgodion eglur ar draws môr llwydwyrdd. Ymgodent yn uchel uwchben y tir, gan wneud i hyd yn oed y mynyddoedd edrych yn bitw. O'm huchelfan, cefais yr argraff fy mod i'n hedfan, gyda'r gallu hwnnw i edrych i lawr ar y byd islaw fel petai ar fap. Pan fyddwn yn y Nant, a mynyddoedd o'i amgylch ar dair ochr, yn swatio ymysg coed tywyll, byddai'r gwrthgyferbyniad rhwng dihangfa'r bryn cyfagos hwn ac encilfa'r pentref yn fwy trawiadol byth.

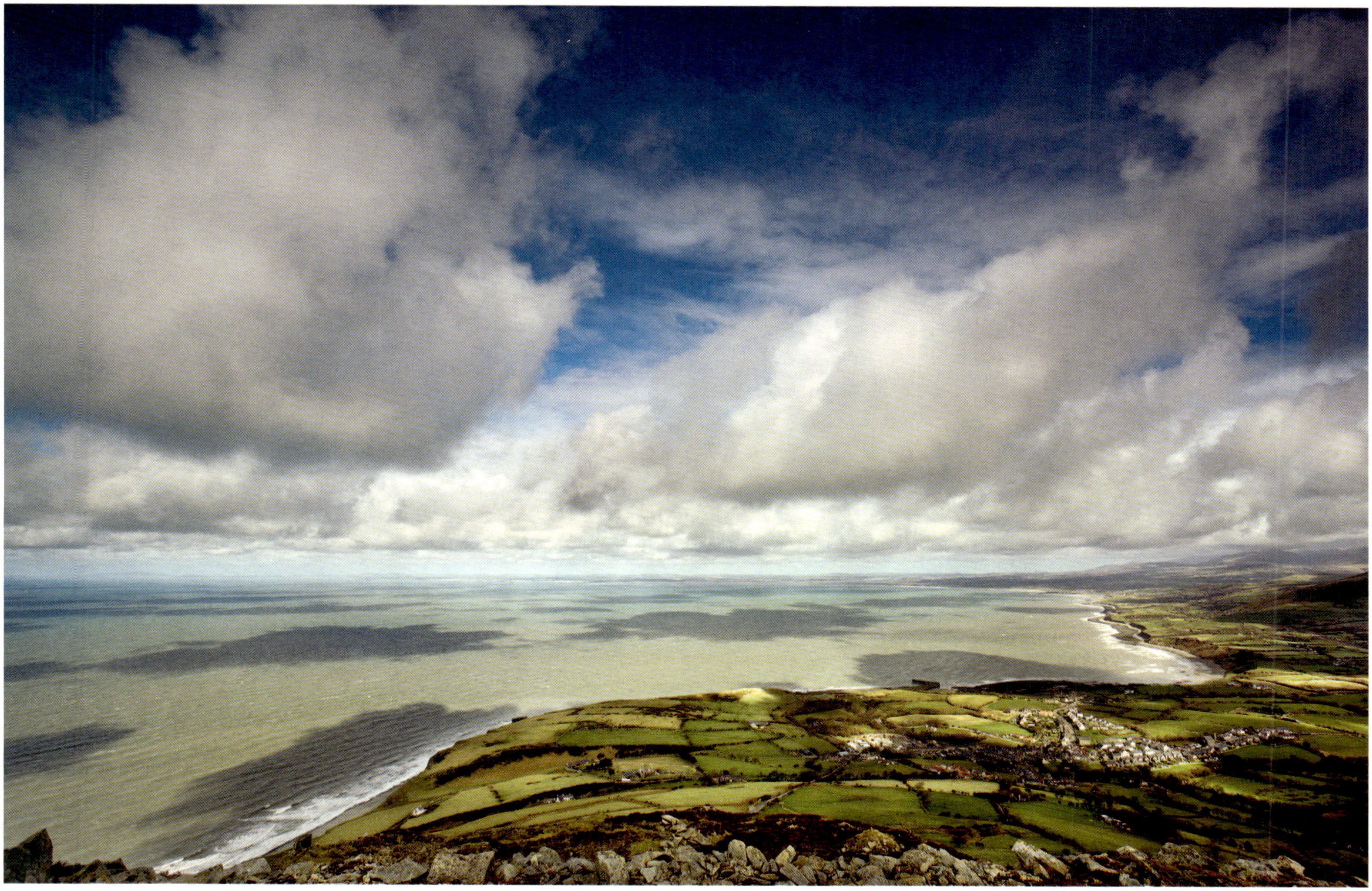

On Cloud Nine *Ar Ben y Byd*

table collection. I made a presentation to the board of trustees at Nant, to explain my ideas and put forward the book proposal. I showed some of the large-scale prints I had made from my first Nant images, which were daring in their lack of obvious tourist appeal, but which seemed to strike a chord with those people sitting before me, who were able to understand completely why I was shooting the way I was.

The chairman, Jeff Williams Jones, asked me over lunch when I would like a decision to be made. I jokingly said teatime would be nice! Without any hint of a joke he replied: 'Okay, as Chairman I am giving you the go-ahead right now! My production manager Jonathan spurted out a mouthful of tea on hearing the speed and delivery of this acceptance! It was one of life's most rewarding sandwich lunches and it was to radically change my attitude to working practices from then on.

The project began back in February 2008 and continued until the end of the year in order to add further book images to my growing collection of Nant files. I don't see the project ever really stopping, maybe just

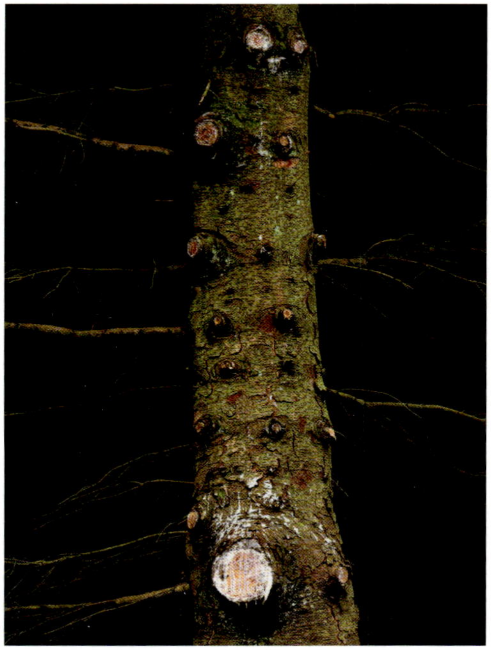

the intensity of image production. Nant is now in my blood and will course through my veins forever. The place always appears different, depending on the time of year and the weather and even the time of day. I am still finding endless image opportunities and this book represents just some of the best so far.

The place

First impressions / first night

It was February; it was cold but it was sunny, crisp and bright. I didn't even know how to find Y Nant but I knew it was somewhere beyond the Trefor quarries, on the far side of that big hill, Yr Eifl. I couldn't even remember seeing a signpost for it on my regular surf jaunts down to Porth Oer! However this time, I was looking, and there in the centre of Llithfaen, after passing some beautiful but peculiar little corrugated iron buildings and a shadowy and austere chapel, a tiny sign almost fingers a direction to Nant Gwrtheyrn, along a winding narrow lane up a mountainside, past chickens running around in one small field and dogs barking opposite. Long-distant memories of my first ever visit, almost a dream of childhood, came flooding back to me.

As I climbed, I could see the summit of Yr Eifl looming above the small single-storey cottages to my right before the lane flattened out on the shoulder of the hill. From here you can see signs of derelict buildings high on the hillside of neighbouring Garnfor. The car park! I remember the car park! It was not quite as clearly defined and walled as now, but I did remember. A monolithic sign to Nant Gwrtheyrn, carved in slate, appears on the right-hand side of the road, just before the woods and just before you start the very long, steep, descent into the valley to find the village.

Those woods are dark. Tightly-packed conifers fight for light; thousands of strange little arms of spiky branches push off in all directions, demanding their space, blocking passage to anyone wishing to enter the depths of their community. As you drive down the lane, hundreds of small eyes watch you, arms of broken branches creating their faces. The lane drops suddenly to the top corner, from where the sea looms towards you – it seems vast and waiting, as if the road is hurling you towards it. If you wish, you can stop here, jump the wall and stand above the sheer drop to the tiny village of Porth y Nant, hundreds of feet below. You take the first hairpin and a huge waterfall comes into view, plunging down the black rock face of Craig Ddu. This is alpine! Tall, majestic conifers stand sentinel on both sides of the road. As the road gets steeper, the valley provides an enormous drop on your left, whilst you hurtle towards the cwm at the back of the valley. Cyclists have witnessed burning brake blocks and overheated rims at this point! The old, and now derelict, farm of Tŷ Uchaf is clearly visible in the valley bottom, its field walls jig-sawing the lush green grass, and sheep tracks radiating outwards like a star from a narrow gap in one wall. You can make out

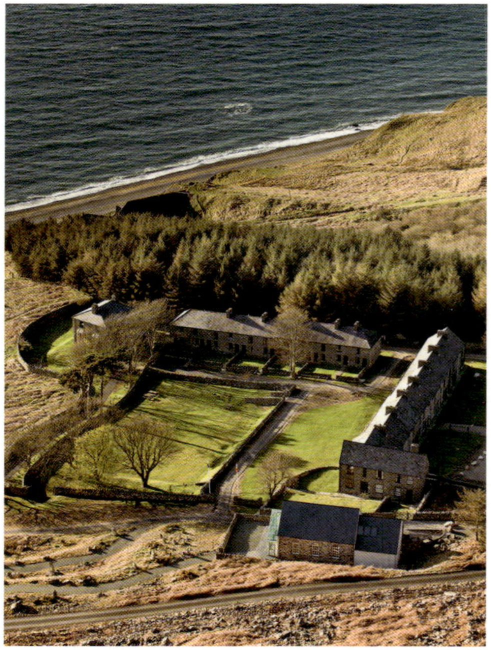

the original old road, even steeper, now a grassy furrowed track climbing to nowhere on your right. It is often dark here at the valley head and the waterfall seems higher than ever. The final hairpin takes you back towards the sea, and the gradient eases considerably. Now all you can see are trees to both sides, above, below and in front. Over a cattle grid, and the austere office block comes into view and the back line of the sea-facing cottages, Trem y Môr. The little road takes a wonderful route between the tall stone building on the right (formerly the bakery) and the old stone chapel on the left (still a consecrated building), but now the route is blocked by a gate.

I parked in the new gravel car park and located my cottage, down on Trem y Mynydd (facing the mountains of course!). I could get my car to the back door to unload my camera gear, but thankfully the square, now all grass, stone walls and pathways, does not permit vehicles so it preserves a rich sense of community, though sadly of course there is no regular community any more. Certainly, when looking down from the lofty hilltop corner, the view of the old village will not be polluted by cars and therefore presents a more historical impression.

I was staying in Aelhaearn II, stark but inviting, welcoming but not cosy, large but not lonely. There were simple bench seats along the wall in the dining room, softened by cushions, and a large, painted kitchen table to sit around. For this reason I guessed this was one of the more popular houses for the regular Welsh learners' courses held at Nant Gwrtheyrn. I went upstairs to choose my room: there were three bedrooms – two bunk rooms and a large twin room, all with high ceilings and all the rooms connected by a long narrow landing. There is no TV in this village, no radio, no telephone (other than in the office) and even your mobile phone rarely gets reception, but this is also its beauty, its wonder and uniqueness. I opened the latch on the timbered front door, opening out on the Maes, or square, and the sunlight flooded in. Everything was simple, minimal, clean,

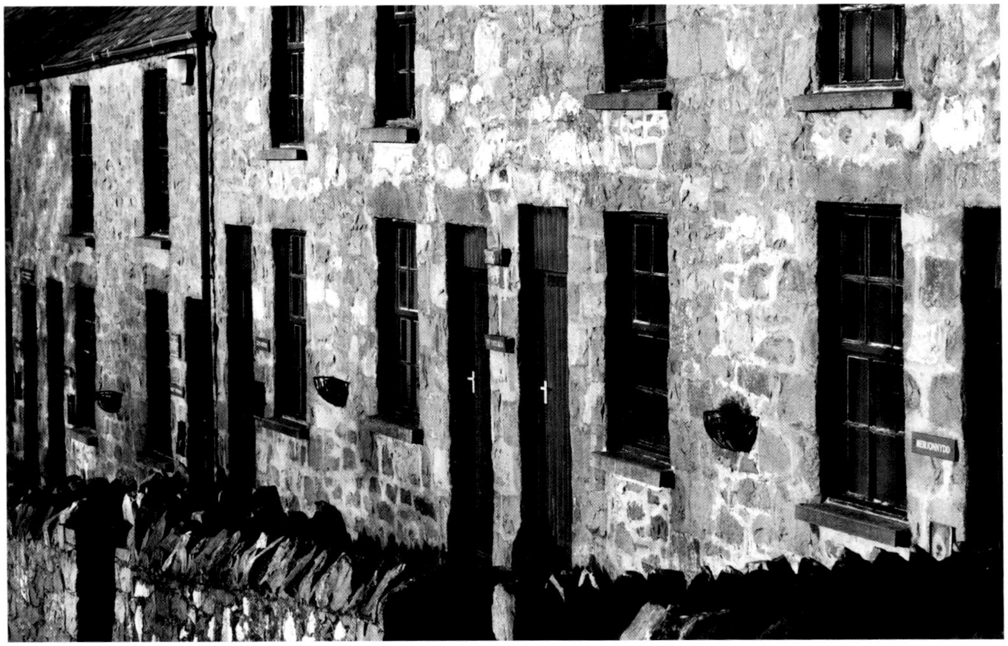

uncluttered and quiet. I couldn't get over the quietness. It was wonderful and calming. I could hear the choughs call to each other overhead and I could hear the sea below this hanging valley on which Nant was built. Later in the year, I could also hear the rustle of leaves in the wind but then, in February, the branches were bare and stark. Inside the building, in front of the wood-framed window, there was warmth. I could hear the sound of my walking boots on the wooden floor and the chairs screeched as I moved them to sit down. I was alone, totally alone. There was no one else in the village that day: no cars, no visitors, just me, a deep valley, the open sea and a deserted village. Everything was tidy: the walled gardens, the doors and windows, the lawns. It was hard to get used to not seeing someone appearing at a door, or kids playing in the square, or curtains being drawn. It was also hard to imagine no one in any of the houses, even behind closed doors, watching television, playing music or making tea, but no one was. There was just me, alone.

First things first, make a *'paned*, my first cuppa of many. It's amazing how quickly a cup of tea makes you feel normal, at home, with a sense of familiarity and security, even comfort – a time to think and take stock. I sat at a little round table outside the front door, in the sunshine, and watched for the people who never came. I then started my photography. I geared up and headed for the quarry levels.

That evening, after thoroughly enjoying the exploration of this post-industrial, nature-reclaimed environment, I returned to the cottage. The weather had changed and the wind had increased. It was almost dark. I went inside and immediately made a *'paned*. I closed the door but left the curtains open to watch the trees blowing in the wind. And then the lights came on! I hadn't even noticed that there were streetlights on each terrace, and each night they come on automatically. Now orange-coloured trees blew hard in the wind, swaying severely as they took the full force of the gale blowing off the ocean. As this was my first night, Bethan, the amazing cook from Caffi Meinir, had left me loads of goodies in the fridge and Welsh cakes in the kitchen. I had one or two, followed by the whole packet! They were great. I followed this with a huge pot of warming lobscouse and

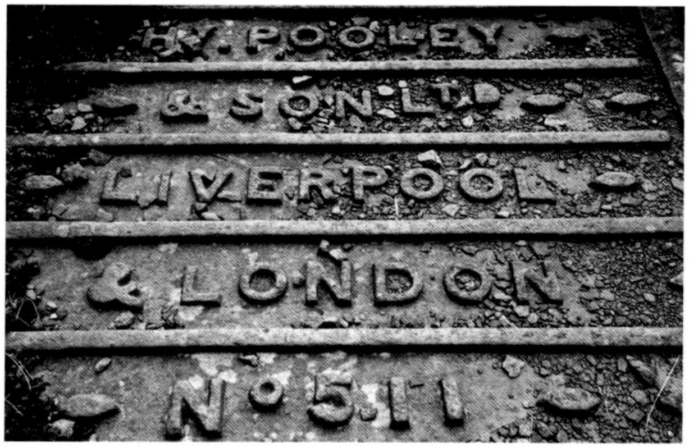

then trifle. Here I was, satisfied by some successful photography, gorgeous food and an amazing setting. I had plans to sort my images, write some notes and learn some Welsh, which I did – but it was still only 8.30pm! Umm. No TV, no radio, no internet connection and no companionship; ummm. Within the hour, heavy rain was beating down upon the roof and lashing against the window. A leaky gutter meant that a waterfall was exploding on the ground right outside my front door and wetting the porch carpet – the sound was incredible. For no particular reason I suddenly had a vision of a woman walking past the window in the torrential rain and turning to look in at me! Like a child I became spooked and immediately closed the curtains. I proceeded to watch two DVDs on the laptop, drank gin and tonic and headed for bed at just gone midnight. The room seemed enormous and I left the landing light on, only to be further spooked by the notion of a shadow making its way across the landing wall... I didn't sleep well that night, but by the second night, not having seen an apparition, been eaten by werewolves, or experienced any touches on the shoulder, I slept much better!

The discoveries / finds

Nant Gwrtheyrn is not for the faint-hearted, not because of legends and ghost stories, but because wherever you go for a walk, every place you wish to explore, involves long walks and steep inclines. You can't simply make a tick list and wander off to see things; I have found small items, buildings and artefacts that even Carl didn't know existed. I always feel fitter after staying at Y Nant for a few days, because I do more walking, scrambling and carrying than I would normally do in weeks or months! I have been out to Carreg y Llam to see the old quarry levels and explore the industrial gems at the water's edge, only to be tempted by the high-level workings on the mountainside on the other side of the beach – my legs felt like jelly by evening. When you work with cameras, it isn't just a matter of walking either. First you have heavy gear to carry and perhaps a tripod; second, you have to spend time really visually exploring a potential picture; so a trip may take ten times longer than when just out walking.

Unlike the situation at the Dinorwic Slate Quarries near Llanberis, many of the internal fittings of the quarry buildings have been stripped out, leaving empty shells, but the vast piles of granite chips or gravel still remain in the hoppers and alongside the beach. The inclines are all easy to see, and help you work out where things ran. You can still see the remnants of the old wooden jetty where the ships used to moor to load gravel. There are still bits of railway track, truck wheels, tunnels, blast shelters and winch houses. The once-busy farms are still there, derelict of course, but still fascinating to visit and contemplate. Within the farms the only signs of former life are the broken remains of old cooking ranges and fireplaces, a jolting historical jump to a time when there was warmth, good smells and hustle and bustle – not the damp, flaking walls, the dripping rafters and two-foot deep carpet of sheep droppings which now remain.

There are chough and buzzard perches within some of these old buildings, and it can unnerve the unwary, casually wandering in. In fact, on one visit I was exploring the top quarries to the north of the valley when I witnessed a huge hailstorm approaching. The light levels dropped dramatically and the world became dark, a bit like a solar eclipse. I hid under the roof of a winch house and pulled on my waterproofs. I could see the storm clouds getting closer and closer, and the afternoon felt like dusk. It was bitterly cold. The hail started to ping against sheets

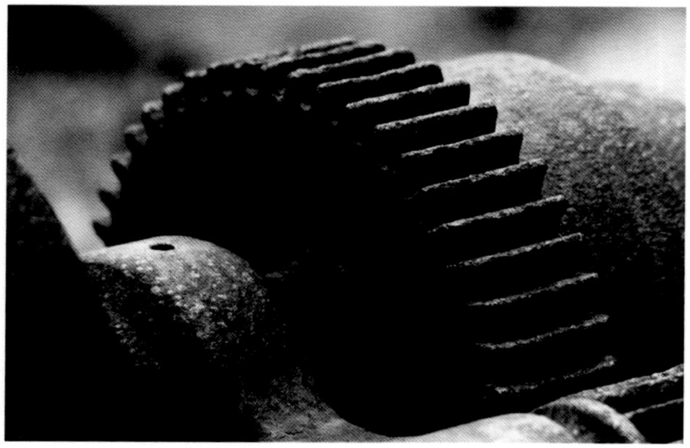

of rusty metal, and then a huge buzzard rested on a post just in front of me, obviously making its own decision not to venture out into the stinging hail. Then it pelted down like mini-bullets and I even lost sight of Carreg y Llam in the distance owing to the sheer intensity of the storm.

CLOUD ROUTE, YR EIFL As the clouds played in the sky, patches of sunlight scuttled across the windblown landscape, but the summit of Yr Eifl remained dark and cold-looking throughout.

LLWYBR CYMYLAU, YR EIFL Â'r cymylau'n chwarae yn yr awyr, sgrialai clytiau o heulwen ar draws dirlun yn nannedd y gwynt, ond arhosai copa'r Eifl yn dywyll ac oer yr olwg ar hyd yr amser.

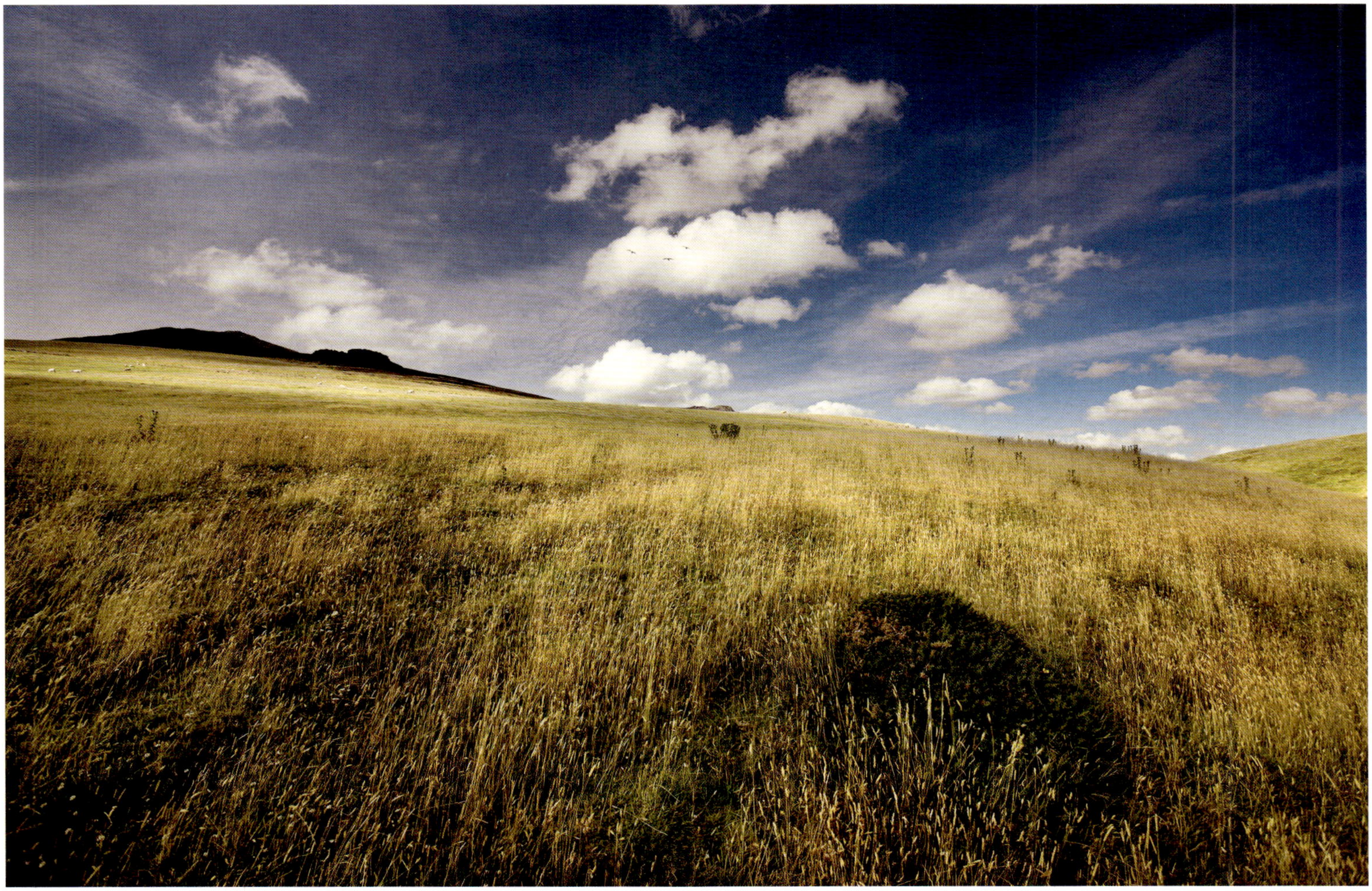

Cloud Route, Yr Eifl

Llwybr Cymylau, Yr Eifl

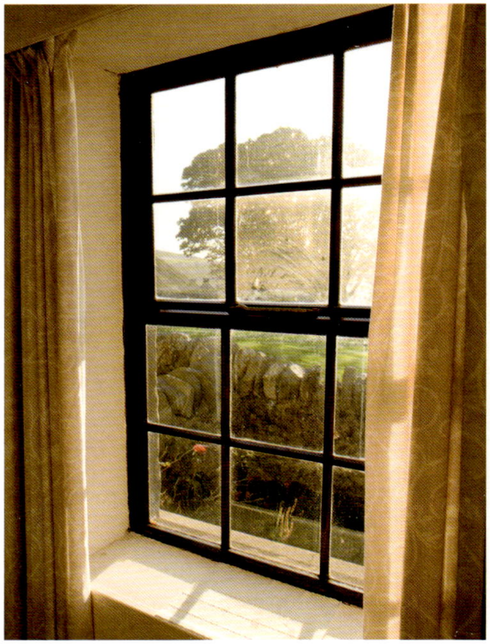

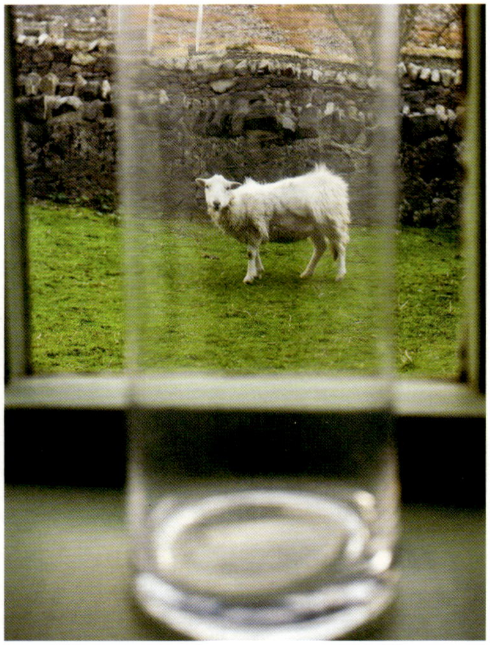

The buzzard turned to look at me, but otherwise didn't move. Perhaps three minutes later after the worst of the blitz, the world became a bit brighter. As the hail stopped, the buzzard turned to me once more and then flew off (*What the Buzzard Saw*).

There is also death everywhere! I have found dead sheep, goats, rabbits, crows, seagulls, rats and dogfish! I can honestly say that I don't think I've ever seen so many dead birds and animals anywhere else, but it all makes some sense as well. These cliffs are huge, and many sections are relatively inaccessible, so if animals die, even farm animals, it is impractical to try to recover the bodies, so they are left to decay, sometimes in the most amazing positions (*A View to Die For*).

The history

The village itself is a different story of course. This now dreamily quiet little place was once home to granite quarrymen, their families and children. It was a place of noise, of industry and machines, but also of conversation, of laughter and merriment, of play and love. Even earlier, small communities existed in this valley from time to time, at least as far back as the British King Gwrtheyrn, who recognised this place as a safe refuge after being chased here by treacherous Saxons he once trusted. And for the third and last time, if we believe the prophecy, a community has ceased to be. The present village was last inhabited in 1959, and then it fell into rack and ruin. However, in 1979 the village was resurrected, thanks in no small part to my friend Carl Clowes, who fell in love with its beauty and potential, so that once again people could at least stay in the village, if not live there.

It is tempting to photograph the interiors of the buildings, but it would then be easy to associate them with the original quarrymen – which of course would be incorrect. I have therefore taken just a few interiors, but they at least give a glimpse of what many thousands of visitors, from the 1980s to the time of writing, saw during their stay.

I am very aware, especially now that serious development money has been received towards the refurbishment of the village, that even my photographs are already becoming history – a record of what is, but will soon be what once was. It is frightening how quickly life and lives move on, and how history is almost instant. When you stand in the valley of Nant Gwrtheyrn and imagine all the hundreds of people over thousands of years who have lived, worked, laughed, cried, loved and died here, it makes you vitally aware of our own short passage on this earth, and how the valley will outlive all of us, and all our dreams, hopes and aspirations. It is a levelling place for that reason.

This historical place is not a theme park, nor should it ever be. It is a real place, for real people, and also for those who are no more. Its drama, beautiful location and spirit are still here for all to see and experience. I choose to see this place as my place whilst I am here. It has influenced, and is influencing, my life and therefore it is a part of me, forever. My images are personal impressions of this place and the history and spirit that are moving me. I am telling my story through my images and my work. My only fear is that there could be a point when I and others who share a real love of this place, this place of escape, thought and meditation, may no longer be able to visit – the 'history' in the making today is written by those with responsibility for the Nant's future. I hope my photographs of this 'present history' accord with plans for the future being created as I write.

STONE SIGNS The Iron Age hill-fort of Tre'r Ceiri hugs the nearby hill top, as seen from Yr Eifl, with Harlech and Cardigan Bay in the background.

ARWYDDION CERRIG Tre'r Ceiri, bryngaer o'r Oes Haearn, fel y'i gwelir o'r Eifl wedi'i lapio am ben y bryn cyfagos, gyda Harlech a Bae Ceredigion y tu ôl.

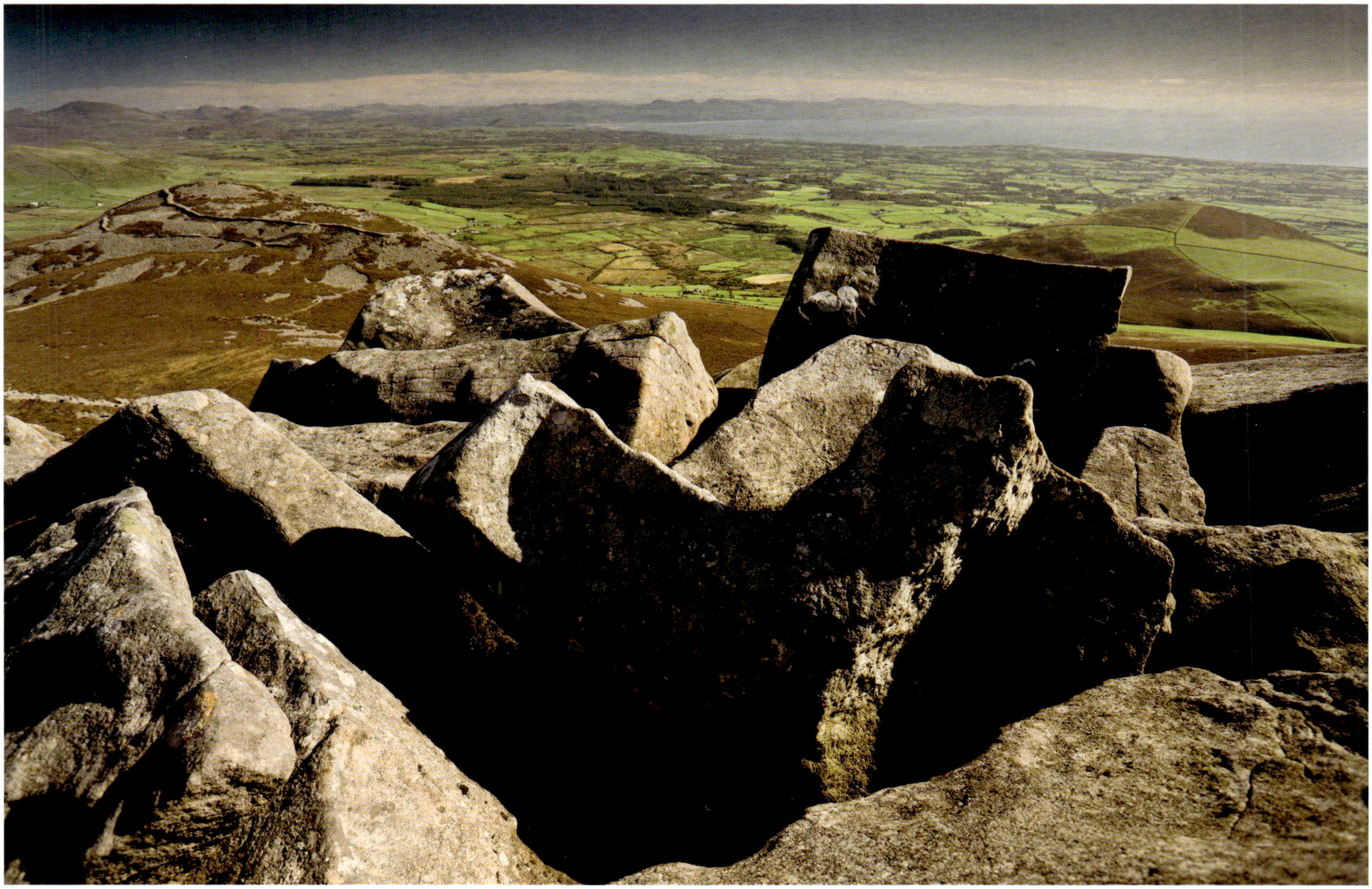

Stone Signs *Arwyddion Cerrig*

Cyflwyniad

Y prosiect

I mi o leiaf, mae Nant Gwrtheyrn yn lle o atgofion rhyfeddol plentyndod. Mae'n gysylltiad y mae llawer yn ei rannu: 'O, y Nant. Ia, es i yno flynyddoedd yn ôl - lle rhyfedd. 'Dych chi'n cofio'r lôn droellog ofnadwy 'na, i lawr i'r pentref, a'r gwaith cerdded ofnadwy ar y ffordd i fyny eto? 'Alla i ddim cofio'n union le mae, allwch chi? Rywle i lawr yn Llŷn?'

Gallaf ddweud yn onest na chofiwn i'r tai, ond cofiaf yn eglur yr hen weithfeydd chwarel ar y traeth - adeiladau enfawr, fel ceudyllau, yn llawn o hyd o raean gwyn disgleiriol, a waliau cynnal concrid, wedi'u crasu yn yr haul. Yn blentyn, cawn hi'n ffantastig bod y fath adeiladau diwydiannol i'w cael ar draeth, lle i nofio a thorheulo! Cofiaf Nhad yn cario fy mrawd a minnau, yn gocyn ceiliog bob yn ail, yn ôl i fyny'r llwybr llafurus, serth, a rhychog, i'r maes parcio ar ben y rhiw. Diolch, Nhad.

Bellach, 'dych chi efallai wedi clywed sylw didaro am y Nant, mewn pwt o sgwrs ynghylch yr iaith Gymraeg a hunaniaeth Gymreig, neu heb glywed amdani o gwbl neu, i'r gwrthwyneb, wedi rhannu ei bywyd, ei hysbryd, ei haddysg a'i naws. Os mai'r olaf yw hi, yna mae bron yn sicr ichi syrthio mewn cariad â'r lle hefyd. 'Rwyf innau hefyd bellach wedi gwirioni ar y lle hudolus hwn. Caf fy nenu'n ôl i'r Nant, heb ddewis - mae'n fy ngalw. Sut y galla' i hiraethu am le nad wyf prin yn ei 'nabod? Ond mae'n wir. Mae'n teimlo fel 'fy lle i' er nad ydyw ddim; teimlaf yn amddiffynnol tuag ato, er nad ydw i'n gyfrifol drosto; teimlaf fel petawn i'n rhannu dealltwriaeth o'r lle â chenedlaethau'r oes o'r blaen yma, er bod yr honiad hwn, wrth gwrs, yn amhosibl; teimlaf yn un â natur yma, ond ar yr un pryd, nid ydw' i ddim; caf gerdded yn y coed heb deimlo ofn; gallaf droedio'r traeth yn y tywyllwch ac mae popeth yn teimlo'n gyfarwydd a diogel. Mae'n teimlo'n hollol ddynol yma; ymdeimlaf yn gryf â'r rhai sydd wedi byw ac wedi gweithio yma, ac eto ni wn i ddim byd amdanynt, heblaw pytiau o hanes mewn llyfrau.

Ryw bum mlynedd yn ôl, cerddodd bonheddwr i mewn i'm horiel; 'roedd arno olwg rhywun nodedig, a siaradai'n addfwyn. Treuliodd amser maith yn craffu ar fy lluniau, gan astudio rhai'n fanwl iawn. Ar ôl ysbaid, daeth ataf gyda chwestiwn syml, un y byddai'n ei ailadrodd flynyddoedd yn nes ymlaen: ''Rwyf wrthi'n ysgrifennu llyfr tywys yn Saesneg ynghylch pentref coll Nant Gwrtheyrn. Wedi edrych trwy'ch gwaith, sy'n llawn awyrgylch, 'rwy'n meddwl mai rhain yw'r union fath o luniau a weddai i'r lle. Tybed a fyddai gennych ddiddordeb mewn tynnu rhai lluniau ar gyfer y llyfr?' Gadawodd ei enw a'i rif, wedi'u taro ar ddarn o bapur, ac yna gerdded allan ... ac ni chlywais ddim rhagor.

Galwodd y Dr Clowes heibio f'oriel newydd drachefn, ryw bedair blynedd yn ddiweddarach! Adnabûm yr wyneb, ym mis Ionawr 2008, ond heb gofio'r cyd-destun pan gyflwynodd Carl ei hun unwaith eto, gan godi unwaith eto gwestiwn y tywyslyfr. 'Roeddwn wedi tybio bod y llyfr wedi'i orffen ers talwm, a theimlwn dipyn o siom nad oedd dim erioed wedi digwydd, felly teimlais gyffro mawr wrth wrando, yn fwy gofalus byth y tro hwn, ar y cynlluniau ynghylch y pentref a'i ddyfodol ac ar gyfer y tywyslyfr. Cefais fy swyno gan y posibiliadau, a'r tro hwn 'doeddwn i ddim am adael i'r cyfle fynd heibio. Aeth y cynllunio ymlaen yn gyflym ac, yn hytrach na gadael i drafodaethau ariannol ddifetha'r prosiect, cynigiais dynnu'r holl luniau am ddim ond fy nhreuliau, hynny a'r hawl i werthu'r lluniau a godai o'r prosiect, yn y Nant, yn f'oriel neu le bynnag y mynnaf. 'Rwyf mor falch inni weithio fel hyn - heb ffurfioldeb comisiwn ariannol medrwn fynd i'r afael â'r prosiect yn fy ffordd fy hun, yn f'amser fy hun a heb gyfaddawdu dim. 'Roeddwn i'n gweithio er fy mwyn fy hun yn unig, ond mewn dull a ddiwallai anghenion y Nant hefyd. Yr oedd y cyfarfodydd a'r rhyngweithio yn hynod gadarnhaol, a bu'r sesiynau arolygu'r lluniau yn sbardun a boddhad imi. Tyfai parch y naill i'r llall yn gyflym, a magwyd cyd-ddealltwriaeth.

Yn fuan, cyraeddasom y nod o gynhyrchu'r lluniau ar gyfer y tywyslyfr, yn ystod dim ond dau neu dri ymweliad, ond yr oedd yn eglur i Carl a minnau, ein dau, fod llawer o'r lluniau a grëwn yn rhai personol iawn, yn artistaidd iawn ac o werth y tu hwnt i'r tywyslyfr ei hun. Awgrymais y gallem feddwl am gynhyrchu llyfr celf, mewn dull tebyg i ddull fy nghyfres *Tirluniau Môn*, un lle gellid dathlu'r swrealaeth, yr harddwch, y ddrama, hanes, diwydiant a natur i'w gweld yn fy lluniau o'r Nant mewn casgliad a gynhyrchid mewn diwyg hardd ar gyfer y bwrdd coffi. Gwneuthum gyflwyniad i fwrdd ymddiriedolwyr y Nant, i egluro fy syniadau a chyflwyno bwriad y llyfr. Dangosais rai o'r printiau ar raddfa fawr yr oeddwn wedi'u gwneud o rai o'm lluniau cyntaf o'r Nant; rhai beiddgar o ran diffyg eu hapêl amlwg ar gyfer twristiaid, ond a drawodd dant, yn ôl pob golwg, â'r bobl hynny a eisteddai o'm blaen,

SINCE ANCIENT KINGS This is the impressive Iron Age hill-fort of Tre'r Ceiri, looking towards neighbouring Yr Eifl and on towards Nefyn and the Llŷn. The hillside is very exposed and it's hard to imagine why people would settle this side of the hill! It would certainly get more sunlight, but would also face the prevailing winds and rain. However, its sheer size (approximately 150 huts) and condition impressed me greatly.

ERS DYDDIAU'R HEN FRENHINOEDD Dyma Dre'r Ceiri, bryngaer drawiadol o'r Oes Haearn, gan edrych i gyfeiriad yr Eifl ac ymlaen tua Nefyn a Llŷn. Mae'r llechwedd yn agored iawn, ac mae'n anodd dychmygu pam y byddai pobl yn ymsefydlu'r tu yma i'r bryn! Yn sicr, câi ragor o'r haul, ond wynebai hefyd y gwyntoedd a'r glawogydd mwyaf arferol. Er hynny, gwnaeth ei maint yn unig (rhyw 150 o gytiau) a'i chyflwr argraff fawr arnaf.

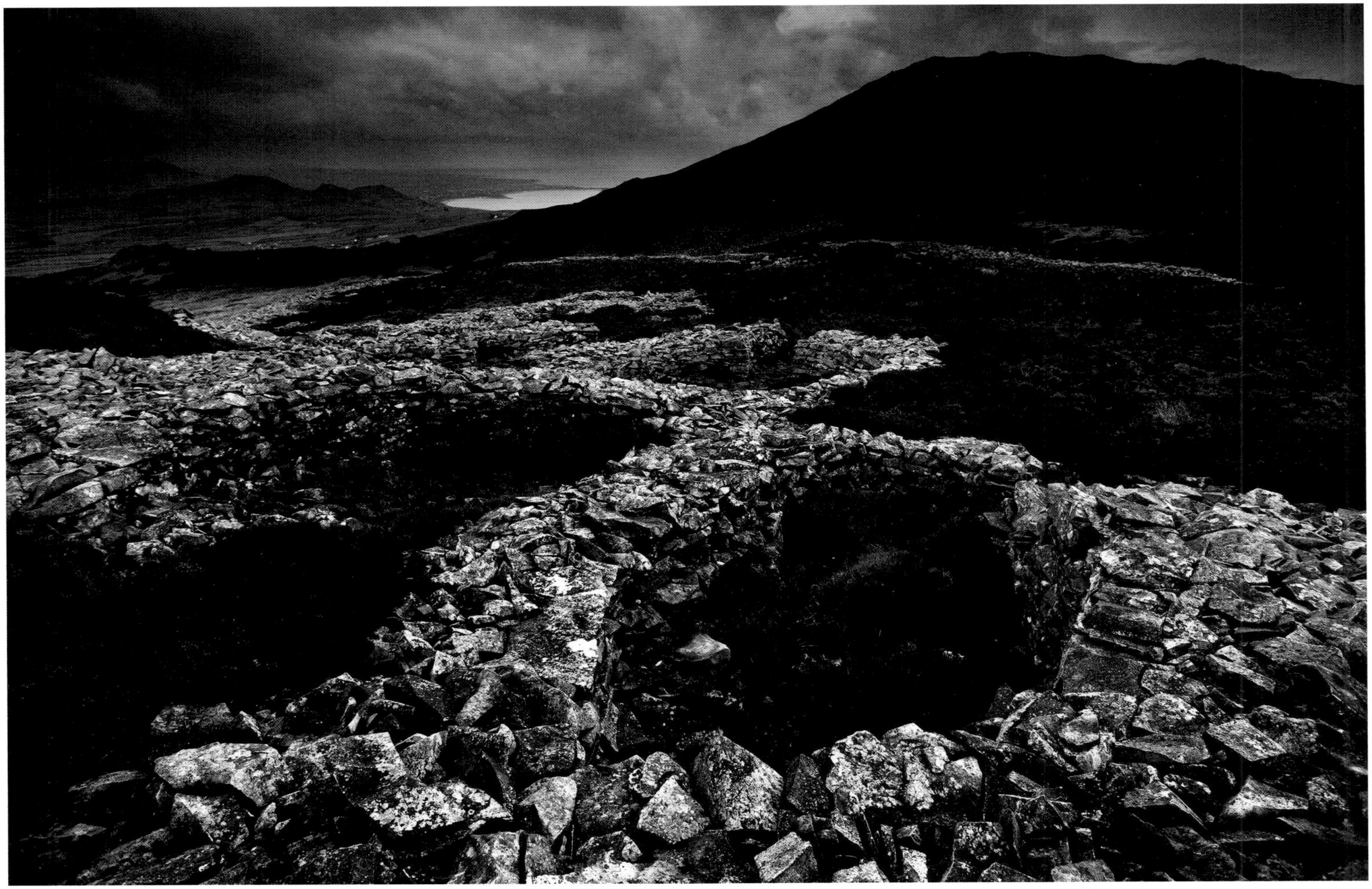

Since Ancient Kings — *Ers Dyddiau'r Hen Frenhinoedd*

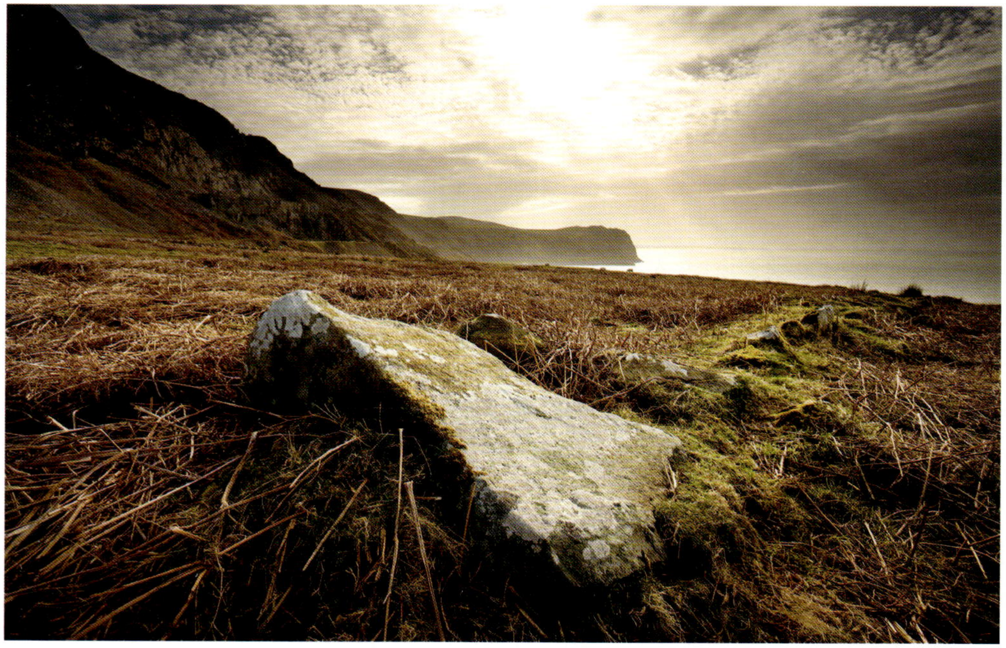

a fedrai ddeall yn llwyr pam 'roeddwn i'n tynnu lluniau fel 'na. Gofynnodd Jeff Williams Jones, y cadeirydd, imi dros ginio erbyn pa bryd yr hoffwn i gael penderfyniad. Dywedais, yn gellweirus, y byddai amser te'n ddymunol! Heb arlliw o gellwair atebodd: 'Iawn, yn rhinwedd fy swydd fel Cadeirydd 'dw' i'n rhoi caniatâd ichi gychwyn ar unwaith!' Tagodd Jonathan, fy rheolwr cynhyrchu, ar gegaid o de wrth glywed dull a chyflymder y derbyniad hwn! Yr oedd yn un o'r ciniawau brechdanau mwyaf buddiol erioed imi, a pharodd newid sylfaenol o hynny ymlaen yn f'agwedd at arferion gweithio.

Dechreuodd y prosiect ym mis Chwefror 2008, gan barhau hyd ddiwedd y flwyddyn er mwyn ychwanegu rhagor o luniau ar gyfer y llyfr i'm casgliad cynyddol o ffeiliau'r Nant. Ni welaf y bydd y prosiect hwn byth yn dod i ben yn derfynol, er y gall amlder cynhyrchu'r lluniau arafu. Erbyn hyn y mae'r Nant yn fy ngwaed, a bydd yn llifo trwy fy ngwythiennau am byth. Mae'r olwg ar y lle'n wahanol bob amser, gan ddibynnu ar adeg y flwyddyn a'r tywydd, a hyd yn oed yr adeg o'r dydd. Byddaf o hyd yn cael cyfleoedd diddiwedd ar gyfer lluniau, ac nid yw'r llyfr hwn ond yn cynrychioli rhywfaint o'r goreuon hyd yn hyn.

Y lle

Argraffiadau cyntaf / noson gyntaf

Mis Chwefror oedd hi, yn oer ond yn heulog, yn groyw ac yn loyw. Wyddwn i ddim hyd yn oed sut i ddod o hyd i'r Nant, ond gwyddwn ei fod yn rhywle'r tu hwnt i chwareli Trefor, y tu draw i'r mynydd hwnnw, yr Eifl. Fedrwn i ddim hyd yn oed gofio gweld arwyddbost ar ei gyfer ar fy ngwibdeithio cyson i frigo tonnau Porthor. Ond y tro hwn, 'roeddwn i'n chwilio amdano, ac yna, yng nghanol Llithfaen, ar ôl mynd heibio rhyw adeiladau bach sinc, hardd ond rhyfedd, a chapel tywyll a diaddurn yr olwg, mae arwydd bach yn pwyntio, bron fel bys, i Nant Gwrtheyrn, i fyny lôn droellog, gul, i'r mynydd, heibio ieir yn rhedeg o gwmpas mewn cae bychan a chŵn yn cyfarth gyferbyn. Daeth hen atgofion pell yn ôl ataf yn llu, atgofion o f'ymweliad cyntaf oll, bron fel breuddwyd plentyndod.

Wrth imi ddringo, medrwn weld copa'r Eifl yn ymrithio uwchben y bythynnod bach unllawr ar fy llaw dde, cyn i'r lôn wastatáu ar war y rhiw. O'r fan hyn, gallwch weld olion adeiladau adfeiliedig yn uchel ar lethr Garnfor gerllaw. Y maes parcio! Cofiaf y maes parcio! Nid oedd wedi'i ddiffinio mor eglur, ac nid oedd wal fel sydd bellach, ond mi gofiais i. Gwelir arwydd monolithig i Nant Gwrtheyrn, wedi'i gerfio ar lechfaen, ar ochr dde'r ffordd yn union cyn y goedwig ac yn union cyn ichi gychwyn ar y ddisgynfa serth, hir, i'r cwm er mwyn dod o hyd i'r pentref.

Mae'r coedydd hynny'n wir dywyll. Mae'r coed pinwydd, sy'n tyfu'n glòs, yn ymladd am oleuni; ymwthia miloedd o freichiau bychain rhyfedd o ganghennau pigog ym mhob cyfeiriad, yn mynnu eu lle, gan rwystro llwybr unrhyw un a ddymunai fynd i ddyfnderoedd eu cymuned. Wrth ichi yrru i lawr y lôn, bydd cannoedd o lygaid bychain yn eich gwylio, gyda breichiau'r canghennau toredig yn ffurfio eu hwynebau. Syrth y lôn yn sydyn i'r gornel uchaf, lle mae'r môr yn codi tuag atoch – mae fel petai'n anferth ac yn disgwyl, fel petai'r ffordd yn eich hyrddio tuag ato. Os dymunwch, gallwch oedi yma, neidio dros y wal a sefyll ar ymyl dibyn uwchlaw pentref bychan Porth y Nant, gannoedd o droedfeddi islaw. Ewch rownd y drofa egyr gyntaf, a daw rhaeadr anferth i'r olwg, yn plymio i lawr wyneb tywyll Craig Ddu. Mae hyn fel bod yn yr Alpau! Saif coed pinwydd tal, urddasol, yn wylwyr o bob tu i'r ffordd. Wrth i'r ffordd fynd yn serthach, ffurfia'r dyffryn ddisgynfa anferth ar eich chwith, tra'r ydych chi'n mynd ar eich pen tua'r cwm ym mlaen y dyffryn. Dyma'r lle mae beicwyr wedi gweld blociau breciau'n llosgi a chamogau eu holwynion yn gorboethi! Mae hen ffermdy Tŷ Uchaf, sydd bellach yn adfail, i'w weld yn glir yng ngwaelod y dyffryn, gyda chloddiau'r caeau'n creu jig-so o'r borfa irlas, a llwybrau defaid yn rheiddio allan fel seren o adwy gul mewn clawdd. Gallwch ganfod olion y hen ffordd wreiddiol ar y dde, yn serthach byth, bellach yn llwybr rhychog glaswelltog sy'n dringo i unman. Yn aml, mae'n dywyll yma ym mlaen y cwm, ac ymddengys y rhaeadr yn uwch nag erioed. Fe â'r bachdro olaf â chi'n ôl tuag at y môr, ac mae'r rhiw yn llai serth o dipyn. Erbyn hyn, y cyfan y gallwch ei weld yw coed ar y ddwy ochr, uwch eich pen, islaw ac o'ch blaen. Dros y grid gwartheg â chi, a daw bloc diaddurn y swyddfeydd i'r golwg, a chefnau Trem y Môr, y bythynnod sy'n wynebu'r môr. Dilyna'r ffordd fechan lwybr rhyfeddol rhwng adeilad cerrig uchel ar y dde (y popty gynt) a'r hen gapel cerrig ar y chwith (sydd o hyd yn adeilad cysegredig), ond bellach mae gât ar ei thraws yn cau'r ffordd.

Gadewais y car yn y maes parcio graeanog newydd a chael hyd i'm bwthyn, i lawr ar Drem y Mynydd (yn wynebu'r mynyddoedd, wrth gwrs!). Yr oedd modd mynd â'r car at ddrws y cefn i ddadlwytho'r offer camera ond, diolch byth, nid oes modd mynd â cherbydau i'r sgwâr, lle nad oes bellach ond glaswellt, waliau cerrig a llwybrau, felly mae'n cadw naws cymdeithas glòs, er wrth gwrs, yn anffodus, nid oes cymdeithas barhaol yna mwyach. Yn sicr, wrth ichi edrych i lawr o'r gornel uchaf ar ben y rhiw, ni chaiff golwg y pentref ei difetha gan geir, a bydd felly'n rhoi argraff well o'r hyn a fu.

Bûm yn aros yn Aelhaearn II, tŷ plaen ond deniadol, croesawus ond heb fod yn glyd, mawr ond heb fod yn unig. 'Roedd meinciau syml ar hyd y wal yn yr ystafell fwyta, a chlustogau i'w gwneud yn fwy cysurus, a gellid eistedd o gwmpas bwrdd cegin mawr, wedi'i baentio. Gan hynny, mi ddyfalais mai dyma un o'r tai mwyaf poblogaidd ar gyfer y cyrsiau cyson i ddysgwyr Cymraeg a gynhelir yn Nant Gwrtheyrn. Euthum i fyny'r grisiau i ddewis f'ystafell: 'roedd tair ystafell wely - dwy gyda byncïau ac ystafell fawr â gwelyâu pâr - bob un â nenfwd uchel, a phen grisiau hir a chul yn cysylltu pob un. 'Does dim teledu yn y pentref hwn, dim radio, dim ffôn (heblaw ffôn y swyddfa) ac yn anaml iawn y mae hyd yn oed eich ffôn symudol yn gweithio, ond dyma hefyd ei ogoniant, ei ryfeddod a'r hyn sy'n ei wneud yn unigryw. Codais y glicied ar y drws ffrynt pren, a agorai ar y Maes, neu'r

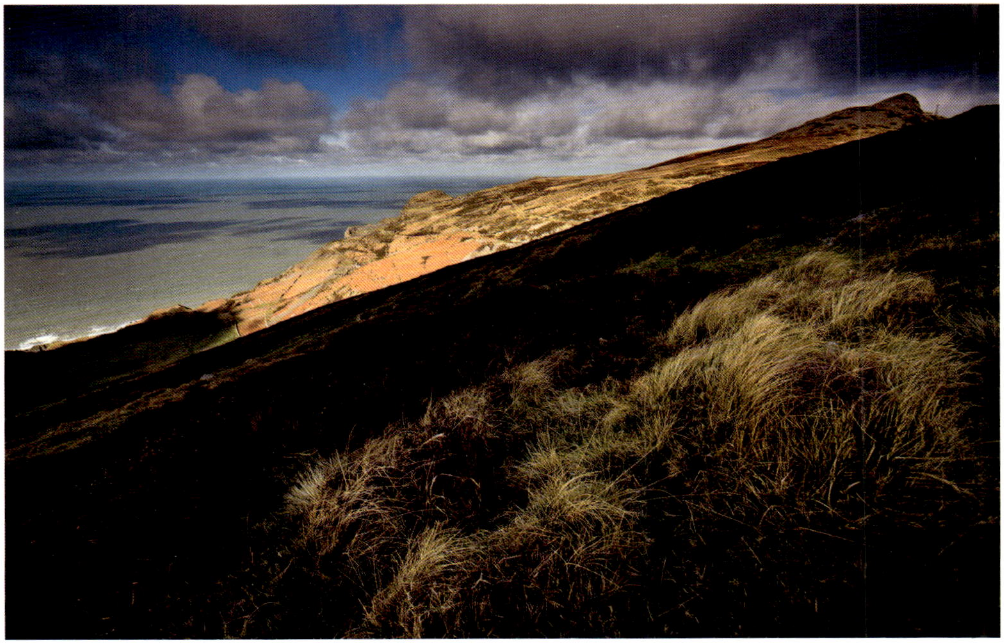

sgwâr, a llifodd yr heulwen i mewn. Yr oedd popeth yn syml, yn ddiffwdan, glân, dilanastr a thawel. Methais ddod dros y distawrwydd. 'Roedd yn rhyfeddol ac yn lleddfol. Gallwn glywed brain coesgoch yn galw wrth ei gilydd uwchben a gallwn glywed y môr islaw'r grognant yr adeiladwyd pentref y Nant ynddi. Yn nes ymlaen yn y flwyddyn, gallwn glywed hefyd siffrwd dail yn y gwynt, ond yr adeg honno, ym mis Chwefror, 'roedd y canghennau'n llwm ac yn noeth. Y tu mewn i'r adeilad, o flaen y ffenestr ffrâm bren, yr oedd gwres. Gallwn glywed sŵn f'esgidiau cerdded ar y llawr pren, a sŵn rhygnu'r cadeiriau wrth imi eu symud er mwyn eistedd i lawr. Dyma fi ar fy mhen fy hun, yn llwyr. Nid oedd neb arall yn y pentref y diwrnod hwnnw: dim ceir, dim ymwelwyr, neb ond fi, cwm dwfn, y môr agored a phentref gwag. Yr oedd popeth yn daclus, y gerddi rhwng eu cloddiau, y drysau a'r ffenestri, y lawntiau. Yr oedd yn anodd cynefino â'r ffaith nad oedd neb i'w weld yn agor drws, dim plant yn chwarae ar y sgwâr, neb yn tynnu'r llenni. Yr oedd yn anodd, hefyd, ddychmygu nad oedd neb yn yr un o'r tai, hyd yn oed y tu ôl i ddrysau caeedig, yn gwylio'r teledu, yn chwarae cerddoriaeth neu'n gwneud 'paned o de, ond 'doedd 'na neb yno. 'Doedd neb ond y fi, ar fy mhen fy hun.

Pethau pwysig yn gyntaf, gwneud 'paned, y cyntaf o lawer. Mae'n syndod pa mor gyflym y bydd cwpanaid o de yn gwneud ichi deimlo'n normal, yn gartrefol, gyda theimlad o gynefindra a diogelwch, hyd yn oed o gysur - amser i feddwl ac i bwyso a mesur. Eisteddais wrth fwrdd bach crwn y tu allan i ddrws y ffrynt, yn yr haul, gan wylio am y bobl na ddaeth byth. Wedyn, dechreuais baratoi i dynnu lluniau. Codais f'offer ac anelu am bonciau'r chwarel.

Y noson honno, ar ôl cael hwyl aruthrol ar archwilio'r amgylchfyd hwn, a fu unwaith yn ddiwydiannol ond sydd erbyn hyn wedi'i hawlio unwaith eto gan natur, dychwelais i'r bwthyn. 'Roedd y tywydd wedi newid a'r gwynt wedi cryfhau. 'Roedd bron â bod yn dywyll. Euthum i mewn a gwneud 'paned ar unwaith. Caeais i'r drws, ond gadael y llenni'n agored er mwyn gwylio'r coed yn siglo yn y gwynt. Ac yna goleuodd y goleuadau! 'Doeddwn i ddim hyd yn oed wedi sylwi bod goleuadau stryd ar bob rhesaid o dai, a oleuai

Years ago, the Iron Age settlers at nearby Tre'r Ceiri enclosed a hill top, using stone walls for their huts and livestock pens. Some 2,000 years later, farmers are still building walls across windswept, wild areas to retain their livestock. In so many ways we have advanced by leaps and bounds, but the basic requirements for farming and the rearing of domesticated animals persist regardless.

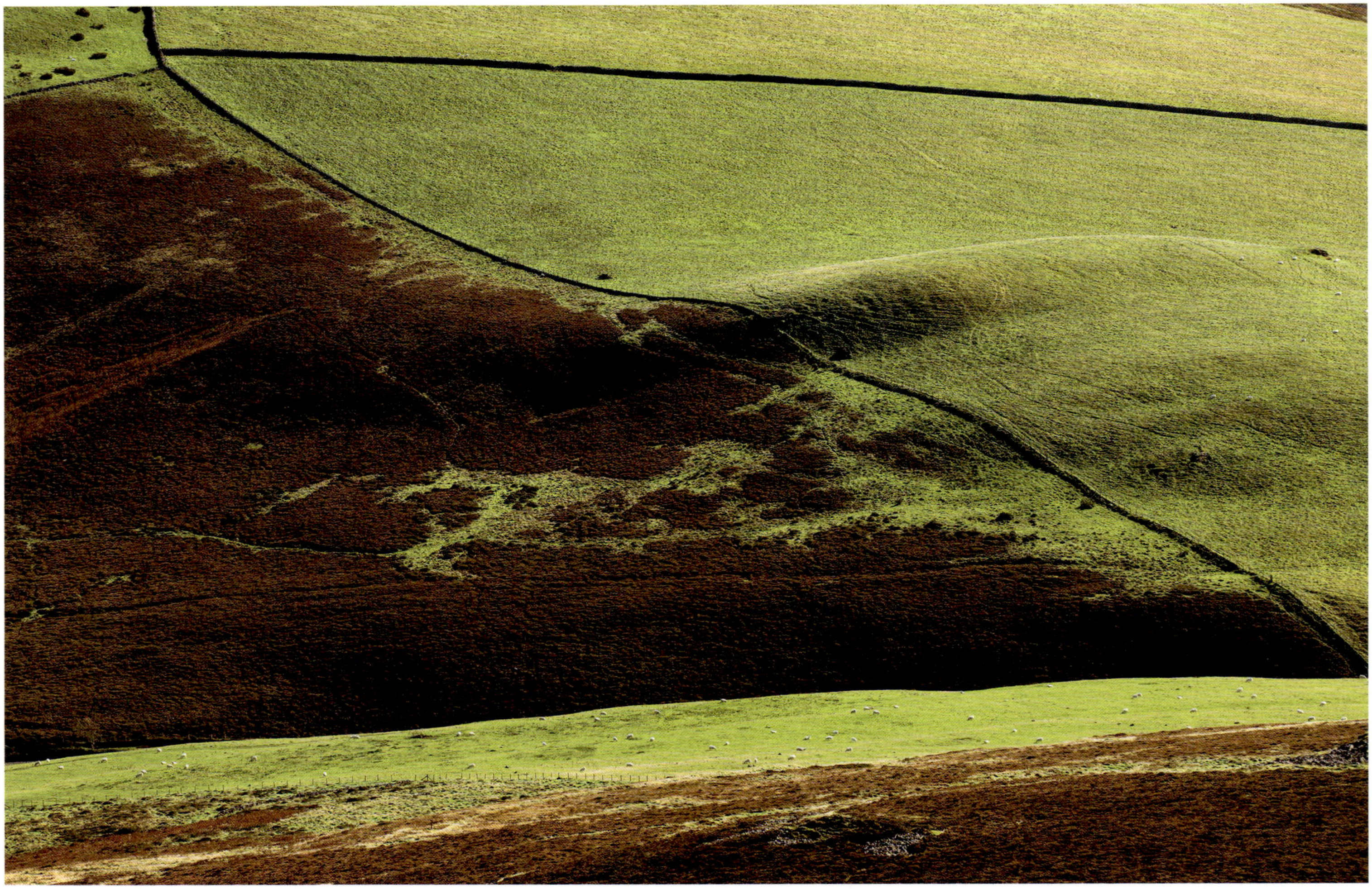

A Divided Land – 2 | *Tir Rhanedig – 2*

Flynyddoedd maith yn ôl, defnyddiodd gwladychwyr yr Oes Haearn, yn Nhre'r Ceiri gyfagos, gloddiau cerrig i amgáu pen y bryn ac i godi cytiau a chorlannau. Ryw 2,000 o flynyddoedd yn nes ymlaen, deil ffermwyr i godi cloddiau ar draws tiroedd gwylltion yn nannedd y gwynt er mwyn cadw eu hanifeiliaid i mewn. Mewn sawl modd, 'rydym wedi datblygu o naid i naid, ond mae anghenion sylfaenol ffermio a magu da byw yn aros yr un fath er gwaethaf popeth.

It is said that the distinctive breast-shaped hillside of Mynydd Carnguwch is sometimes aptly referred to as Bron y Ferch (The Girl's Breast). It was over these hillsides, years ago, that men from the village would have had to walk for many miles to fetch supplies from the nearest towns, bringing everything back by hand.

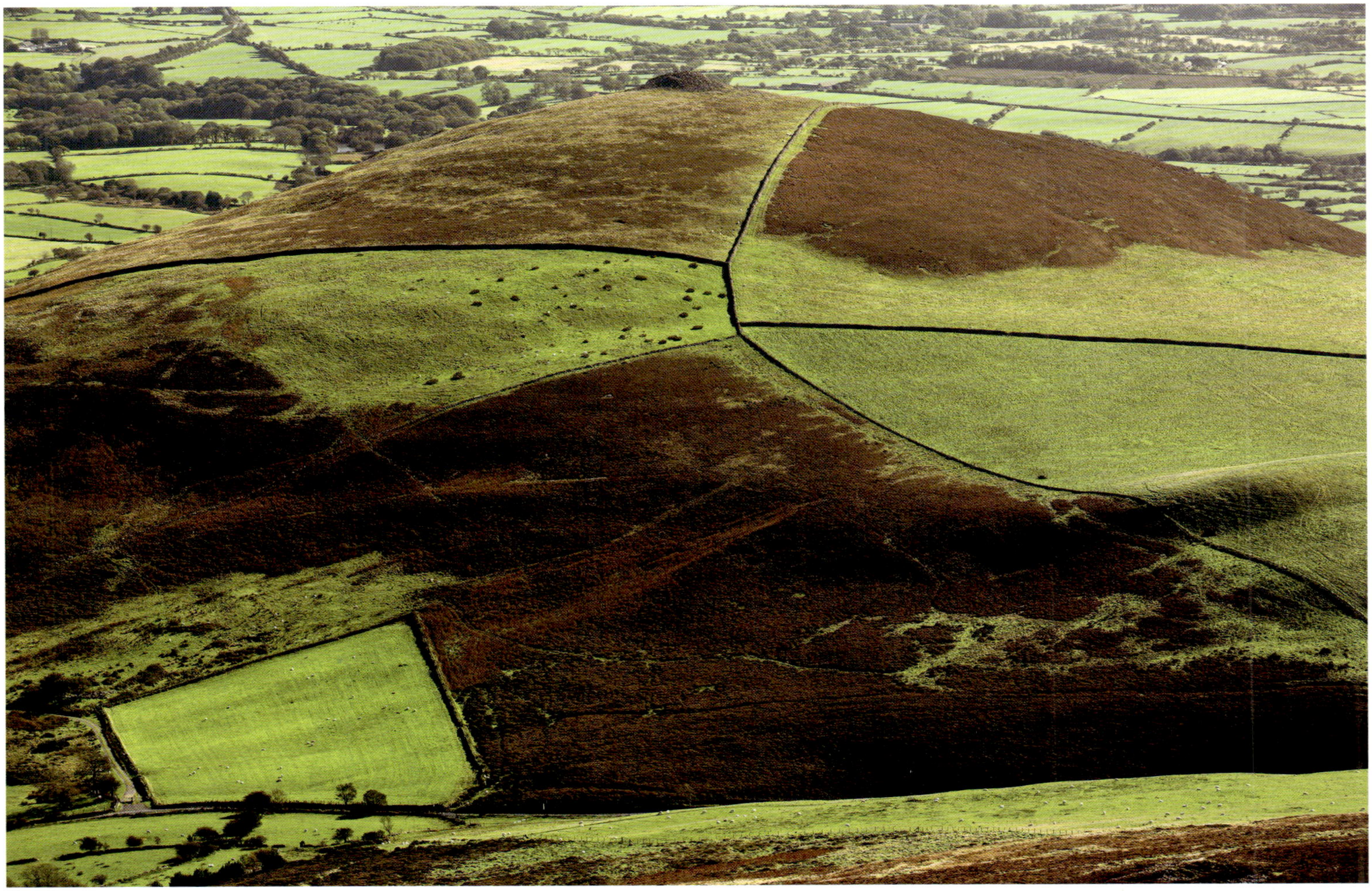

Bron y Ferch *Bron y Ferch*

Dywedir mai enw addas a ddefnyddir weithiau ar siâp nodedig Mynydd Carnguwch yw 'Bron y Ferch'. Dros y llethrau hyn, flynyddoedd yn ôl, byddai dynion y pentref yn gorfod cerdded milltiroedd maith i nôl negesi o'r trefi agosaf, gan gario popeth yn ôl eu hunain.

ohonynt hwy eu hunain bob nos. Yn awr, yr oedd coed lliw oren yn siglo'n arw wrth iddynt ddal holl nerth y gwynt cryf a chwythai i mewn o'r cefnfor. Gan mai hon oedd fy noson gyntaf, 'roedd Bethan, y gogyddes ryfeddol o Gaffi Meinir, wedi gadel llwyth o bethau da imi yn yr oergell a theisennau cri yn y gegin. Bwyteais un neu ddwy, gan eu dilyn â'r pecyn i gyd! 'Roeddent yn wych. Ar ôl hyn, cefais botied anferth o lobsgóws cynhesol, ac yna dreiffl. Dyma fi, wedi fy modloni gan sesiwn lwyddiannus o dynnu lluniau, gan fwyd gwych a chan leoliad rhyfeddol. Y bwriad oedd rhoi trefn ar fy lluniau, ysgrifennu ychydig o nodiadau a dysgu ychydig o Gymraeg, ac mi wnes i - ond dim ond 8.30 y nos oedd hi o hyd! Hmm. Dim teledu, dim radio, dim cysylltiad â'r rhyngrwyd a dim cwmnïaeth; hmmm. O fewn yr awr, 'roedd glaw trwm yn curo ar y to ac yn gyrru yn erbyn y ffenestr. 'Roedd landar yn gollwng dŵr, fel bod rhaeadr yn ffrwydro ar y ddaear yn union y tu allan i ddrws ffrynt fy nhŷ ac yn gwlychu'r carped yn y cyntedd - 'roedd y sŵn yn anhygoel. Heb reswm arbennig, yn sydyn tybiais imi weld gwraig yn cerdded heibio'r ffenestr yn y glaw trwm ac yn troi i edrych arnaf! Fel plentyn, cefais fy nychryn a chau'r llenni ar unwaith. Ar ôl hynny, bûm yn gwylio dau DdVD ar y cyfrifiadur pen-glin, yn yfed jin and thonic, a mynd am y gwely yn fuan ar ôl hanner nos. 'Roedd yr ystafell i'w gweld yn enfawr, a gadewais olau ar ben y grisiau, dim ond i gael fy nychryn eto wrth feddwl bod cysgod yn symud ar draws wal pen y grisiau ... Chysgais i ddim yn dda iawn y noson honno, ond erbyn yr ail noson, a finnau heb weld drychiolaeth, heb gael fy mwyta gan flaidd-ddynion a heb i neb – na dim – fy nghyffwrdd ar f'ysgwydd, cysgais yn llawer gwell!

Yr hyn a welais

Nid yw Nant Gwrtheyrn yn lle i bobl wangalon, nid oherwydd y chwedlau a'r straeon ysbrydion, ond oherwydd lle bynnag yr ewch am dro, lle bynnag y dymunwch ei chwilio, mae'n golygu cerdded yn bell, i fyny llethrau serth. Nid yw'n fater syml o wneud rhestr wirio a chrwydro ymaith i weld pethau: 'rwyf wedi dod o hyd i bethau bychain, adeiladau a phethau o waith llaw dyn na wyddai hyd yn oed Carl am eu bodolaeth. Mi fyddaf bob amser yn teimlo'n fwy 'tebol ar ôl aros yn y Nant am ychydig ddyddiau, gan y byddaf yn cerdded mwy, yn sgrialu mwy ac yn cario llwythau'n fwy nag y byddwn fel arfer mewn wythnosau neu mewn misoedd! Mi fûm i Garreg y Llam i weld ponciau'r hen chwarel ac archwilio'r gemau diwydiannol ar lan y dŵr, ond i gael fy nhemtio gan y cloddfeydd uchel ar lethr y mynydd, y tu draw i'r traeth - 'roedd fy nghoesau fel jeli erbyn gyda'r nos. Pan fyddwch chi'n gweithio â chamerâu, nid dim ond mater o gerdded yw hi chwaith. Yn gyntaf, byd gennych offer trwm i'w gario, ac efallai trybedd; yn ail, rhaid ichi dreulio amser yn sylwi'n graff ar lun posibl; felly gall taith bara deng gwaith yn hwy na phan na fyddwch yn gwneud dim ond mynd am dro.

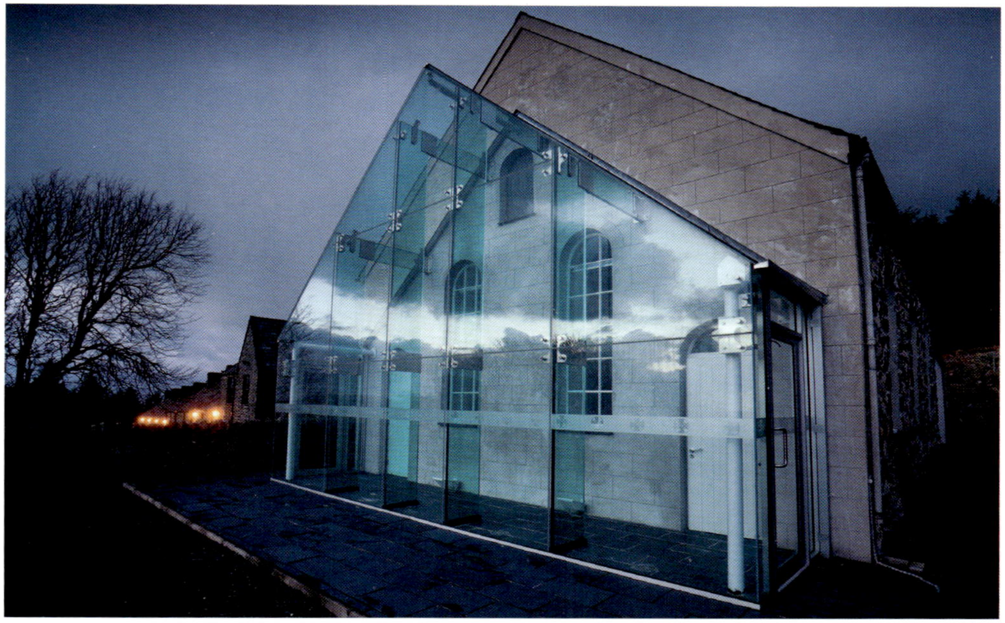

Yn wahanol i'r hyn a welir yn Chwareli Dinorwig ger Llanberis, tynnwyd llawer o osodiadau mewnol adeiladau'r gwaith, gan adael cregyn gweigion, ond erys tomennydd enfawr o 'sglodion neu raean gwenithfaen yn yr hopranau ac ar lan y môr. Mae'n hawdd gweld pob un o'r incleiniau, ac mae hynny'n helpu ichi ddeall lle rhedai pethau. Gallwch weld gweddillion yr hen lanfa bren, lle byddai'r llongau'n clymu i lwytho graean. Yma o hyd mae pytiau o reilffordd, olwynion wagenni, twneli, cytiau 'mochel a chytiau criwlio. Mae tai'r ffermydd a fu unwaith yn brysur yn dal yno, yn anghyfannedd, wrth gwrs, ond yn lleoedd cyfareddol o hyd i ymweld â hwy neu i syllu arnynt. Yn y ffermdai, yr unig olion o'r bywyd a fu yw gweddillion toredig hen ratiau cegin a lleoedd tân - naid ysgytwol i'r gorffennol, i adeg pan geid gwres, ogleuon da a berw bywyd - nid y parwydydd llaith, piliog, y trawstiau diferol a'r carped o faw defaid, dwy droedfedd o drwch, sydd ar ôl erbyn hyn.

Mae brain coesgoch a bwncathod yn defnyddio rhai o'r hen adeiladau hyn i glwydo, a gall hyn roi braw i bobl sy'n crwydro i mewn ar hap ac yn ddifeddwl. Fel mae'n digwydd, ar un ymweliad, 'roeddwn i'n archwilio'r chwareli uchaf, i'r gogledd o'r dyffryn, pan welais storm anferth o genllysg yn agosáu. Pylodd y golau'n ddramatig ac aeth y byd yn dywyll, rywbeth yn debyg i ddiffyg ar yr haul. Cysgodais dan do cwt criwlio, gan wisgo fy nillad diddos amdanaf. Gallwn weld y cymylau duon yn dod yn nes ac yn nes, a theimlai'r prynhawn fel cyfnos. 'Roedd yn rhewi o oer. Dechreuodd y cenllysg dincian yn erbyn y dalennau o fetel rhydlyd, ac yna daeth bwncath enfawr i glwydo ar bostyn yn union o'm blaen, yn amlwg yn penderfynu, fel fi, beidio â mentro allan i'r cenllysg pigog. Yna, pledodd y ddaear fel bwledi bychain ac ni allwn hyd yn oed weld Carreg y Llam yn y pellter gan fod y storm mor nerthol. Trodd y bwncath i edrych arnaf, ond fel arall arhosai'n ddisymud. Rhyw dri munud wedyn, efallai, wedi gwaethaf y blits, fe oleuodd y byd ychydig. Wrth i'r cenllysg ostegu, trodd y bwncath ataf unwaith eto ac yna hedfan i ffwrdd (*Trwy Lygaid y Bwncath*).

Mae hefyd farwolaeth ymhob man! 'Rwyf wedi dod ar draws defaid meirwon, geifr meirwon, cwningod, brain, gwylanod, llygod mawr a chŵn môr meirwon! Gallaf ddweud yn onest nad ydw' i'n meddwl imi erioed weld cymaint o adar ac anifeiliaid meirwon yn unman arall, ond mae'r cyfan yn gwneud rhyw fath o synnwyr hefyd. Mae'r clogwyni hyn yn enfawr, ac mae sawl rhan ohonynt bron yn amhosibl ei chyrraedd, felly os bydd anifeiliaid yn marw, hyd yn oed anifeiliaid fferm, ni fydd pobl yn arfer ceisio cael hyd i'r cyrff, felly fe'u gadewir i bydru, weithiau yn yr ystumiau mwyaf rhyfeddol (*Golygfa Werth Marw Drosti*).

Yr hanes

Stori wahanol iawn yw'r pentref ei hun, wrth gwrs. Bu'r lle bach hwn, sydd bellach yn freuddwydiol o dawel, ar un adeg yn gartref i chwarelwyr ithfaen, eu teuluoedd a'u plant. Bu'n lle o dwrw, o ddiwydiant ac o beiriannau, ond hefyd yn lle sgwrsio, chwerthin a hwyl, chwarae a charu. Yn gynharach fyth, bu cymdogaethau bach o bobl yn byw yn y cwm hwn o dro i dro, o leiaf mor bell yn ôl â'r brenin Brythonig, Gwrtheyrn, a welodd y lle hwn fel dinas noddfa ar ôl cael ei hela yma gan y Sacsoniaid bradwrus y bu unwaith yn ymddiried ynddynt. Ac am y trydydd tro, y tro olaf os credwn y broffwydoliaeth, mae cymdogaeth wedi peidio â bod. Bu pobl yn byw yn y pentref presennol hyd at 1959, ac wedyn aeth â'i ben iddo. Er hynny, yn 1979 cafodd y pentref ei atgyfodi, diolch yn bennaf i'm cyfaill Carl Clowes, a syrthiodd mewn cariad â'i harddwch a'i bosibiliadau, fel y gall pobl o leiaf aros yn y pentref unwaith eto, os nad byw yno.

Mae'n demtasiwn tynnu lluniau y tu mewn i'r adeiladau, ond wedyn byddai'n hawdd eu cysylltu â'r gweithwyr gwreiddiol – a byddai hynny, wrth gwrs, yn anghywir. Felly dim ond ychydig o luniau tu mewn a dynnais, ond maent o leiaf yn rhoi cip ar yr hyn a welai miloedd lawer o ymwelwyr, o'r 1980au hyd heddiw, yn ystod eu harhosiad yma.

'Rwy'n ymwybodol iawn, yn arbennig ers i'r pentref dderbyn arian datblygu sylweddol tuag at ei ailwampio, fod hyd yn oed fy ffotograffau innau eisoes yn mynd yn rhan o hanes – cofnod o'r hyn sydd yn awr, ond a fydd cyn bo hir yr hyn a fu. Mae'n codi ofn ar rywun, mor gyflym mae bywyd a bywydau'n symud ymlaen, a sut mae pethau'n troi'n hanes bron mewn ennyd. Pan sefwch yng nghwm Nant Gwrtheyrn, gan ddychmygu'r cannoedd o bobl sydd wedi byw, gweithio, chwerthin, crio, caru a marw yma, mae'n gwneud ichi deimlo i'r byw pa mor fyr yw ein llwybr ni ein hunain ar y ddaear hon, a sut y bydd y cwm yn ein goroesi ni i gyd, ni a'n holl freuddwydion, gobeithion a dyheadau. Gan hynny, mae'n lle sy'n dod â phawb i lawr i'r un gwastad. Man hanesyddol yw hwn, nid parc thema, ac ni ddylai fod felly byth. Mae'n lle go iawn, ar gyfer pobl go iawn, a hefyd ar gyfer y rhai a beidiodd â bod. Mae ei ddrama, ei leoliad hardd a'i ysbryd yma o hyd i bawb eu gweld a'u profi. Fy newis i yw gweld y lle hwn fel fy lle innau tra byddaf yma. Mae wedi cael, ac yn parhau i gael, dylanwad ar fy mywyd, ac felly mae'n rhan ohonof am byth. Argraffiadau personol yw fy lluniau, o'r lle hwn ac o'r hanes a'r ysbryd sydd yn fy symud. Trwy fy lluniau a'm gwaith 'rwy'n dweud fy hanes innau. F'unig bryder yw y gallai adeg ddod pan na fydd y lle hwn, man i ddianc a meddwl a myfyrio, ddim ar gael i mi ac i eraill sy'n rhannu gwir gariad ato - ysgrifennir y 'hanes' a grëir heddiw gan y rhai sydd â chyfrifoldeb dros ddyfodol y Nant. Gobeithio y bydd fy ffotograffau o'r 'hanes presennol' hwn yn cyd-fynd â chynlluniau ar gyfer y dyfodol a grëir wrth imi ysgrifennu.

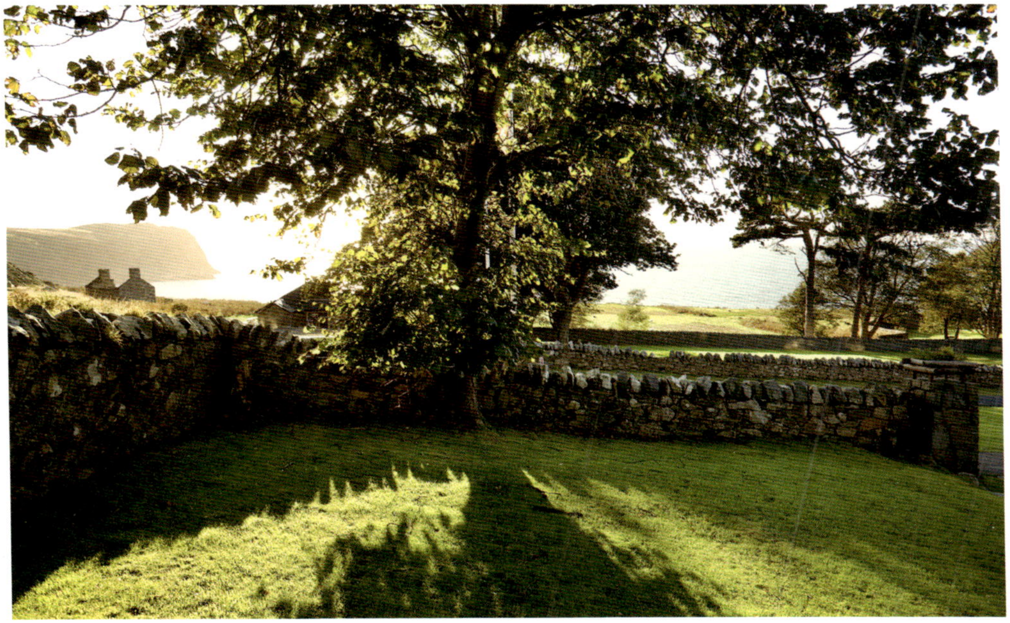

Although the image depicts a sunny and spectacularly dramatic landscape, you can see, brooding offshore, very heavy weather conditions. In strong westerly and northerly gales, the tiny village of Y Nant is remarkably vulnerable to harsh weather, sitting as it does on the most seaward edge of this wide coastal valley. Enjoy the warmth of summer, for in winter it is a different story.

Er mor heulog ac ysblennydd o ddramataidd y bo'r tirlun yn y llun, gallwch weld, yn cuchio draw o'r lan, dywydd garw iawn. Mewn gwyntoedd cryfion o'r gorllewin neu o'r de-orllewin, mae pentref bychan Porth y Nant yn agored iawn i dywydd garw, ac yntau ar ymyl eithaf y cwm llydan hwn, nesaf at y môr. Gwnewch y gorau o wres yr haf, oherwydd hanes gwahanol yw hi yn y gaeaf.

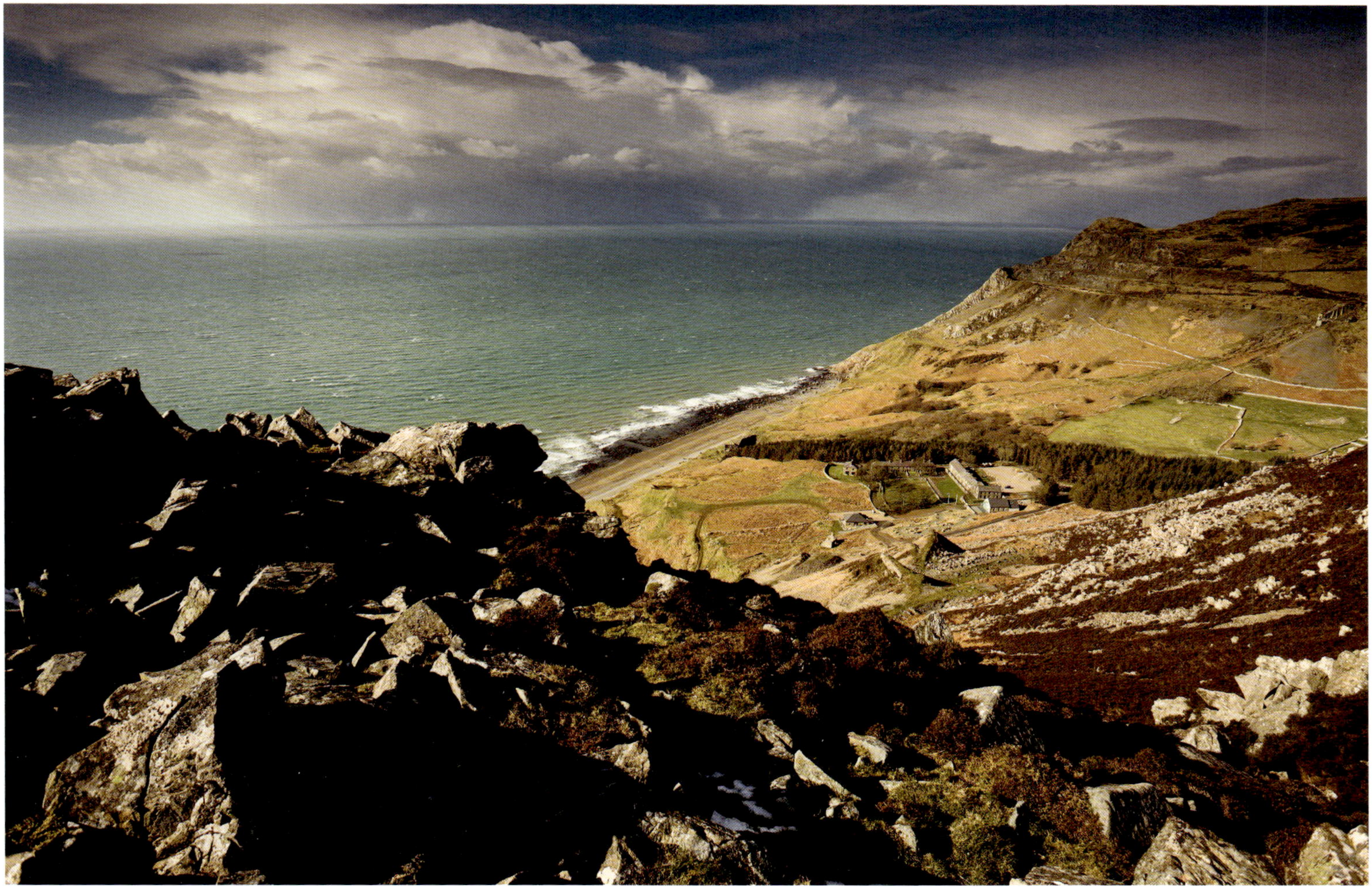

A Valley Exposed *Cwm Agored i'r Tywydd*

It's strange; maybe it's just the remnants of outlying buildings, or the knowledge that there is a welcoming café in the village, or that maybe staff are busy signing up Welsh learners, but it always FEELS as if someone is around, even when they are not. I regularly felt I was being watched, but not by anything menacing. I would occasionally see a farmer checking on his livestock, or walkers on the mountain tops – but they are always distant. I felt watched on the journey down the road, in the woods and around the village, but especially on the beach. Nothing surprised or worried me though, and even the notion of spirits of those long gone was more comforting than unnerving.

Mae'n rhyfedd; efallai mai dim ond gweld adfeilion adeiladau ar y cyrion sy'n gyfrifol amdani, neu wybod bod caffi croesawgar yn y pentref, neu bod aelodau staff efallai'n brysur yn cofrestru dysgwyr, ond mae bob amser yn TEIMLO bod rhywun o gwmpas, hyd yn oed pan nad oes. Teimlwn yn aml fod rhywun yn fy ngwylio, ond neb na dim bygythiol. Bob hyn a hyn gwelwn ffermwr yn edrych ei dda, neu gerddwyr ar gopaon y mynyddoedd – ond maent bob amser yn bell. Wrth deithio i lawr y ffordd, yn y coed, yn arbennig ar y traeth, teimlwn fod rhywun yn fy ngwylio. Er hynny, ni synnai dim mohonof na'm poeni, ac 'roedd hyd yn oed y syniad o ysbrydion y rhai a ymadawsai amser maith yn ôl, yn fwy o gysur nag o fraw.

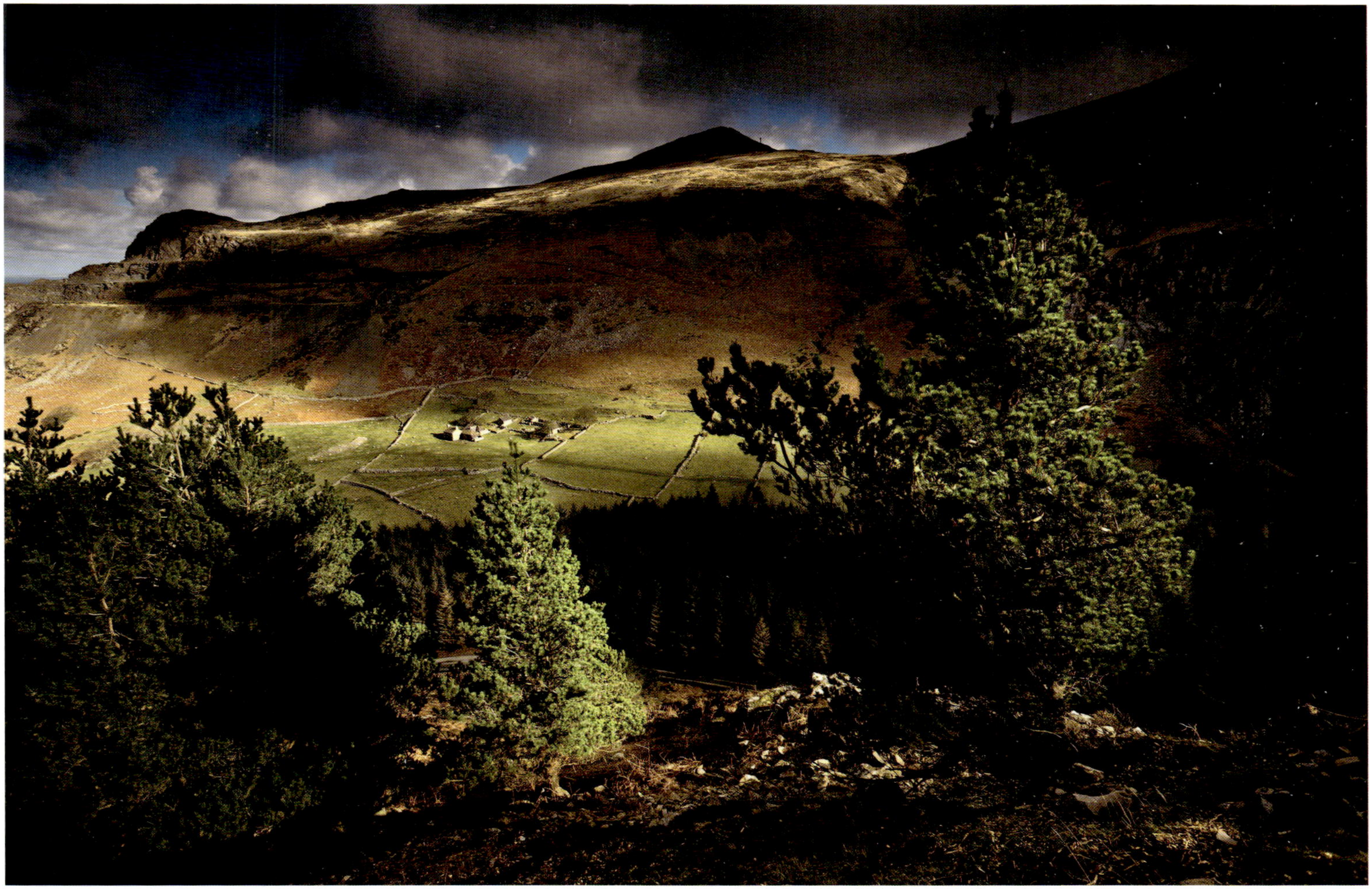

The Valley that Watches — *Y Cwm sy'n Gwylio*

The impressive waterfall cascades down the cold and shadowy cliffs of Y Graig Ddu, whilst a bitter autumn wind buffets the still-lush pine trees in an intense early-morning sunlight.

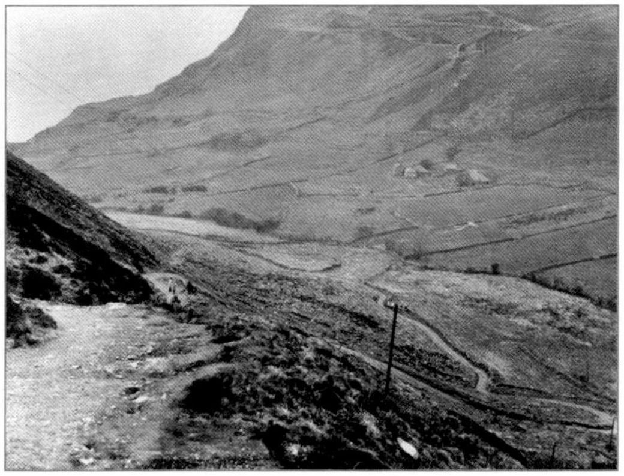

Mae'r rhaeadr drawiadol, yn tywallt i lawr y Graig Ddu, oer a llawn cysgodion, tra mae gwynt egr yr hydref yn curo'r coed pinwydd, sy'n irlas o hyd yn heulwen gref y bore cynnar.

This image, shot in 1965, shows how bare the valley was before the woods appeared, along with the original winding and arduous dirt track down from the mountain above. (Unknown photographer)

Dengys y llun hwn, a dynnwyd yn 1965, mor foel yr oedd y cwm cyn i'r coedwigoedd ymddangos; dengys hefyd y ffordd drol wreiddiol, droellog a llafurus, i lawr o'r mynydd uwchben. (Ffotograffydd anhysbys)

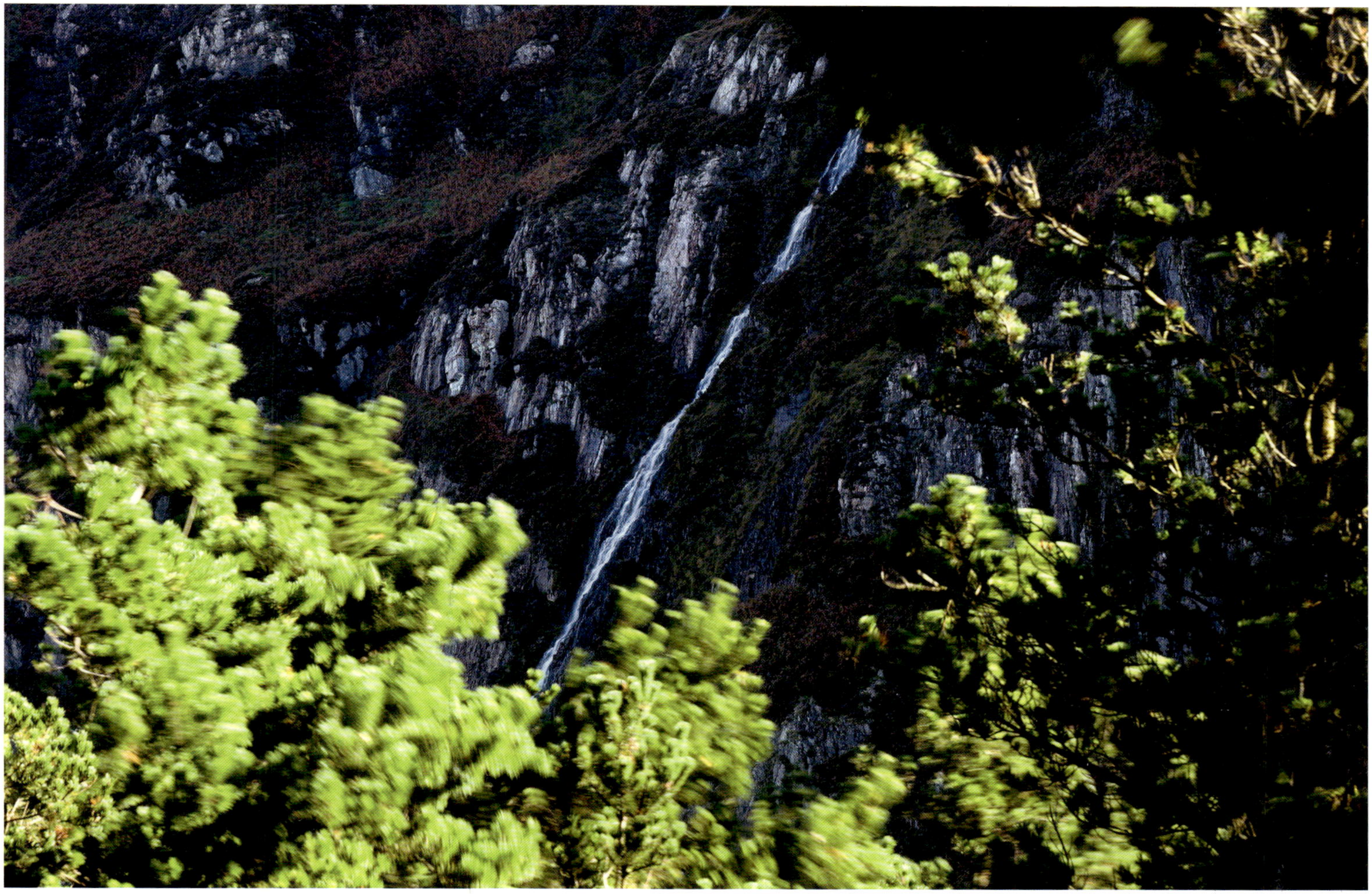

Tumbling Falls through Gale-Blown Trees

Rhaeadr yn Cwympo trwy Goed Aflonydd

It was actually quite hard to create a suitable image of Y Graig Ddu (The Black Crag) as, although it is imposing, it is often lit by sunshine. However, this one morning, I watched the light shift over the hillside until it neatly started at the head of the valley, separating the valley floor from the dark cliffs behind. The foreground quarry buildings help to give a sense of scale to this steep and relatively narrow area.

Mewn gwirionedd 'roedd yn eithaf anodd creu llun addas o'r Graig Ddu oherwydd, er ei fod yn fawreddog, mae'r heulwen arni'n aml. Ond yr un bore hwn gwyliais y goleuni'n symud dros y llechwedd nes iddo gychwyn yn daclus ym mlaen y cwm, gan wahanu llawr y cwm a'r clogwyni tywyll yn y cefndir. Mae adeiladau'r gwaith ym mlaen y llun yn rhoi ymdeimlad o faintioli i'r man serth, a gweddol gul, hwn.

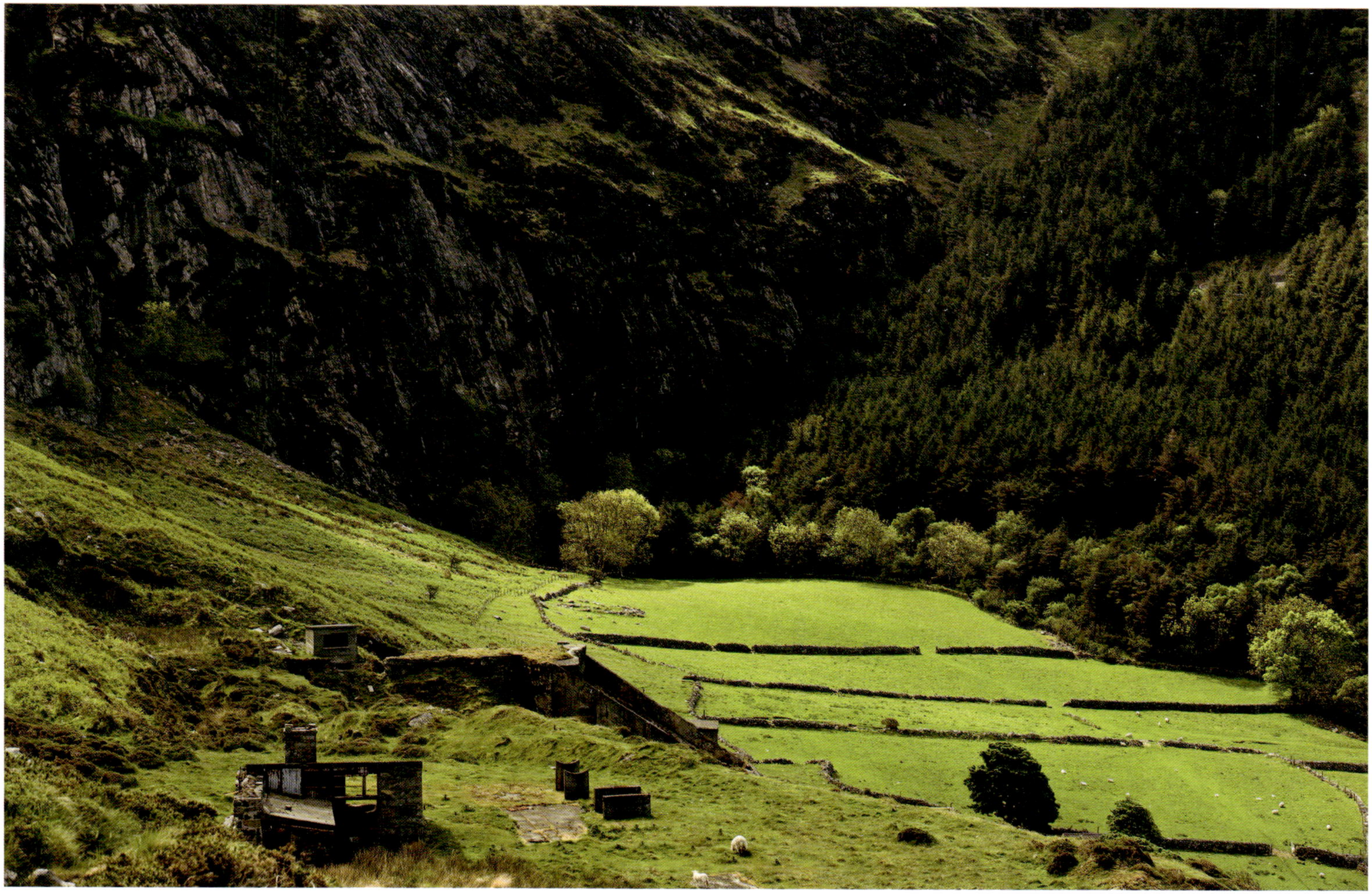

Black Crag, Green Fields

Craig Ddu, Caeau Gwyrddion

This was also on my first visit. The early-morning sunshine made almost no impact on the freezing temperatures, and the sea looked cold, dark and distinctly uninviting, roaring as it sucked the shingle into its throat and then spat it up the beach again. The sheep shuffled from faint green patch to faint green patch seeking nourishment, and mostly stayed in the sunlight. However, the sunny promontory of Y Nant remained more inviting than the mountains above or the beach below, so the lure of putting the kettle on for a hot cuppa back in the cottage was too much to resist!

Bu hyn hefyd ar f'ymweliad cyntaf. Prin fod gan heulwen gynnar y bore unrhyw effaith ar yr oerfel iasol, ac 'roedd y môr i'w weld yn oer, yn dywyll ac yn hollol anneniadol, gan ruo wrth sugno'r graean i'w lwnc, ac yna'n ei boeri allan unwaith eto ar y traeth. Llusgai'r defaid eu traed o'r naill glwt o laswellt egwan i'r llall, gan geisio maeth ac yn aros yng ngolau'r haul y rhan fwyaf o'r amser. Fodd bynnag, arhosai penrhyn heulog y Nant yn fwy deniadol na'r mynyddoedd uwch ei ben na'r traeth islaw, felly 'roedd temtasiwn rhoi'r tegell i ferwi am 'baned poeth yn ôl yn y bwthyn yn drech na mi!

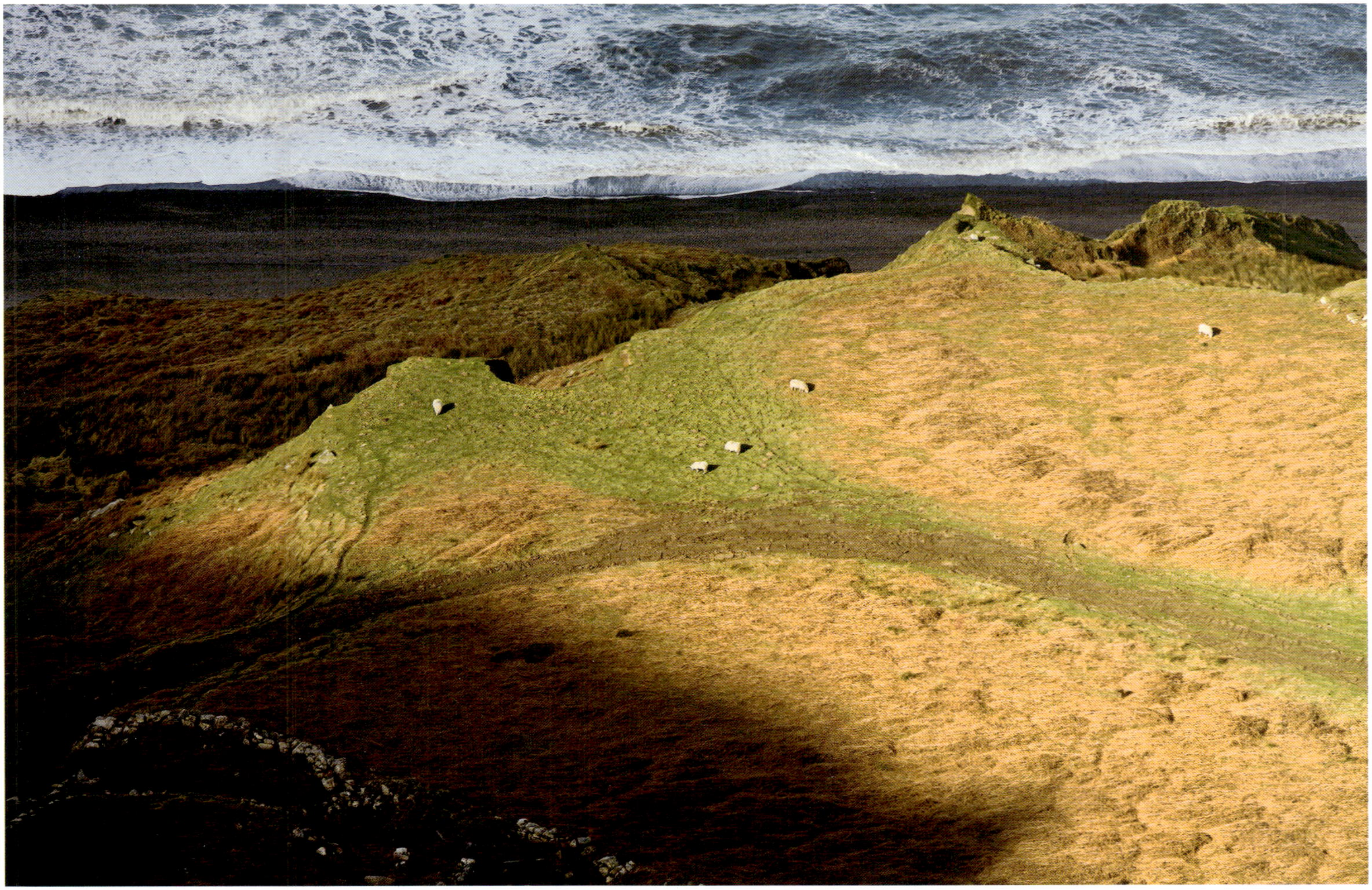

Sunshine in Stormy Skies *Heulwen mewn Awyr Stormus*

At around seven o'clock I awoke to the sound of the waves on the shore. I looked out of the window of Tŷ Maldwyn and could see the strangest 'Will-o'-the-wisp' type shapes playing out at sea. I left Carol asleep and headed for the hilltop to get a better view. At the top corner of the road I watched a scene of Biblical proportions unfold. The original tiny wisps of cloud were now forming curtains of snow showers and eventually they became one, blocking out the horizon completely. The sunshine was low in the sky and was casting shadows of the mountains onto the sea, but also caught the front edge of the snow storm. It came towards me at alarming speed, and stupid though it now sounds, it was SO huge, towering above me, that I became quite intimidated. Y Nant looked minuscule in comparison, and very vulnerable. However, when it did hit, it was of course nothing more than the softest of snow, but in such heavy quantities that everything went quiet, even the sea seemed to stop moving, and no birds sang. I could hardly see twenty metres in front of me. The originally clear road was now covered in around three inches of snow, so I trudged back down to the village for breakfast, leaving the car on the top corner.

Deffroais tua saith y bore i sŵn y tonnau ar y traeth. Edrychais allan trwy ffenestr Tŷ Maldwyn a gweld y ffurfiau rhyfeddaf, fel Jac lantar, yn chwarae draw ar y môr. Gadewais Carol yn cysgu ac anelu am ben y bryn i gael golygfa well. Ar drofa uchaf y ffordd, gwyliais olygfa Feiblaidd ei maint yn ymagor. Erbyn hyn 'roedd y cymylau, a oedd wedi bod yn fychain a thila, yn ffurfio llenni o gawodydd eira nes, yn y diwedd, daethant yn un, gan guddio'r gorwel yn gyfan gwbl. 'Roedd yr haul yn isel yn yr awyr ac yn taflu cysgodion y mynyddoedd ar y môr, ond daliodd hefyd du blaen y storm eira. Daeth y storm tuag ataf yn frawychus o gyflym ac, er bod hyn yn swnio'n wirion bellach, 'roedd MOR enfawr, yn ymgodi uwch fy mhen, fel y teimlais gryn ddychryn. 'Roedd y pentref i'w weld yn fychan iawn o'i gymharu ag ef, ac yn ddiamddiffyn iawn. Er hynny, pan drawodd, nid oedd, wrth gwrs, yn ddim ond yr eira ysgafnaf, ond yn gymaint fel yr aeth popeth yn dawel, peidiodd hyd yn oed y môr, fel petai, â symud, ac ni chanodd yr un aderyn. Prin y gallwn weld ugain metr o'm blaen. 'Roedd y ffordd, a fuasai'n glir yn gynharach, erbyn hyn dan ryw dair modfedd o eira, felly ymlwybrais i lawr i'r pentref i gael fy mrecwast, gan adael y car ar y drofa uchaf.

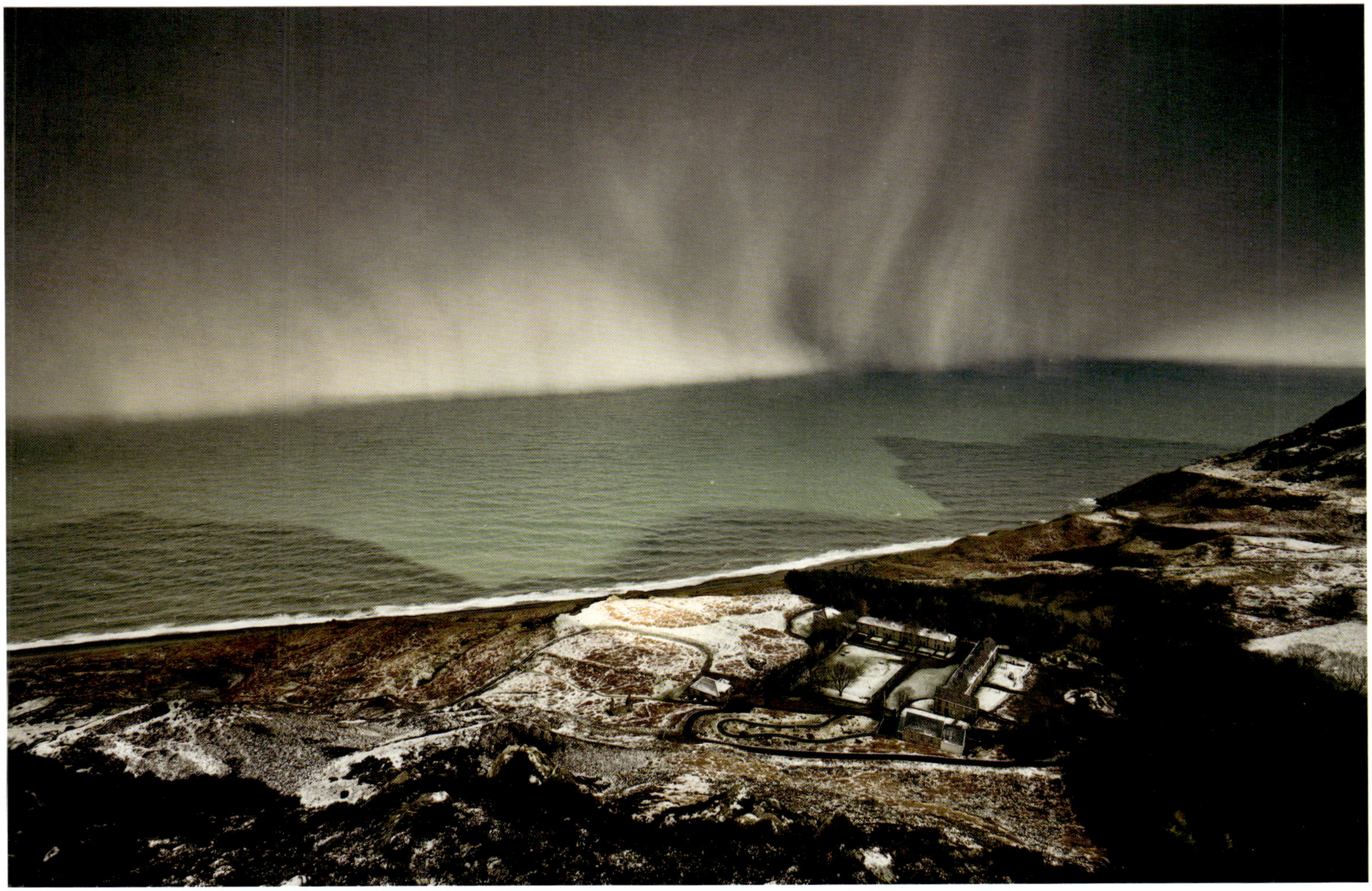

And Then There Was Silence *Ac yna bu Distawrwydd*

This is the first sight of the village as you approach the car park. Its austere but impressive office building is complemented by the small but perfectly-formed row of cottages of Trem y Môr and the refurbished stone-faced chapel just out of shot to the left, marred only by the modern design and plaster render of the incongruous new museum entrance. I love the old stone walls and warm orange of the dead bracken. I was uplifted by the pink dusk light on the cottage roofs and the strange ramp leading to the second storey of the office, formerly the old bakery. On my first visit it was like stepping back in time, a walk in history, an overpowering connection to times gone by and a sense of formality, order and community.

Dyma'r olygfa gyntaf ar y pentref wrth ichi nesáu at y maes parcio. Ategir adeilad diaddurn ond nodedig y swyddfa gan resaid o fythynnod – bychain ond lluniaidd – Trem y Môr a'r capel wyneb cerrig, wedi'i ailwampio, ychydig y tu allan i'r llun i'r chwith; dyluniad modern a rendrad plastr mynedfa newydd anghydweddol yr amgueddfa yw'r unig beth sy'n mennu ar yr olygfa. 'Rwy'n dotio ar yr hen gloddiau cerrig ac ar liw melyngoch cynnes y rhedyn crin. Codwyd f'ysbryd gan oleuni pinc y cyfnos ar doeau'r bythynnod, wrth imi esgyn y ddringfa ryfedd at ail lawr y swyddfa, a fu gynt yn bopty'r pentref. Y tro cyntaf imi ymweld â'r pentref, 'roedd fel camu'n ôl mewn amser, tro mewn hanes, cysylltiad nerthol â'r amser cynt a theimlad o ffurfioldeb, trefn a chymdogaeth.

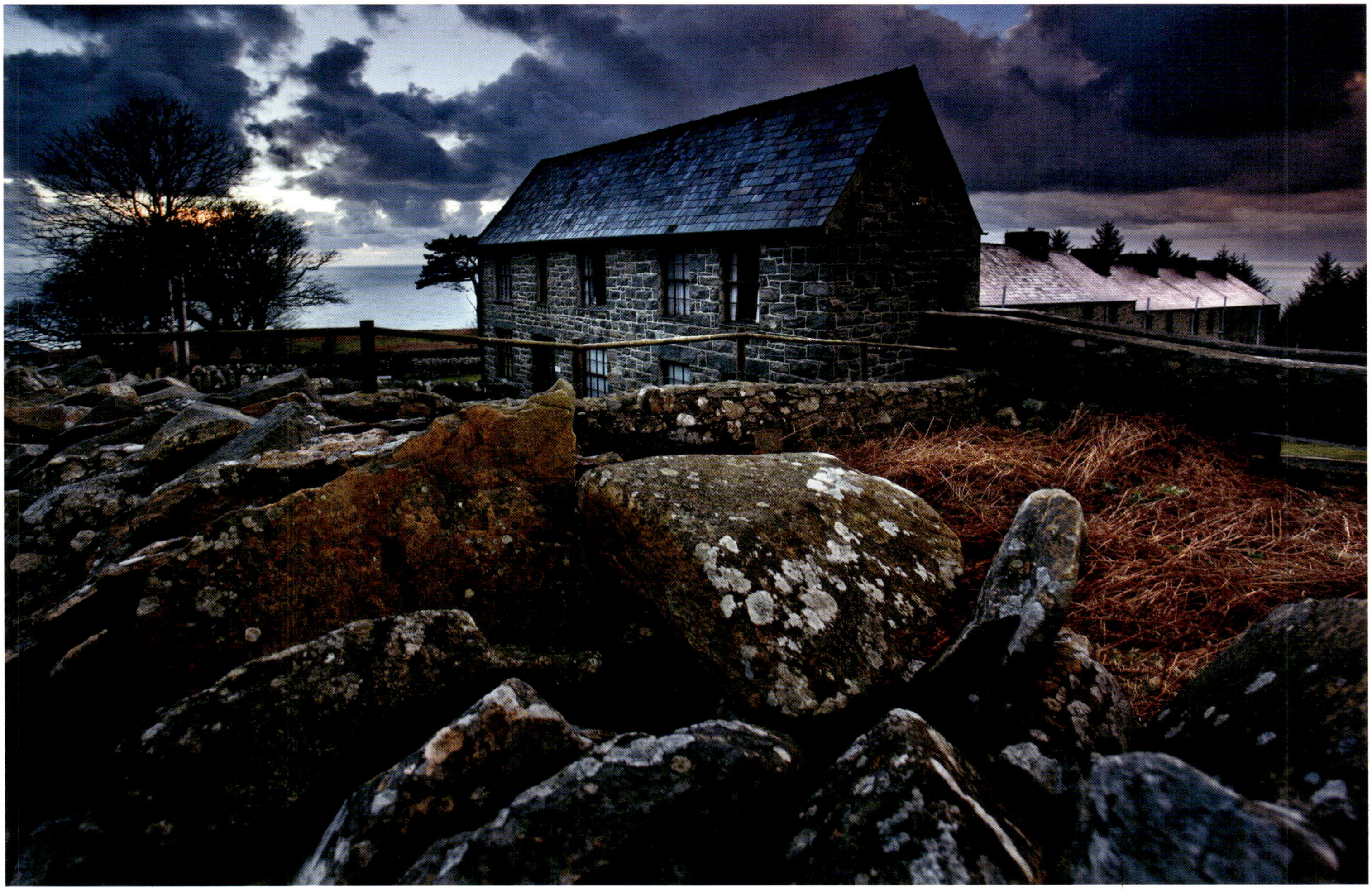

A Silent Reception *Croeso Mud*

After descending an alpine-like, steep and precipitous road into the village, you head straight towards the sea. There was a need within me to keep driving to the sea, to continue my journey to its logical end, down between these buildings and stone walls, but it is now barricaded off to allow access traffic only. To pedestrians, however, this last little stretch of lane is an important and poignant link between the mountain tops and the open sea. To pass the beautifully-faced chapel on your left, before receiving the full, but previously-hidden, view of the village centre on your right, is even now perhaps the most important part of the journey. The road is our own journey. The buildings to the left and the right are avenues or opportunities to explore and investigate. The lane, for me at least, was metaphoric.

Ar ôl ichi ddod i lawr ffordd Alpaidd, serth a phendramwnwgl i'r pentref, fe anelwch yn syth am y môr. Teimlais gymhelliad i yrru at y môr, i barhau fy nhaith hyd at ei diwedd rhesymegol, i lawr rhwng yr adeiladau a'r cloddiau cerrig hyn, ond bellach mae'r ffordd wedi'i chau i rwystro cerbyd pawb ond y neb sydd ar berwyl yno. Er hynny, i'r rhai sy'n cerdded, mae'r rhan fach olaf hon o'r lôn yn ddolen bwysig a theimladwy rhwng copaon y mynyddoedd a'r môr agored. Fe ewch heibio tu blaen hardd y capel ar eich chwith, cyn gweld golygfa lawn canol y pentref, a oedd gynt ynghudd, ar eich de; hon efallai, hyd yn oed yn awr, yw rhan bwysicaf eich taith. Y ffordd yw ein taith ein hunain. Yr adeiladau i'r chwith ac i'r dde yw rhodfeydd neu gyfleoedd i'w fforio a'u harchwilio. I mi o leiaf, symbol oedd y lôn.

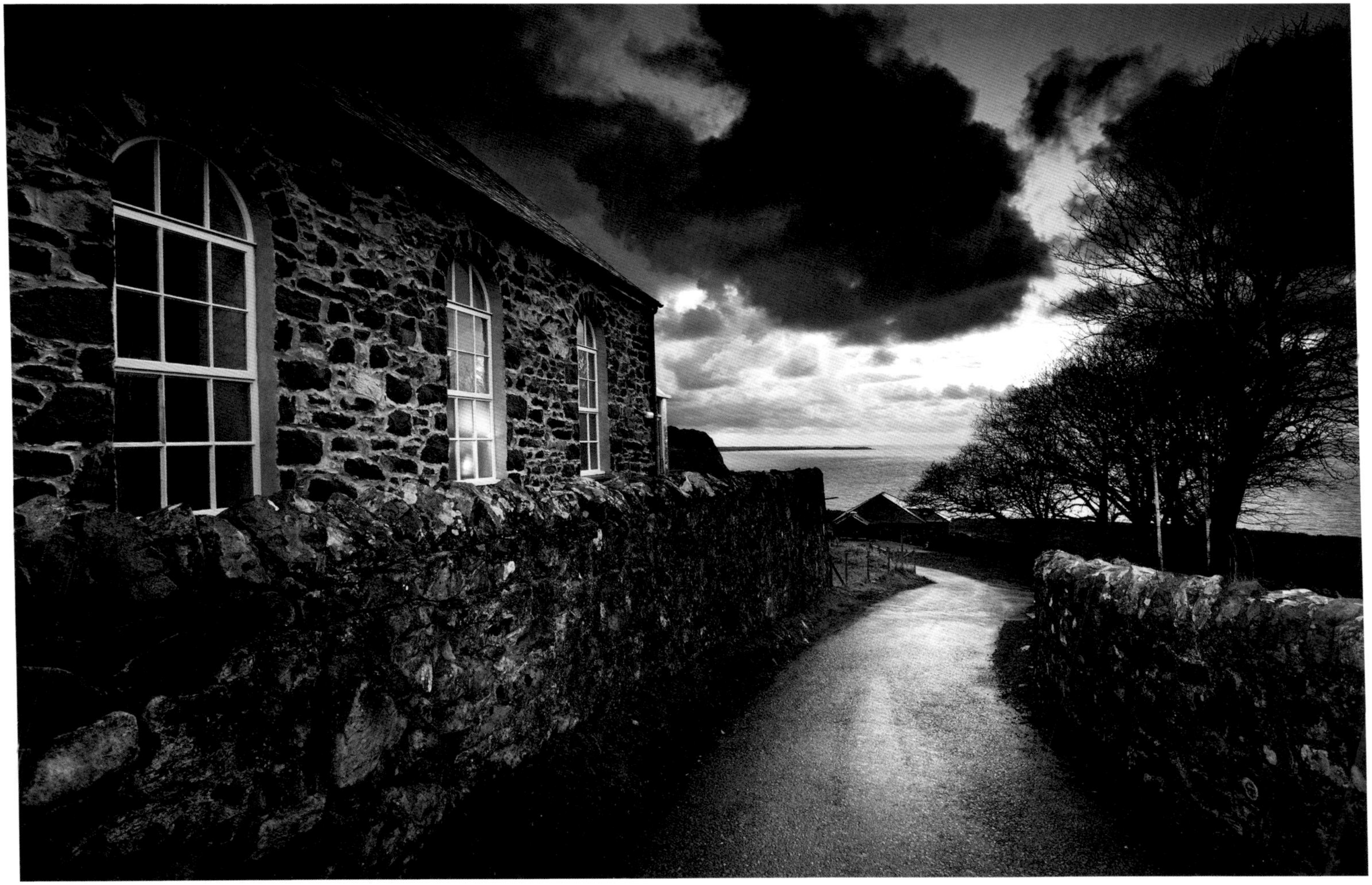

Light at the End of the Road *Golau ym Mhen Draw'r Ffordd*

I'd been out photographing all day and was shattered but happy. The few people I had met with and chatted to during the day had all gone home, leaving just me in the village. There were no cars in the car park and not a man-made sound anywhere. The lights had come on and dusk was upon me. I entered the house and put the kettle on, always re-assuring, and then went back out to shoot some images of the village at twilight. What still impresses me is the proximity of a huge sea and a vast sky to this small village, backed by large dark hills. It feels like camping, even though I have a stone-built tent with a slate roof! It seems elemental and raw. I can feel vulnerable, but very alive and very enriched. Alone, I was able to study the tiny paths and walls, the light pouring out of the windows of my house, and try to envisage what this village would have felt like to people generations ago. Would they have felt as privileged as I do, or would it have been taken for granted, just a fact of life?

'Roeddwn wedi bod allan yn tynnu lluniau trwy'r dydd ac 'roeddwn wedi ymlâdd, ond yn fodlon. 'Roedd yr ychydig bobl 'roeddwn wedi cwrdd â nhw a sgwrsio â nhw yn ystod y dydd wedi mynd adref, gan adael neb yn y pentref ond y fi. 'Doedd dim ceir yn y maes parcio a'r un sŵn dynol yn unman. 'Roedd y goleuadau wedi'u goleuo a'r cyfnos wedi dod ar fy ngwarthaf. Euthum i mewn i'r tŷ a rhoi'r tegell i ferwi, rhywbeth sydd bob amser yn codi'r galon, ac yna mynd allan eto i dynnu rhai lluniau o'r pentref rhwng dau olau. Yr hyn sy'n dal i wneud argraff arnaf yw agosrwydd môr dirfawr ac awyr eang i'r pentref bychan hwn, gyda bryniau mawr tywyll y tu cefn iddo. Mae'n teimlo fel petawn i'n gwersylla, er bod gennyf babell o gerrig a tho llechi! Mae fel petai'n elfennol ac egr. Gallaf deimlo'n ddiamddiffyn iawn ond yn fyw iawn ac yn llawer cyfoethocach. Ar fy mhen fy hun, cefais astudio'r llwybrau bychain a'r cloddiau, gyda'r golau'n llifo allan o ffenestri fy nhŷ, a cheisio dychmygu sut deimlad a gâi'r pentrefwyr genedlaethau'n ôl. A fydden' nhw wedi teimlo mor freintiedig ag ydw' i, ynteu a fydden' nhw wedi'i gymryd yn ganiataol, dim ond un o ffeithiau bywyd?

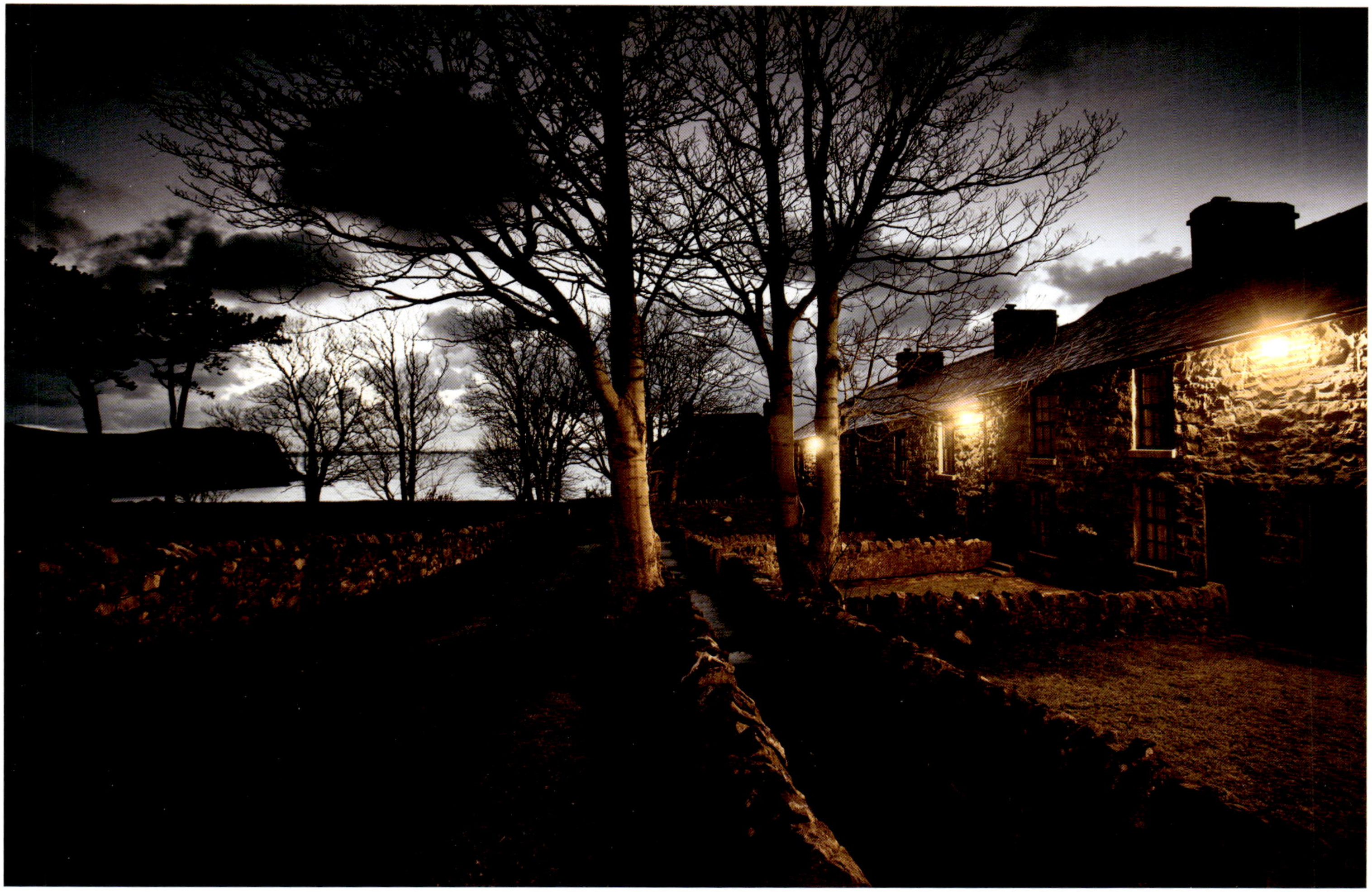

Deserted at Dusk — *Cyfnos Anghyfannedd*

It still impresses me that, no matter how few people are staying in the village, as the valley darkens and night approaches, the street lights come on, just as in so many other towns and villages throughout the UK. However here, in a village where people work, study and even celebrate, but where no one actually lives, it is still a surreal moment of the day. For those who do stay, there is comfort and familiarity with the turning on of the street lights, a connection with the world over the mountain top, but conversely it is disconcerting, as it leads one to believe others are there when they are not. On clear nights this can also be a place where there is an unhindered view of the stars and of the vastness of the universal ocean, but sadly the street lights affect that view, that pure darkness and the sense of history.

Mae'n dal i greu argraff arnaf; ni waeth faint cyn lleied o bobl sy'n aros yn y pentref, wrth i'r cwm dywyllu a'r nos nesáu, bydd goleuadau'r stryd yn goleuo, fel mewn cymaint o drefi a phentrefi eraill trwy'r Deyrnas Unedig. Ond yma, mewn pentref lle bydd pobl yn gweithio, astudio, a hyd yn oed yn dathlu, ond lle nad oes neb mewn gwirionedd yn byw, mae eto'n adeg swrrealaidd o'r dydd. I'r rhai sy'n aros yma, mae teimlad o gysur a chynefindra wrth i'r goleuadau oleuo, cyswllt â'r byd draw dros y mynydd, ond ar y llaw arall mae'n bwrw rhywun oddi ar ei echel, gan beri iddo gredu bod eraill yno pan nad ydynt ddim. Ar noson glir, gall hwn hefyd fod yn fan lle mae golygfa ddirwystr o'r sêr ac ehangder y môr byd-eang, ond gwaetha'r modd, mae goleuadau'r stryd yn amharu ar yr olygfa hon, y tywyllwch llwyr a naws hanes.

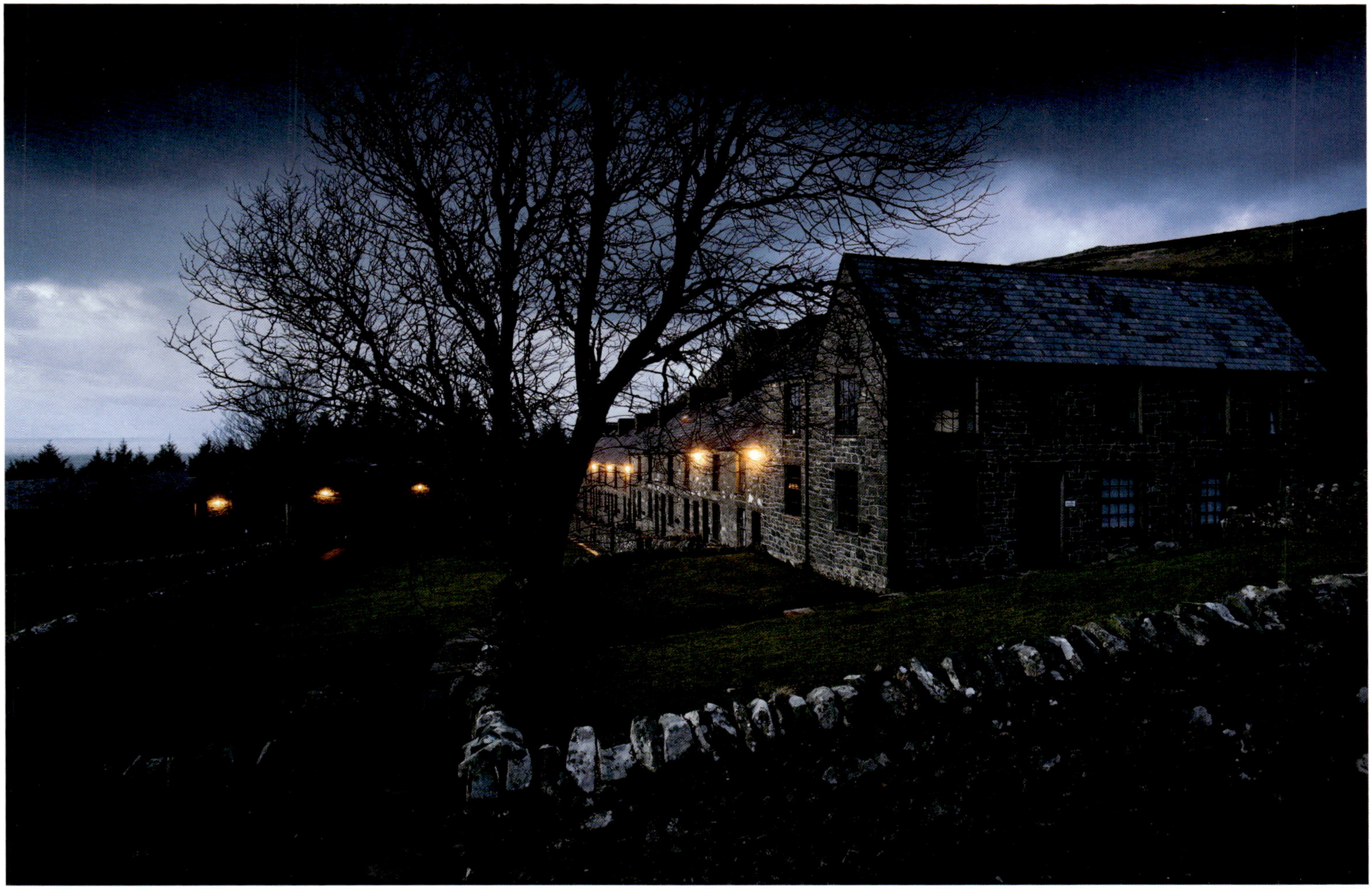

Lights for Absent Souls *Goleuadau ar gyfer Eneidiau Pell*

On my first visit to Y Nant, noting that I was literally the only person staying there, it was a little surreal, to say the least, to watch darkness fall on the village. Looking out of my window from Aelhaearn II into the gale-blown darkness, I took some comfort from the floodlit chapel standing proud against the stormy winter's night.

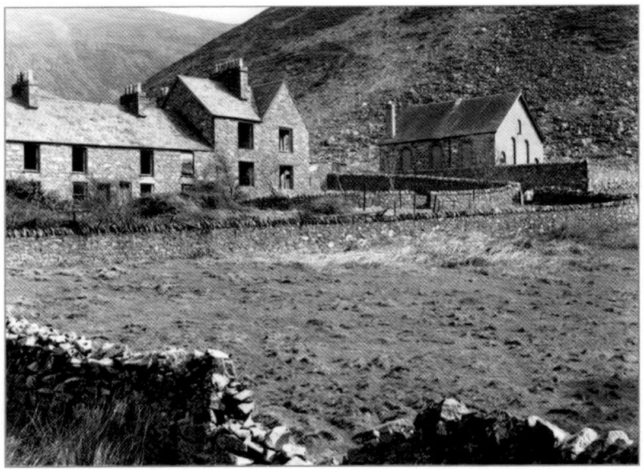

Ar f'ymweliad cyntaf â'r Nant, wrth gofio mai fi oedd yr unig un, yn llythrennol, yn aros yn y pentref, fe'i cefais ychydig yn swrrealaidd, a dweud y lleiaf, i wylio'r nos yn syrthio ar y pentref. Gan edrych allan o'm ffenestr yn Aelhaearn II i'r tywyllwch, a'r gwynt yn hyrddio, tynnais rywfaint o gysur o'r capel a safai'n falch, dan lifoleuadau, o flaen y noson stormus o aeaf.

Village awaiting regeneration, 1970
Y pentref yn aros ei adfywio, 1970

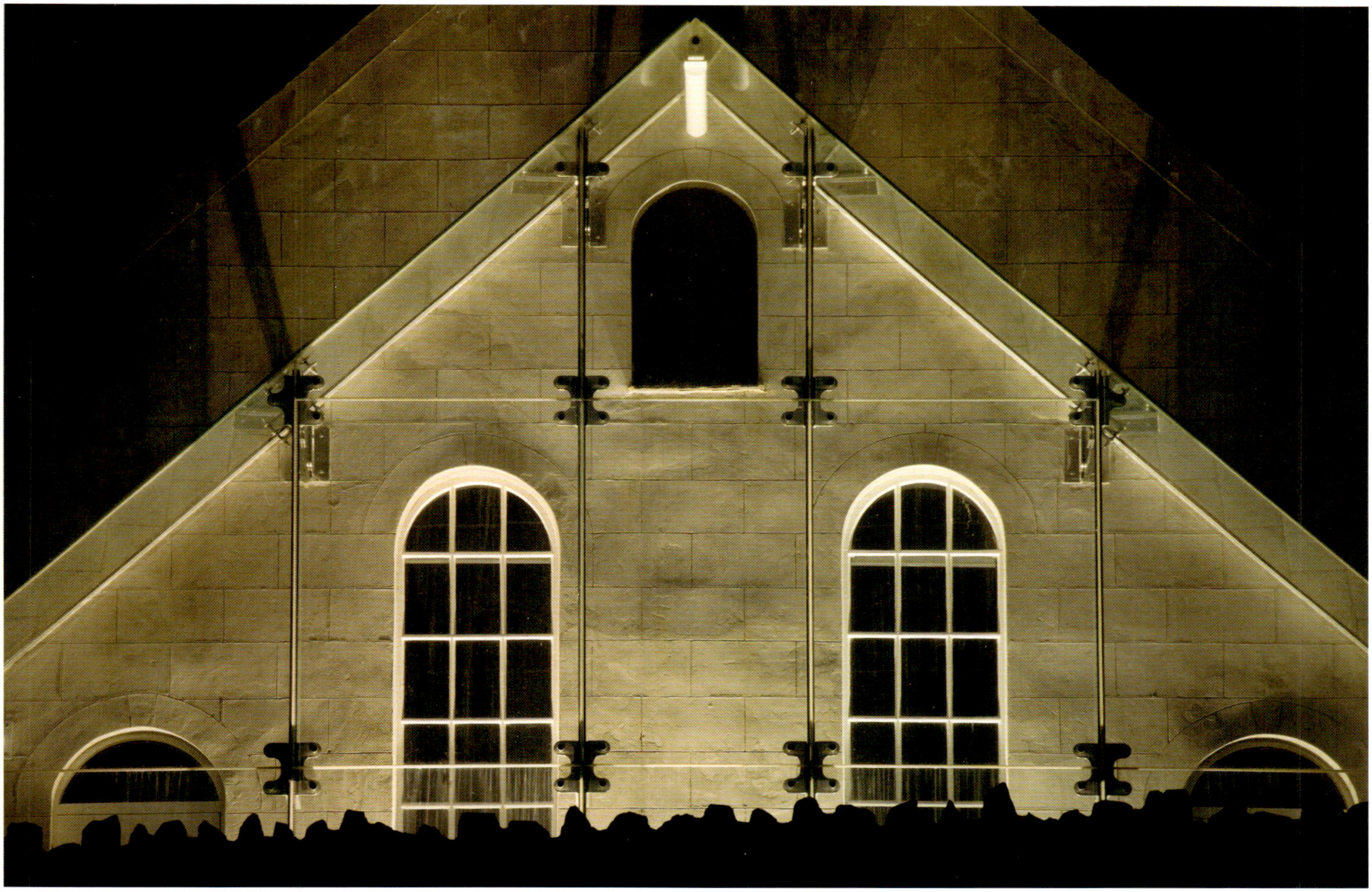

A Comforting Light *Golau Cysurlon*

Now this was a bit spooky. I had shot and named this image quite early on in the project, and deliberately hadn't read up any information on Y Nant so as not to influence my immediate personal responses to the place. I had been told there were ghosts in the village, but I also knew people were trying to wind me up for a laugh before I went there. I created this title simply because of the houses of Trem y Môr being caught between the tree trunks; only later did I hear the story of Rhys and Meinir, and how poor Meinir had died whilst hiding in a tree at Nant on her wedding day! Coincidence of course, but nevertheless it has raised a few eyebrows!

Dyma rywbeth braidd yn ddychrynllyd. 'Roeddwn i wedi tynnu'r llun hwn a'i enwi'n weddol gynnar yn y cynllun, ac yn fwriadol heb ddarllen dim ynghylch y Nant, er mwyn peidio â dylanwadu ar f'ymatebion personol cynharaf i'r lle. 'Roedd rhai wedi dweud wrthyf fod ysbrydion yn y pentref, ond gwyddwn hefyd fod rhai'n ceisio fy herian i gael hwyl ar fy mhen cyn imi fynd yno. F'unig reswm dros greu'r teitl hwn oedd oherwydd bod tai Trem y Môr fel petaen' nhw wedi'u dal rhwng boncyffion y coed; dim ond wedyn y clywais hanes Rhys a Meinir, a sut oedd Meinir druan wedi marw wrth guddio mewn coeden yn y Nant ar ddiwrnod ei phriodas! Cyd-ddigwyddiad, wrth gwrs, ond mae wedi codi ychydig o aeliau er hynny!

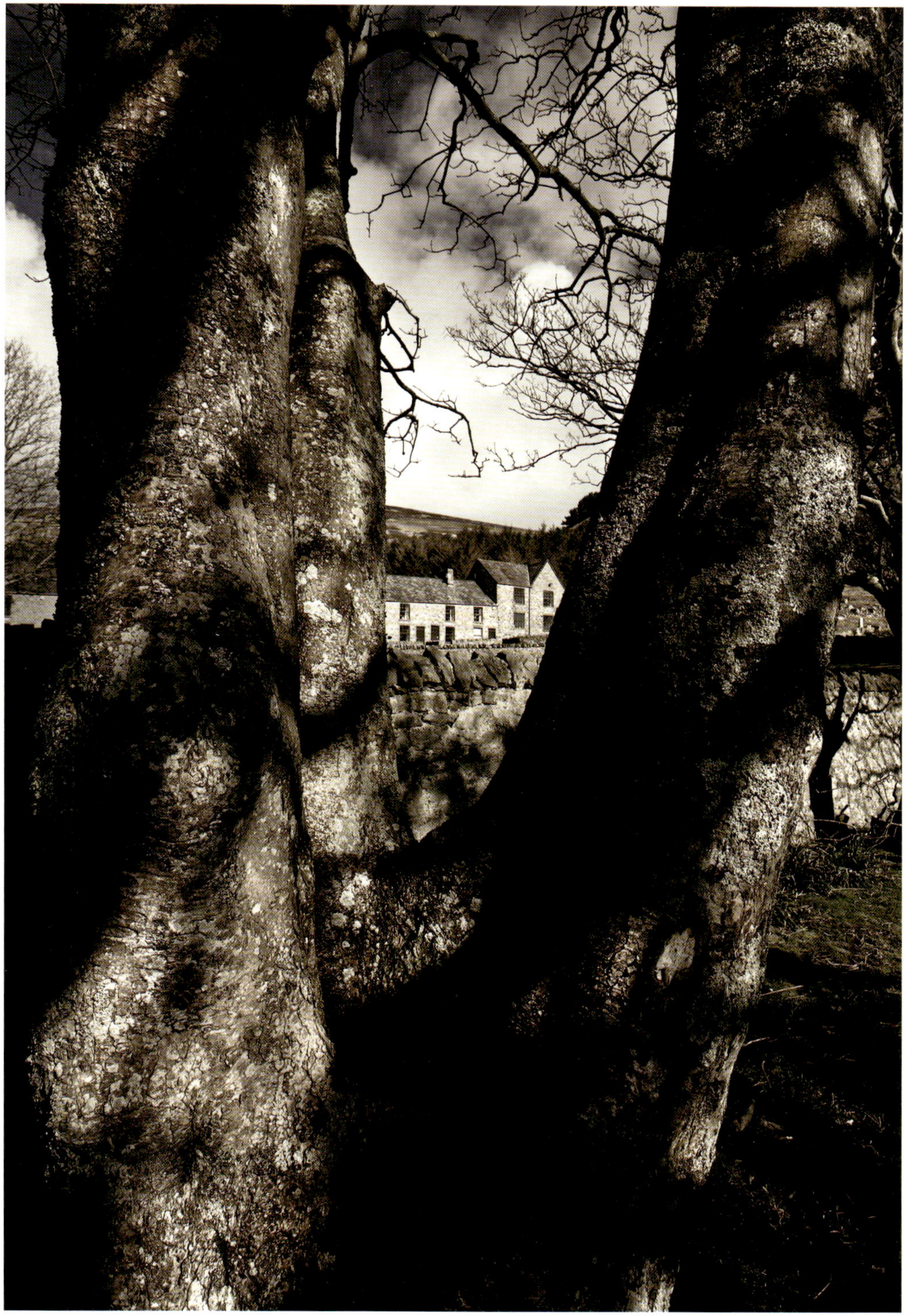

Trapped in a Tree *Daliwyd mewn Coeden*

At the dark base of this very old tree, backlit by an intense warming light from a winter's sun, daffodils had sprung to life, sharing their beauty with those occasional passers-by who choose also to look at shadows.

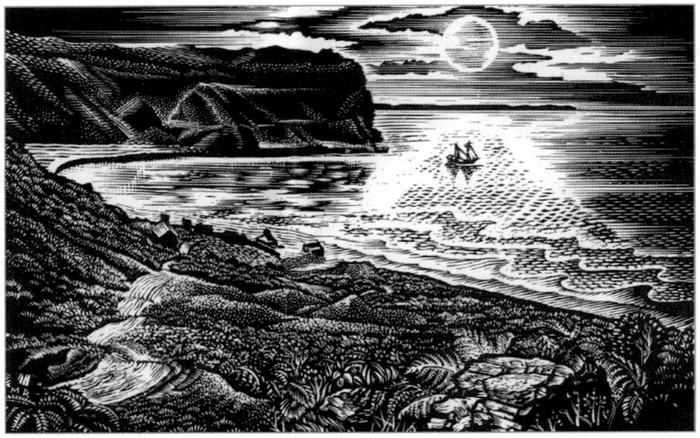

Wrth fôn tywyll y goeden hynafol hon, a oleuid o'r tu ôl gan olau cryf, cynhesol haul y gaeaf, 'roedd cennin pedr wedi ymsythu, gan rannu eu harddwch gydag ambell un a gerddai heibio ac a ddewisai hefyd edrych ar gysgodion.

A scraperboard drawing of the bay, by E. Meirion Roberts, circa 1985
Dyluniad sgraff-fwrdd o'r bae, gan E. Meirion Roberts, tua 1985

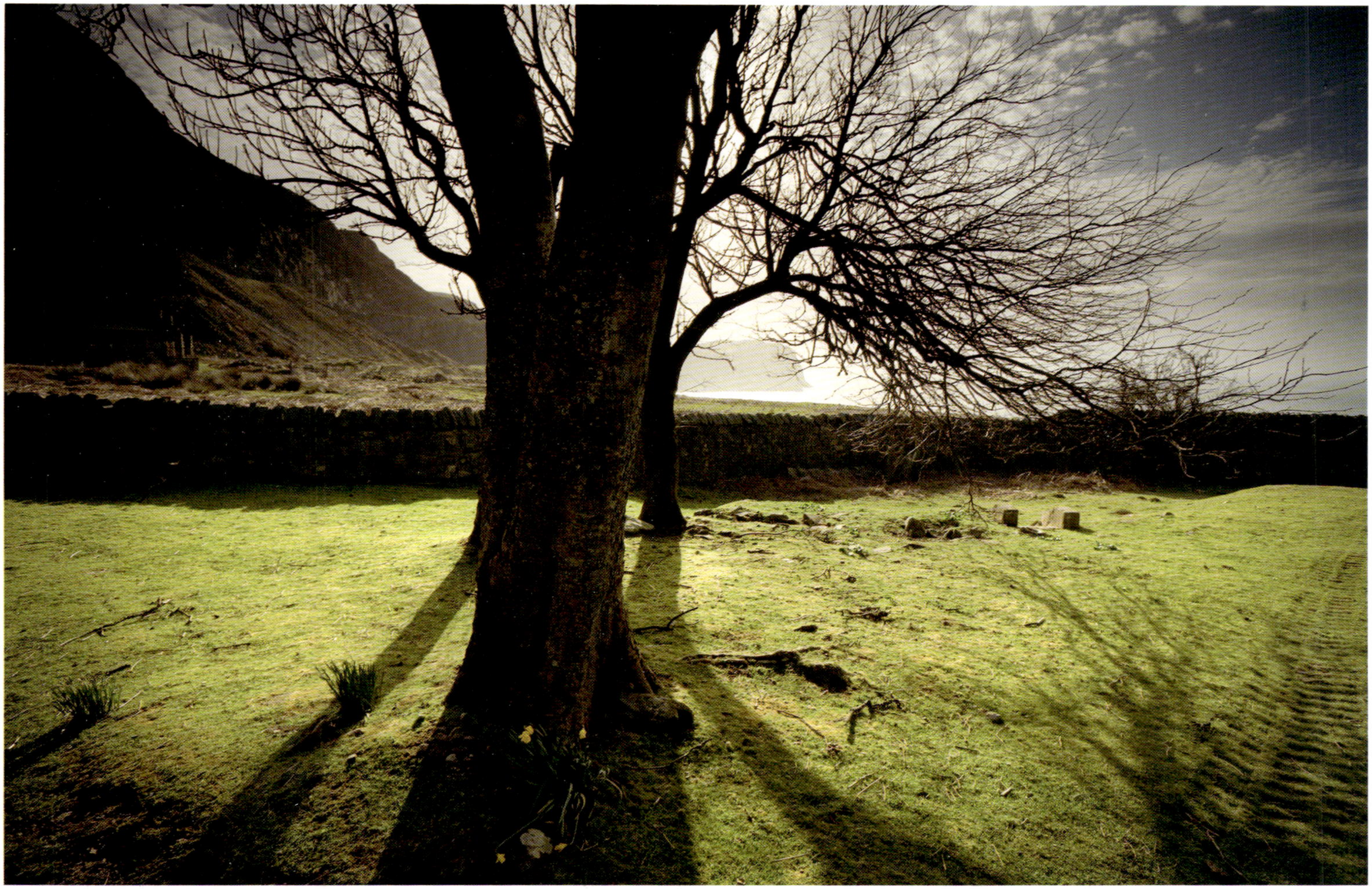

Tree of Life *Coeden Bywyd*

This is the front room of the first house I stayed in, 'Aelhaearn II' in Trem y Mynydd, the property which still triggers the most special memories for me and had the most character. As this book is being produced, this whole terrace has been gutted for modernisation work, to meet the higher expectations of today's course residents. For me it was the perfect accommodation just as it was, a hint of times gone by. This interior has gone forever and is now just pictorial history.

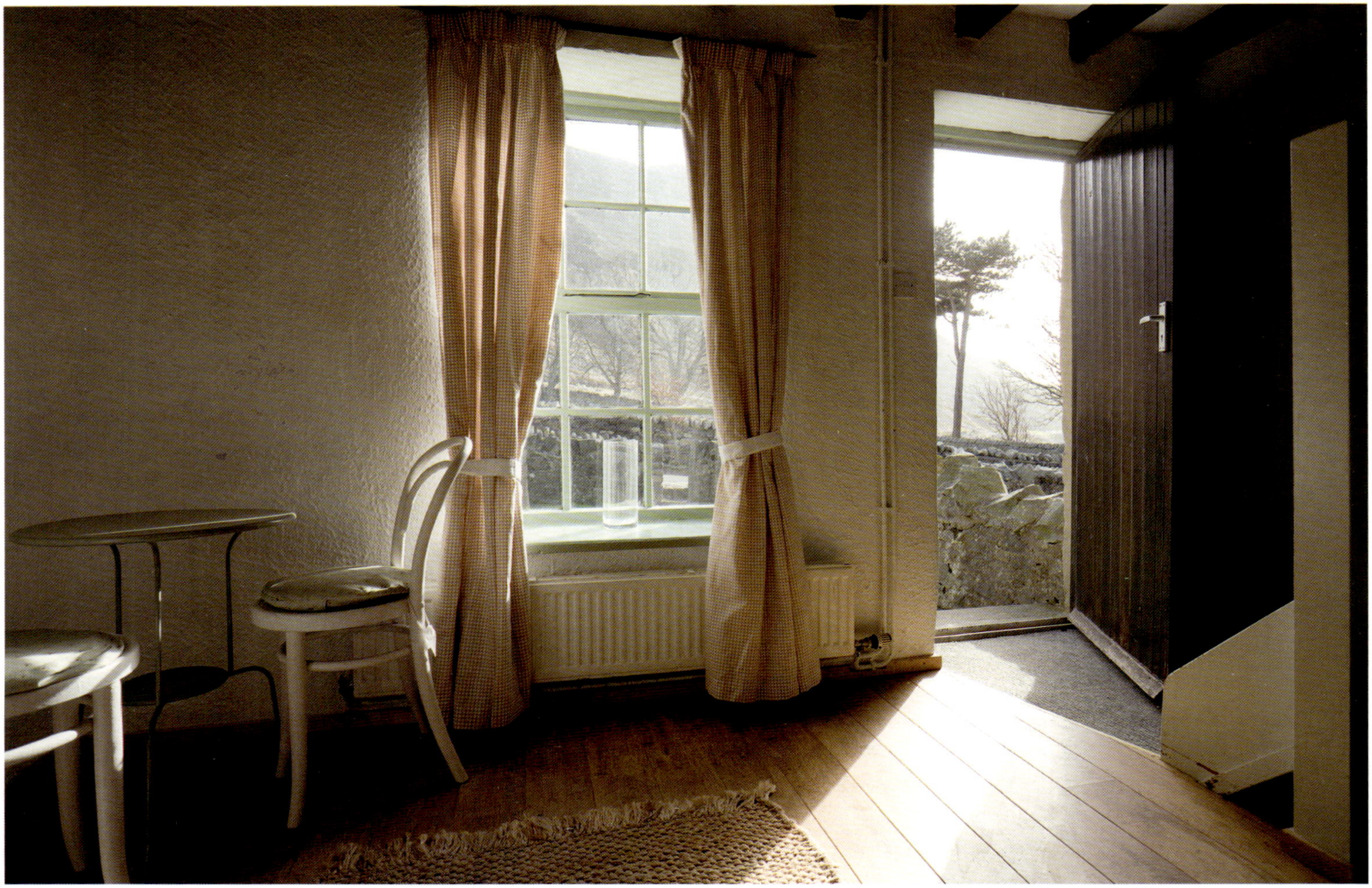

Inside Out — *Y Tu Mewn Allan*

Dyma ystafell ffrynt y tŷ cyntaf yr arhosais ynddo, 'Aelhaearn II' yn Nhrem y Mynydd, y tŷ sy'n dal i sbarduno f'atgofion mwyaf arbennig a'r un â'r 'cymeriad' mwyaf. Tra cynhyrchir y llyfr hwn, tynnwyd pob dim o du mewn tai'r rhes hon yn barod ar gyfer gwaith moderneiddio, er mwyn bodloni disgwyliadau uwch myfyrwyr cyrsiau heddiw. I mi, 'roedd yn llety perffaith yn union fel yr oedd, gydag awgrym o'r oes o'r blaen. Fe aeth tu mewn yr ystafell hon am byth, ac nid erys ohono ond hanes darluniadol.

This room in Trem y Môr terrace was sometimes used for teaching groups of schoolchildren, but most teaching now takes place at Y Plas. It was enlightening to see so many unusual names scribbled on the black board at this Welsh Language Centre! This building will be completely refurbished and modernised in the next phase of development at Y Nant, so shortly, this image will also be an historical record.

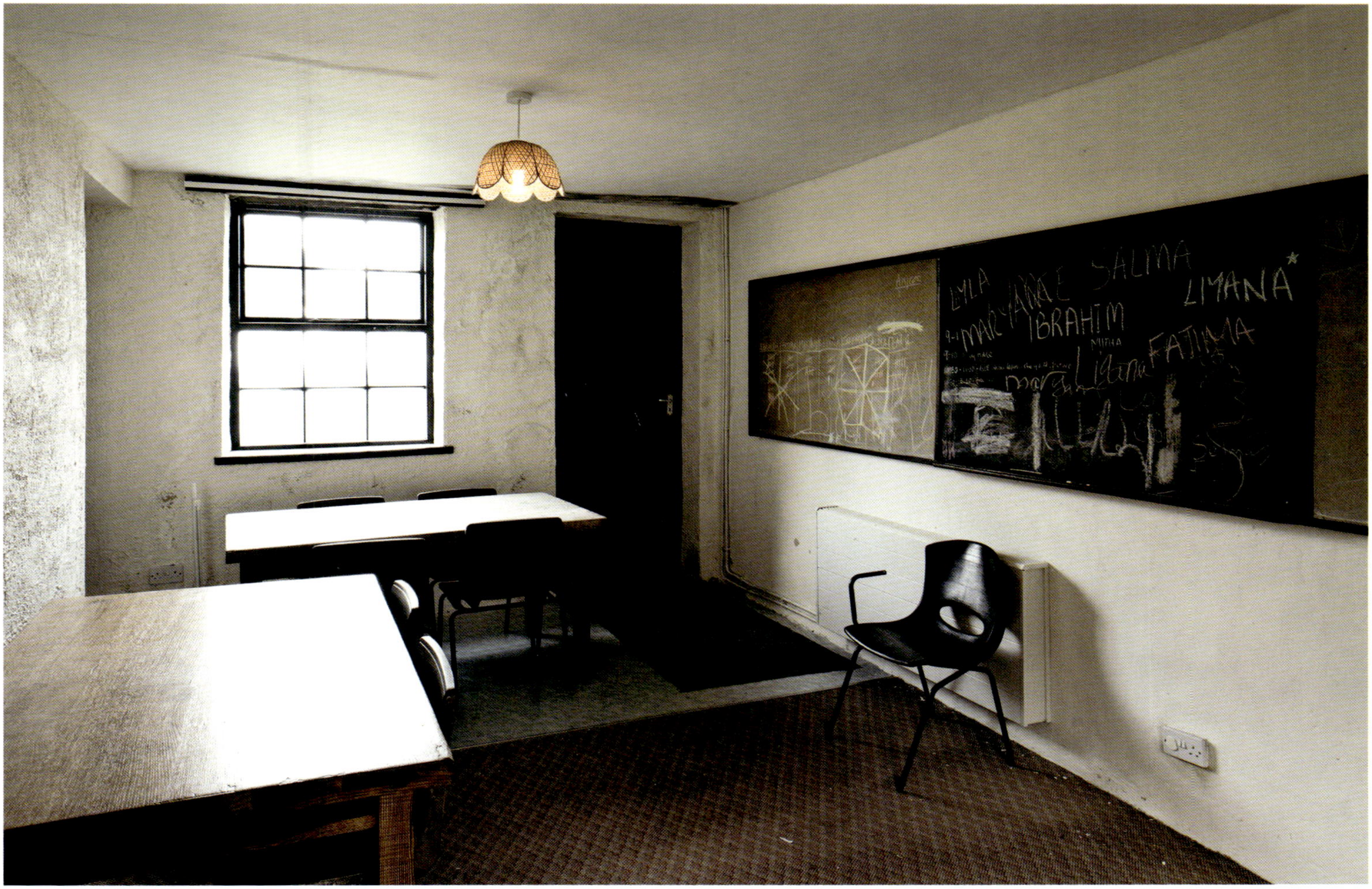

There's a Room for Language — *Mae Lle i'r Iaith*

O dro i dro, defnyddid yr ystafell hon yn Nhrem y Môr ar gyfer dysgu grwpiau o blant ysgol, ond erbyn hyn gwneir y rhan fwyaf o'r dysgu yn y Plas. 'Roedd yn addysg gweld cymaint o enwau anarferol wedi'u sgriblo ar y bwrdd du yn y Ganolfan Gymraeg hon! Caiff yr adeilad hwn ei ailwampio a'i foderneiddio'n llwyr yng nghyfnod nesaf datblygu yn y Nant, ac felly cyn bo hir, bydd y llun hwn yn gofnod hanesyddol hefyd.

As the title suggests, these buildings were built specially to house the quarrymen, as this was more productive than having them walk in and out of this barely-accessible valley each day. At one time the quarries, the trucks, the inclines, the chipping and blasting would have created a great deal of noise and dirt, and, the fact that the houses were so close would have meant there was no real escape. However, I gather that these houses were nevertheless very well-appointed for their time, with higher ceilings and more space than average, so perhaps they were more a sanctuary than a barracks! After a while, workmen's families were allowed to live there too, so it would have been common to hear play and chatter as well as the sounds of industry.

Fel y mae'r teitl yn ei awgrymu, adeiladwyd y tai hyn yn unswydd ar gyfer gweithwyr y gwaith, gan fod hynny'n llai gwastraffus nag iddynt orfod cerdded i'r cwm diarffordd ac yn ôl adref eto bob dydd. Ar un adeg, byddai'r lle wedi bod yn fudr, ac yn atseinio gyda thwrw'r chwareli, y wagenni, yr incleiniau, y gwaith malu metlin a'r tanio, a chan fod y tai mor agos, ni fuasai dim dianc mewn gwirionedd. Er gwaethaf hynny, dywedir wrthyf fod y tai hyn yn gysurus iawn, o'u cyfnod, gyda nenfydau uchel a mwy o le na'r rhan fwyaf o dai, felly efallai 'roeddent yn fwy o noddfa nag o farics! Ymhen yr hir a'r hwyr, cafodd teuluoedd gweithwyr fyw yno hefyd, felly byddai synau chwarae a pharablu wedi bod yn gyffredin, yn ogystal â thwrw diwydiant.

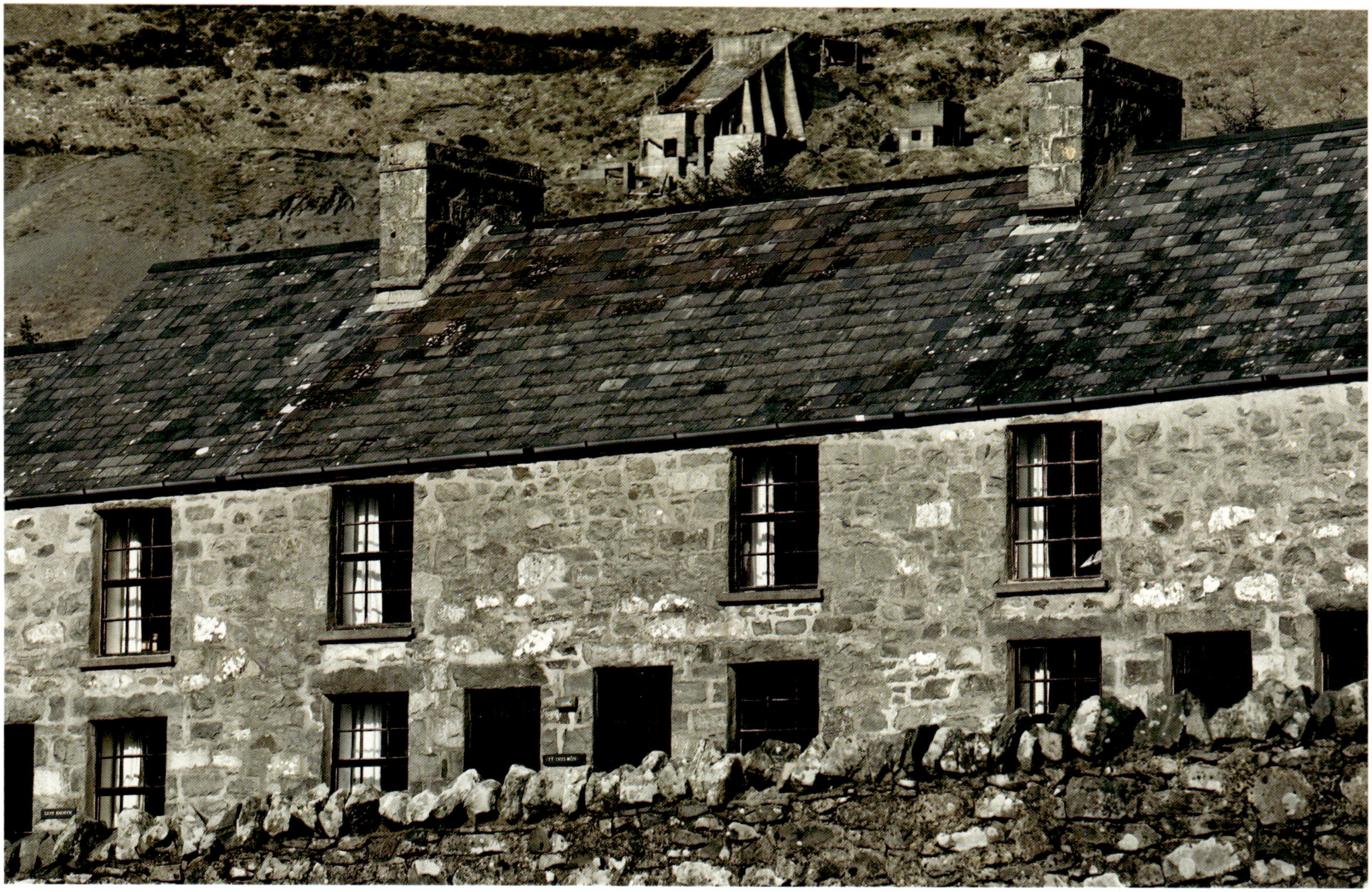

A Close Working Relationship

Perthynas Glòs â'r Gwaith

The remnants of a ruined quarry building. The window opened onto a rock wall behind. The ceilings were very high and an old keypunch typewriter rested in half a foot of sheep droppings in the middle of the room. Maybe not enough inspiration!

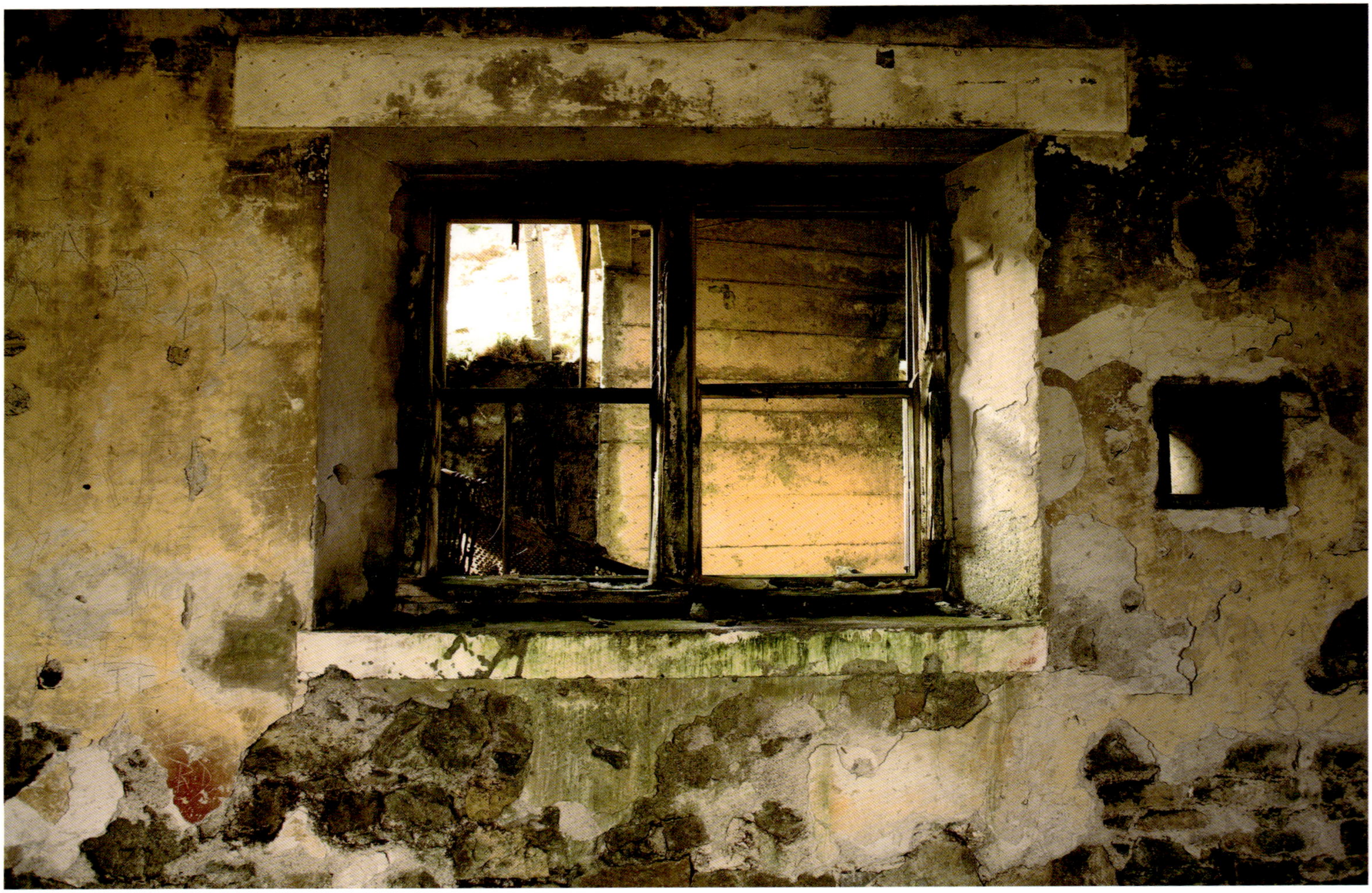

Window to Nowhere *Ffenestr i Unman*

Adfeilion un o adeiladau'r gwaith wedi mynd â'i ben iddo. Agorai'r ffenestr ar wyneb craig y tu ôl. 'Roedd y nenfydau'n uchel iawn a gorffwysai hen deipiadur llaw mewn hanner troedfedd o gaglau defaid yng nghanol yr ystafell. Dim digon o ysbrydoliaeth, efallai!

I am always fascinated when nature reclaims areas and structures created by man, and this was no exception. A small tree is now growing out of the concrete floor, and grasses are forming a carpet. The rather pretty-looking wooden roof is still half-intact, and forms the roosting place for local choughs. I entered this building for the first time one dusk and disturbed two of these rare birds. They let out raucous squawks and shot out over my head. I'm not sure quite who was the most alarmed, but thereafter I always looked up first to avoid more surprises!

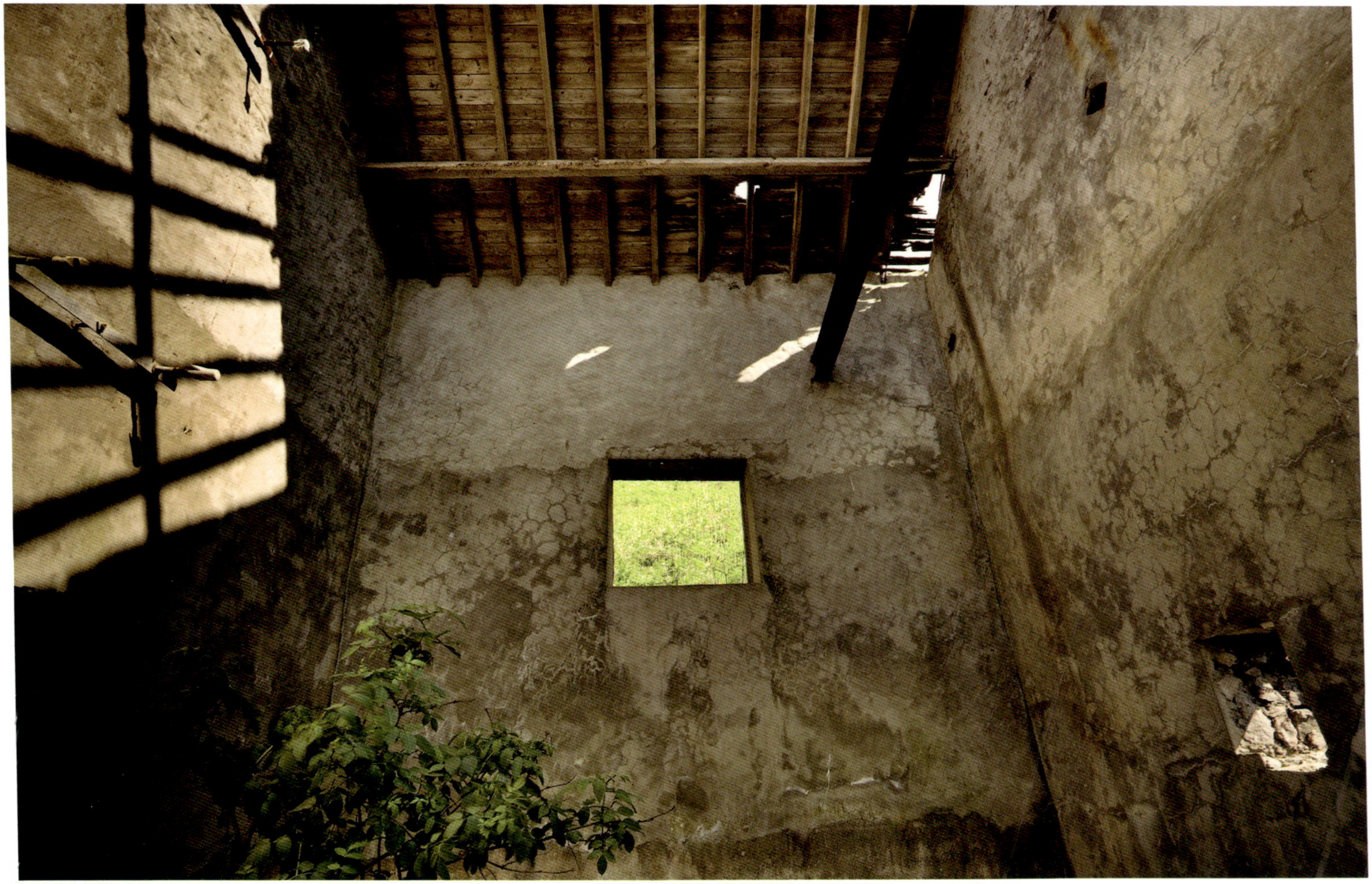

Living Room – 2 *Ystafell Fyw – 2*

Caf fy nghyfareddu bob amser pan fydd natur yn adennill mannau ac adeiladau o waith llaw dyn, ac nid eithriad mo hyn. Bellach mae coeden fechan yn tyfu o'r llawr concrid ac mae glaswellt yn ffurfio carped. Mae hanner y to pren, eithaf tlws yr olwg, yn dal yn gyfan ac yn rhoi man clwydo i frain coesgoch. Euthum i'r adeilad hon am y tro cyntaf ryw gyda'r nos a tharfu ar bâr o'r adar prin hyn. Crawciodd y pâr yn aflafar a saethu allan dros fy mhen. Wn i ddim pwy gafodd ei ddychryn fwyaf, ond byth wedyn edrychais i fyny'n gyntaf er mwyn osgoi cael fy synnu eto!

The higher you climb, the more remnants of old industry you find. A lot of the original industrial infrastructure has been used, adapted and vandalised by assortments of people over the last two generations, but where access proved more difficult, history remains.

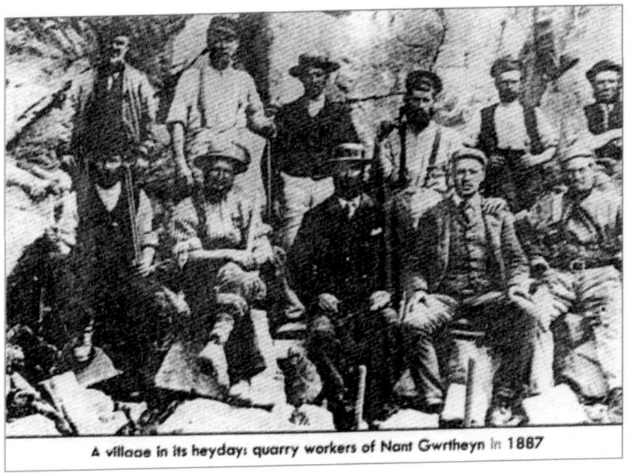

Uchaf yn y byd y dringwch, mwyaf yn y byd o olion hen ddiwydiant a welwch. Cawsai llawer o adeiladau'r gwaith eu defnyddio, eu haddasu a'u fandaleiddio gan amrywiaethau o bobl dros y ddwy genhedlaeth ddiwethaf, ond lle 'roedd yn anos cyrraedd atynt, erys yr hanes o hyd.

Workers of the Nant Gwrtheyrn granite quarry in 1887
Gweithwyr gwaith gwenithfaen Nant Gwrtheyrn yn 1887

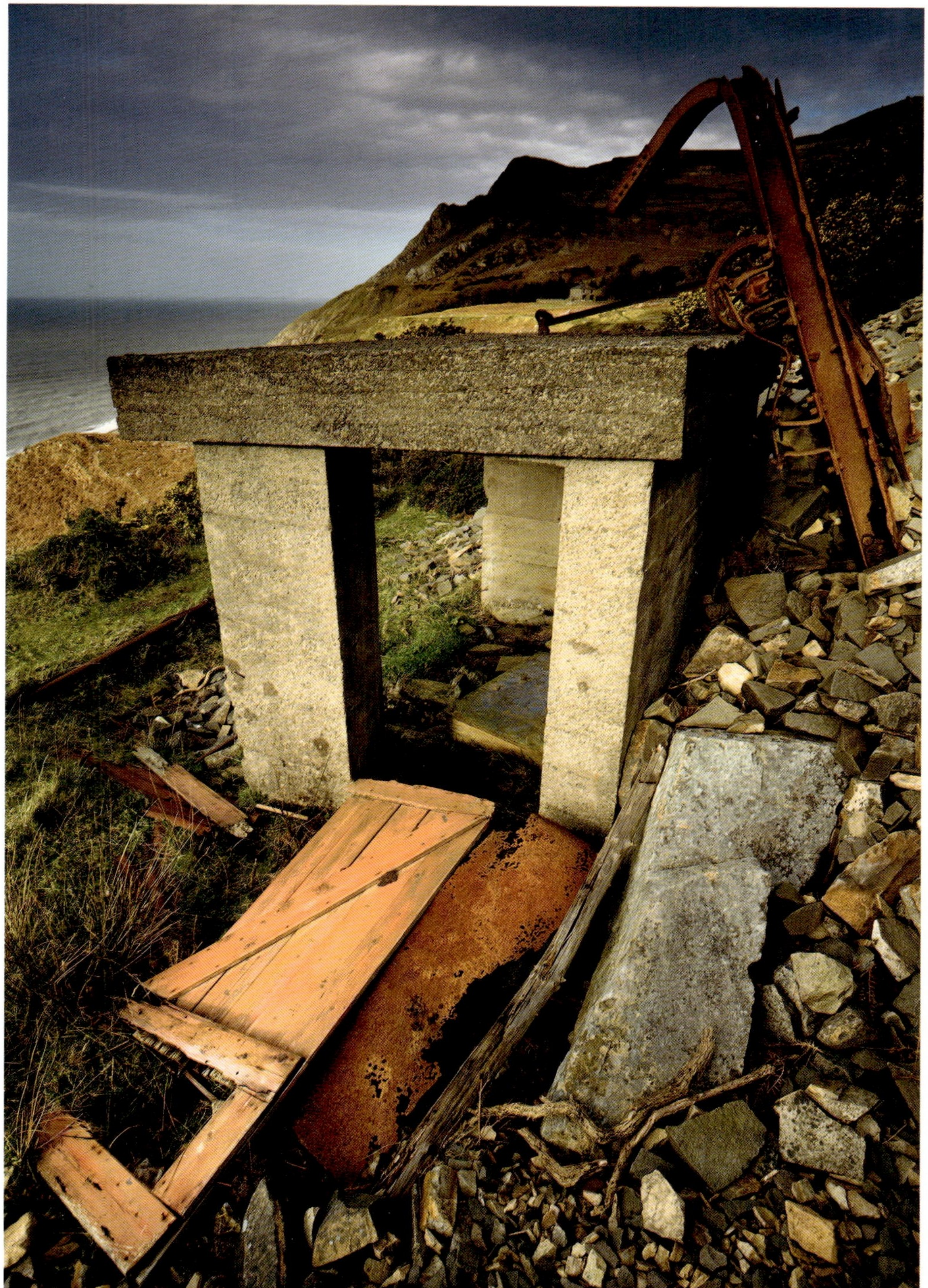

High Levels of Dilapidation *Adfeilion ar y Bonc Uchaf*

The early morning sunshine cast an almost perfect shadow of one of the huge cog-wheels onto the nearby wall. It was fun to line up all three elements, linking shadows to reality. The visible shadow is a metaphor for so much of what one 'feels' at Y Nant; there is nothing 'actually there' but nevertheless we sense things and can sometimes even believe we are seeing things. The history, the topography, the remnants of what was, and the present landscape all blend together at Nant, and this blend for me at least is its 'spirit'.

Taflai heulwen gynnar y bore ar wal gyfagos gysgod perffaith bron o un o'r olwyni cocos anferth. Bu'n hwyl alinio'r tair elfen, gan gysylltu'r cysgodion a'r gwrthrychau eu hunain. Mae'r cysgod gweladwy'n drosiad ar gyfer cymaint o'r hyn mae dyn yn ei 'deimlo' yn y Nant; nid oes dim byd 'yno mewn gwirionedd', ond er hynny fe synhwyrwn ni bethau, a gallwn weithiau hyd yn oed gredu ein bod ni'n eu gweld. Mae'r hanes, y topograffi, gweddillion yr hyn a fu, a'r tirlun presennol i gyd yn ymdoddi yn y Nant, ac, i mi o leiaf, yr ymdoddi hwn yw ei 'ysbryd'.

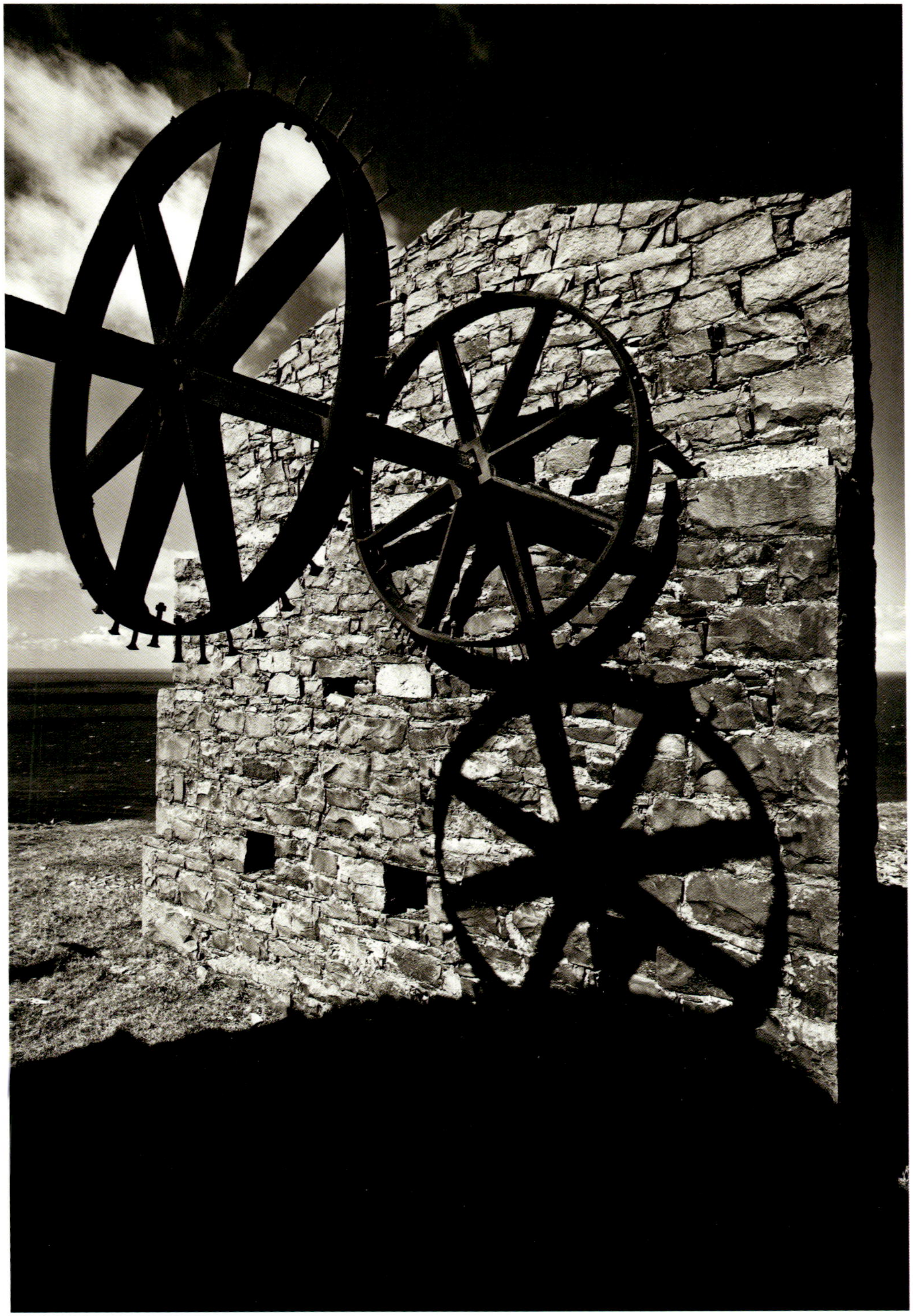

A Shadow of its Former Self *Cysgod o'r Hyn oedd Gynt*

I came across this old quarry building at one of the highest levels, and I was struck by the passage of the weather in the stormy seascape beyond the ruined walls. That sense of time passing, of buildings that no longer serve any practical purpose, of a community long gone, was particularly strong at that moment.

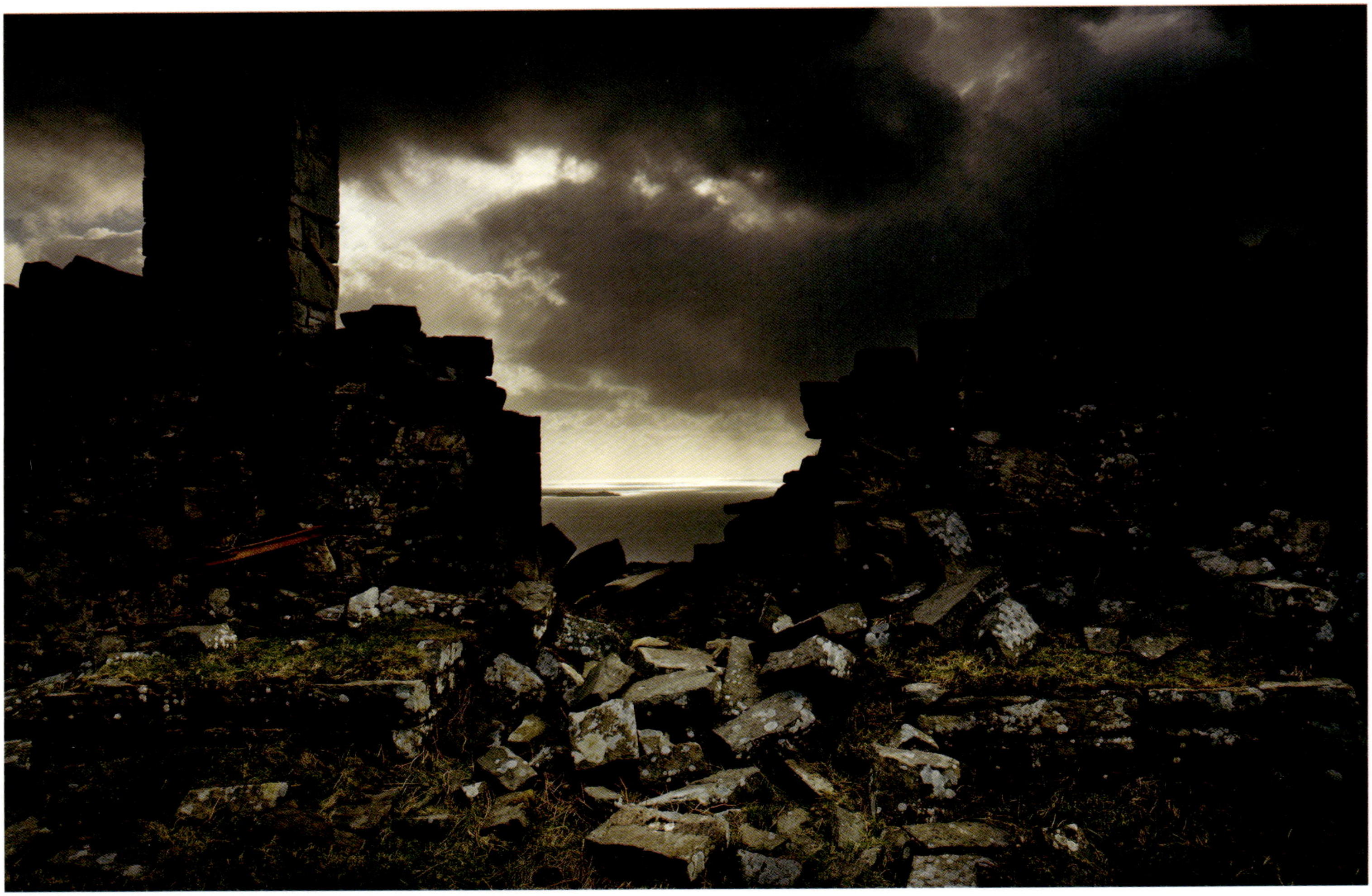

Darkness was Prevalent *Tywyllwch oedd ym Mhobman*

Cefais hyd i'r hen adeilad hwn o eiddo'r gwaith ar un o'r ponciau uchaf, a chael fy syfrdanu gan dreigl y tywydd yn y morlun stormus y tu hwnt i'r waliau adfeiliedig. Bu'r teimlad hwnnw o dreigl amser, o adeiladau nad oes dim diben ymarferol iddynt mwyach, o gymdogaeth sydd wedi hen ddarfod, yn arbennig o gryf yr ennyd hwnnw.

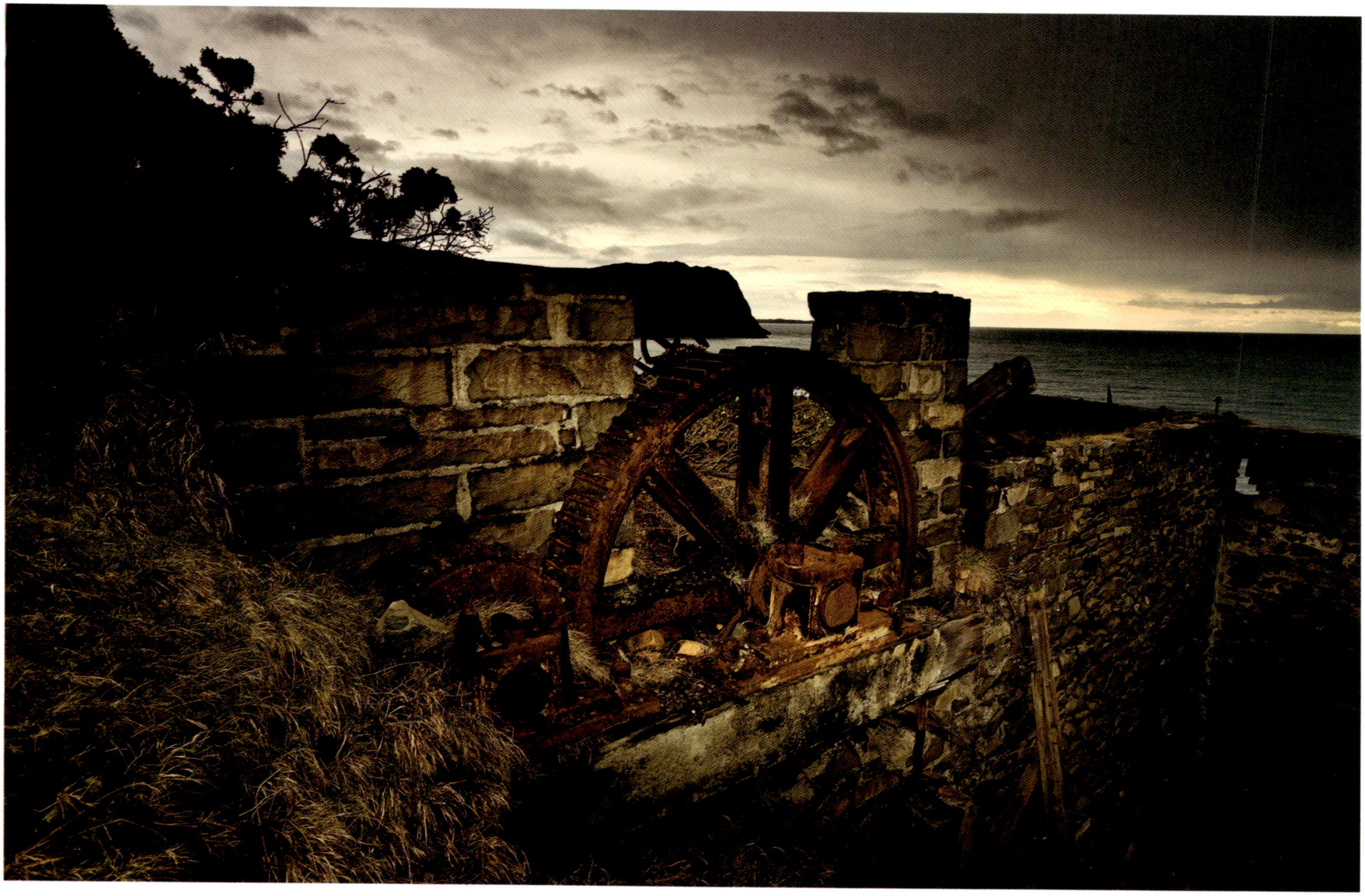

It Turned from Dawn to Dusk

Trodd o Wawr yn Gyfnos

The Spirit

This place has evoked very powerful spiritual feelings within me and has encouraged philosophical thought. These thoughts are wide ranging on everything: from the universe, mankind and time, to human relationships, language, identity, origin, nationality, life, death and love – and everything else between! Y Nant has become a catalyst for unhindered thought. It has given me opportunities for calm, for sleep, for escape, for dreamtime, for contemplation and even for family.

But there are thoughts about the land, the quietness, the nature, the steep mountain slopes, the waterfall, the long, deserted beach, the deep sea and the dark woods that move me intensely. In a way, the village and the old industry mean nothing compared with the ancient spiritual, emotional and physical characteristics that the landscape itself provides. This one valley possesses so many of the stimuli I need to feel human and a part of the earth that I can understand why ancient people, with no previous knowledge of this valley, would have chosen to visit or even live here. It is almost a pagan awareness of the energy and spirit of the landscape that drives my thoughts and image-making. This is not really a pretty place (though it has its parts and its moments), but it is powerful and elemental beyond most others I have known.

However this valley does go beyond just the landscape. I want to know more about the people who have lived here over generations. I can sense their lives all around me and I can almost see through their eyes when I stand and look around me. I want to know what they felt when the snows approached, or during winter storms buffeting their houses. I want to know what it felt like to live here full-time, through all seasons, to have a relationship here, to raise a family here. I can feel their presence around me when I am out alone, and there can be a sense of being watched or observed, but not in an obvious way (*Not Alone in the Wood*).

My history

I was brought up in Cornwall, surrounded by art and artists. Not only is Cornwall famed for its art culture and art history, but both my parents are also artists: dad a printmaker, painter and retired senior lecturer in fine art, and mum a ceramicist and textile designer. My Welsh grandfather was an amateur landscape painter and my dad's uncle was eminent Welsh illustrator and cartoonist, Wilfred Mitford Davies. My great-grandfather was a photographer on Anglesey at the end of the 19th century. Whilst my brother Simon also followed an art career, winning scholarships for his drawing and painting, and later becoming an art teacher and head of department at schools in Cheshire, I took a foundation course in Art & Design at the Falmouth School of Art in Cornwall, and then a degree course in Photography, Film & TV at Harrow in London. After leaving college in 1987, I became a freelance photographer, but was always interested in shooting my own projects rather than doing commercial work. I saw the latter as making purses out of sows' ears: clever, creative, but not artistic.

In 2002, I established my own gallery in Menai Bridge on Anglesey, and this was the first time I realised that I could actually practise what I had wanted to do all along, to be an artist, to do my own work, and to deal directly with people interested in my imagery. It was a hard decision to make and a difficult path from which to make a living. My passion for my subject, and honesty about what landscape means to me, along with the drive for perfection in print production, is what has kept the wolves from the door!

In 2005 I moved to bigger premises, over the road, and in 2007 I acquired the ground floor premises, which I refurbished as my reception gallery.

Over the last ten years, I have happily witnessed a far greater acceptance of photography as fine art, not just from customers in my gallery, but also from listening to colleagues on worldwide professional lists and from reading the international press. This has been a huge boost for those of us who have a deep desire to do personal work, and has helped to secure the value of fine-art photography across the globe.

I was asked during a BBC Radio interview why I continued to shoot images of my own area when I have also had opportunities to photograph so many other beautiful parts of the country and indeed the world. My answer was that, even if I had my lifetime three times over, I would still struggle fully to capture the ever-changing spirit, mood and geography of the area. I am still coming across tiny lanes, buildings and landforms I never knew existed. It is impossible ever to recreate an image I have previously worked on – the light is always different, flora has changed, the mood is different, weather conditions have varied, and skies are always new. Therefore, each time

NO LONGER HIGH LEVELS OF EMPLOYMENT I found the huge sweep of the bay, the plunging cliffs and the vast expanse of sky an awesome vista to behold. The knowledge that workers had carried on a very dangerous occupation in such a precipitous environment, often in awful weather conditions, was daunting to even consider. At the same time, perhaps, like the shepherds who walk stormy mountains or fishermen in rough seas, they also found something very elemental and humbling to be gained from working in these environments, something which goes beyond simple romance.

DIM RHAGOR O WAITH AR Y BONC HON Cefais ehangder anferth yr awyr a'r bae, a'r clogwyni a blymiai'n serth, yn olygfa aruthrol. Braw imi fu hyd yn oed ystyried sut y bu'r chwarelwyr yn dilyn galwedigaeth beryglus iawn mewn amgylchoedd mor serth, yn aml mewn tywydd ofnadwy. Ar yr un pryd, efallai, fel y bugeiliaid sy'n cerdded mynyddoedd stormus, neu bysgotwyr mewn moroedd geirwon, cawsant hefyd rywbeth elfennol a distadlol iawn o weithio yn yr amgylchoedd hyn, peth sy'n mynd y tu hwnt i ramant yn unig.

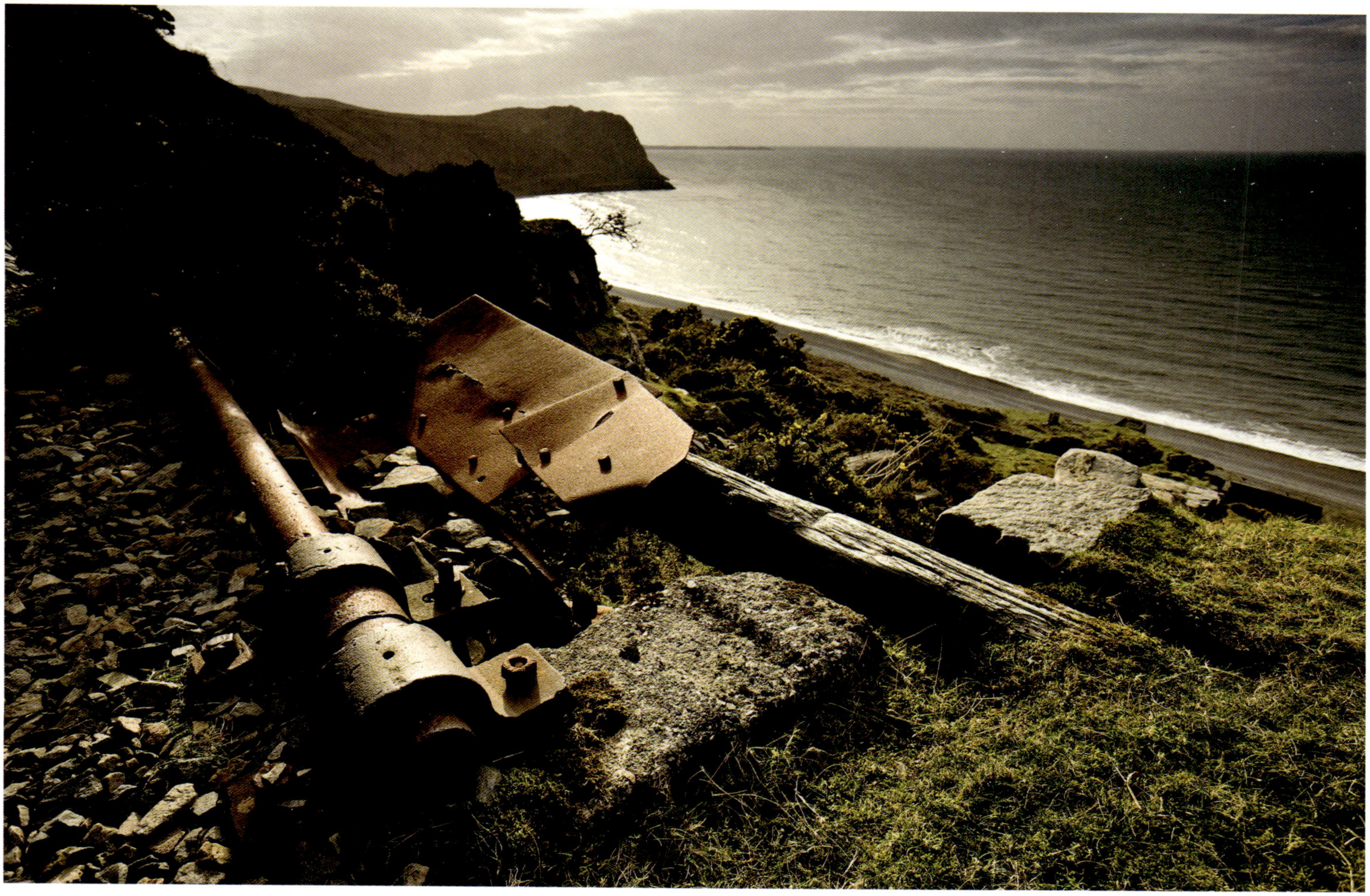

No Longer High Levels of Employment

Dim Rhagor o Waith ar y Bonc Hon

I return to a location, it feels like a new place, but with a comforting embrace of familiarity. I am in love with this process of renewal; I find it refreshing and invigorating. It means that, even as I age, I will never have to travel far to find inspiration and captivating subject matter!

The happiness and constant reward of continually exploring my own locality has meant that I can work on longer-term projects such as this one, and that in turn has given me the confidence to produce books about these subjects. This will be my third art photography book, and I have loved every part of the process, from shooting, editing and file production, to marketing and distribution.

My Welsh history

In school in Cornwall, from a very early age, certainly as far back as I can remember, my classmates would often question and sometimes ridicule my name, Glyn. It was bad enough being as skinny as a garden rake without having the added disadvantage of a Welsh name! Some were generally impressed that I was the only Glyn they'd ever heard of, but mostly it was a predictable humiliation of being called 'Lyn', a girl's name, and then 'Taff'. Of course young kids really have no idea about why they are insulting others, but it's the first sign of prejudice against those who are different.

By the start of secondary school I was sporting my first Welsh nationalist T-shirt, emblazoned with *Cymru Rydd Gymraeg*, bought by my Dad from a shop in Llanberis. I didn't know it was a nationalist T-shirt, but it had a cool red dragon on it and I was given the translation as 'Wales for the Welsh', which seemed quite fair to me, even as a child of perhaps 11 years old! At that age, back in the late 70s, I had very little knowledge of the cultural power-struggle going on in Wales but I somehow knew that the Welsh, my Dad's people, my Nain and Taid's people, were fighting against English suppression of their language and culture. I was proud to wear that T-shirt, and for the first time started to verbally retaliate against those who ignorantly despised the Welsh. I was alone, of course, in my little Cornish school, as my Dad never really knew about the goading I suffered as the Cornish lad with a Welsh name. I felt very allied to the land of my fathers and as I had always loved my visits to Wales, with a passion I could never fathom, it all seemed right to me.

It is only now, as an adult learning Welsh and opening myself up to the history of the Celts, that I find it even more difficult to believe that I received this name-calling at all, from another closely-related Celtic nation. Though, when I reflect carefully, I realise that the pupils at my Cornish school, or certainly most of my school-friends, were not from Cornish stock themselves; many were incomers to the area (as were indeed my own family), so it is now hard to say whether it was the Cornish, or those who had moved into Cornwall from elsewhere, who were responsible for the name-calling.

My better friends would often remark on how Welsh my Dad sounded, but to me it was just Dad! Sometimes, though, when I heard him on the phone to family back in Wales, I could hear him speaking rapidly in Welsh, and it was only then that I realised my Dad really was a Welshman! Perhaps three times a year we would visit my Nain and Taid at Eithinog Farm in Bangor, and I always felt happy there, really happy, and I loved the rural setting, the fields, the horses, the sheep (which we never really saw in Cornwall) and the snow and mountains. Eithinog Farm was always cosy, but it was old and large and often rattled in the westerly winds which battered it. The windows looked out over Anglesey on one side and the mountains of Snowdonia on the other. There always seemed to be deliveries in those days: the milkman, the fishmonger, the coal man, the bread man and so on. My Nain would chat away in Welsh to them and they would smile and chat back. I remember the tiny bedroom we used to stay in, at the end of a long landing corridor: always fresh starched sheets and multiple layers of blankets, usually containing one which looked like honeycomb waffles, and normally topped with a Welsh blanket. It was cosy in those beds, well leastways after the initial coldness of the starched sheets wore off! I was always aware of the elements in Wales – lying in bed listening to the sounds of the wind howling around the building, rattling slates and drainpipes, buffeting the huge yellow corrugated-plastic window in the dining room! I loved the hills, and it often snowed in the winter in those pre-global warming days. I would lie in bed listening to the wind and imagining the weather in the mountains.

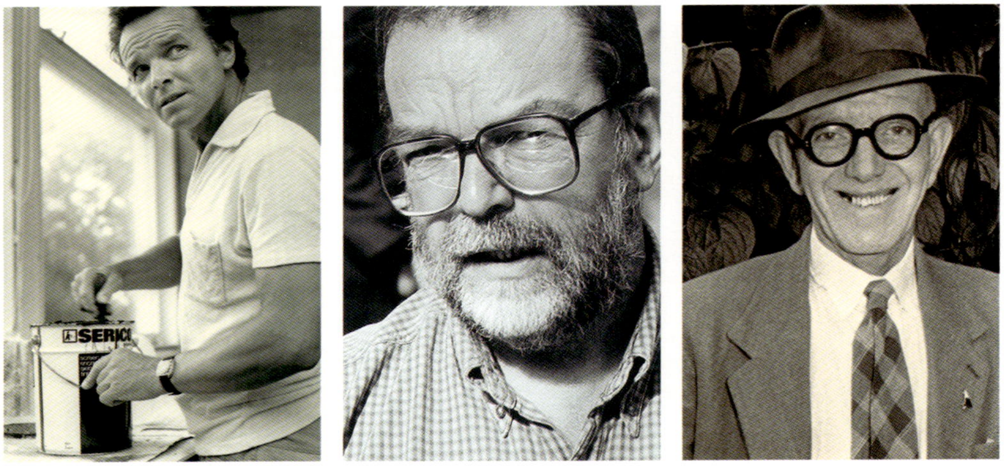

Generations of Welsh artists: my dad, Gareth; my uncle Dyfed; and my great uncle, 'Uncle Wilf' (W. Mitford Davies)
Cenedlaethau o artistiaid o Gymry: fy nhad, Gareth; f'ewythr Dyfed; a'm hen ewythr, 'Yncl Wilf' (W. Mitford Davies)

The first time I ever climbed Snowdon was back in those days. I remember Nain making Dad and me a cooked breakfast, sandwiches and a flask of tea, and the exhilaration of actually completing the walk and telling Nain and Taid all about it when we got back.

When my Nain and Taid moved out of the farm at Eithinog, it seemed like the end of a beautiful and spiritual era but, as older kids we were to meet more and more Welsh-speaking children on the estate they moved to in Penrhosgarnedd. We started 'hanging out' with Welsh kids whilst we were on holiday in Wales, and it was all good fun and we were rapidly accepted by our Welsh neighbours. They would try to teach us simple Welsh words, and we would delight in remembering a few to quote to mates back in Cornwall. I seem to remember making big claims that I could speak Welsh, when in reality I could only count to 20 and say 'hello', 'goodbye' and 'thank you'! The party piece, the *pièce de résistance*, was to be able to reel off the name of the famous Anglesey town, Llanfairpwllgwyngyllgogerychwyrndrobwll-llantysiliogogogoch. Even if we were only half-way close, Welsh had suddenly gone up in the estimation of my Cornish schoolmates!

In London, I used my Welsh lineage to advantage when my next-door neighbours, members of one of several London Welsh societies, a Welsh couple who had been diplomats in the British Raj, helped me find new lodgings after I told my landlady she was treating the *au pair* like a slave! It was a revelation to see how Welsh people came together to help, especially when they too were no longer residing in Wales. It was like an unspoken bond, but there was no hesitation in helping another Welshman out!

What divided loyalties I had – and still have! I associate myself with Cornwall, the land of my upbringing, my most formative years, my schooling, my friends and my pastimes, in fact the only real and defining culture I had ever known. Yet, I also feel this even deeper connection to Wales and the Welsh. It wasn't their culture or language that attracted me in my youth, of course, but Wales meant family, and ancestry and a powerful spiritual place that I loved to visit, and with which I felt an affinity.

It was this alone, not pressure, nor business, nor even loyalty, that led me to learn Welsh. It just seems there is a huge need for me to be even more part of a culture which has been calling to me since I was a child. As I continue to pick up more and more vocabulary, and find shorter and better ways of expressing myself through the medium of Welsh, I feel exponentially closer to my family and my history. I have gone from feeling like an alien in Wales to actually feeling a strong and correct sense of belonging. It now starts to feel like my land, my people and my destiny. Anyone making bigoted comments about the Welsh will be given very short shrift these days. I have, in my later years, rediscovered that same patriotism I had as a child, and will vehemently defend the right of the Welsh to speak their own language. It was a sad and acute awakening to actually acknowledge that the Cornish people, living in one of the most amazing places on earth, have lost their ability to speak their own Celtic mother tongue in such a relatively short period of time, and I hope against hope, that the Welsh will never lose theirs.

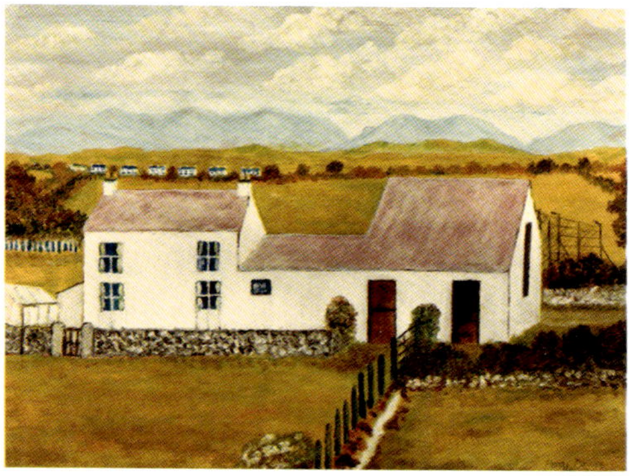

Eithinog Farm, painted by Taid, circa 1970
Fferm Eithinog, mewn darlun gan Taid, tua 1970

I love the Welsh language, difficult in the extreme to learn, but potent and ancient. Learning it feels more committed than learning French, German or Spanish – not necessarily harder, but knowing that you can only really use this difficult language in one country, perhaps in just a few areas of that one country, certainly makes a statement of dedication. I learnt Latin, French and German in school, to varying levels, but nothing seems as complicated as Welsh, with its numerous variations of a simple 'yes' and 'no', and then those mutations, and so many exceptions to the rules at that! No matter what, however, each slow and difficult step brings me closer to my ancestors, closer to my own relatives and much closer to those who live around me. I am proud of my Welsh roots, and of the language, and I'm proud to be able to hold even a basic conversation in this magical tongue. In fact I've probably gone too far the other way! It irritates me when I've been telling my English friends about this unique language, to then have to drop in words like *ambiwlans, bocs, car, radio, teiars, ffôn* and so on. I try to avoid corrupted slang like *licio* (to like), but of course the language is constantly evolving and being 'globalised' by the Welsh themselves. It is a pity, but perhaps inevitable. I shall endeavour to use as many true Welsh words as I can in my long but dedicated process of learning the language.

Undertaking this project about Nant Gwrtheyrn has not just been a journey of visual discovery. It has been a journey into my own past, my own sense of place and even my own sense of identity. The process has therefore been a revelation in numerous ways, a catalyst for personal development and a cathartic experience all in one. The project, the place, and those I have met throughout the project have cemented my connection to Wales and the Welsh people – they have given me confidence, in myself but also in the Welsh as a people. The warmth and respect they have returned to me as an artist and Welsh learner – together with a very spiritual acceptance by the valley itself – have given me the first real experience of a *hiraeth* of my very own, and that is something I will carry with me forever.

Yr Ysbryd

Mae'r lle hwn wedi ennyn teimladau ysbrydol cryfion ynof ac wedi annog meddwl athroniaethol. Ymestyn y meddyliau hyn dros bopeth: o'r bydysawd, dynolryw ac amser, i berthnasau dynol, iaith, hunaniaeth, gwreiddiau, cenedl, bywyd, marwolaeth a chariad – a phopeth arall rhyngddynt! Daeth y Nant yn swmbwl meddwl dilyffethair. Rhoddodd gyfleoedd imi ar gyfer llonydd, cwsg, dihangfa, amser breuddwydio, myfyrdod a hyd yn oed ar gyfer amser gyda'm teulu.

Ond mae 'na feddyliau ynghylch y tir, y distawrwydd, byd natur, llethrau serth y mynyddoedd, y rhaeadr, y traeth hir, gwag, y môr dwfn a'r coedydd tywyll sydd yn fy nghyffroi'n angerddol. Rywsut, nid yw'r pentref a'r hen ddiwydiant yn golygu dim o'u cymharu â'r nodweddion hynafol – ysbrydol, emosiynol a hyd yn oed gorfforol – sydd gan y tirlun ei hun i'w cynnig. Caf yn y cwm hwn gymaint o'r ysgogiadau sydd eu hangen arnaf er mwy teimlo'n ddynol a rhan o'r ddaear, fel y gallaf ddeall pam y byddai pobl yr hen oesoedd, heb wybod dim am y cwm ynghynt, wedi dewis ymweld â'r lle neu hyd yn oed byw yma. Ymwybyddiaeth baganaidd, bron, o ynni ac ysbryd y tirlun sy'n gyrru fy meddyliau a'r delweddau 'rwyf yn eu creu. Nid lle tlws mo hwn, a dweud y gwir, (er bod iddo fannau ac adegau tlysion), ond mae'n bwerus ac elfennol y tu hwnt i'r rhan fwyaf o leoedd a adnabûm.

Ond mae'r cwm hwn yn mynd y tu hwnt i'r tirlun. Mae arnaf eisiau gwybod rhagor ynghylch y bobl sydd wedi byw yma dros y cenedlaethau. Gallaf synhwyro eu bywydau, ymhobman o'm cwmpas, a bron y gallaf weld trwy eu llygaid pan saf i edrych o'm cwmpas. Mae arnaf eisiau gwybod beth oedd eu teimladau wrth i'r eira nesáu, neu wrth i stormydd y gaeaf ysgwyd eu tai. Mae arnaf eisiau gwybod sut beth oedd byw yma trwy'r amser, trwy'r tymhorau i gyd, cael carwriaeth yma, magu teulu yma. Teimlaf eu presenoldeb o'm cwmpas pan fyddaf allan ar fy mhen fy hun, a chaf deimlad bod rhywun yn fy ngwylio ac yn sylwi arnaf, ond heb dynnu sylw (*Nid yr Unig Un yn y Coed*).

Fy hanes

Magwyd fi yng Nghernyw, yng nghanol celfyddyd ac arlunwyr. Nid yn unig y mae gan Gernyw enw am ei diwylliant celfyddydol a'i hanes celfyddydol, ond y mae fy mam a'm tad ill dau'n arlunwyr: fy nhad yn wneuthurwr printiau, paentiwr a darlithydd hŷn, wedi ymddeol, mewn celfyddyd gain, a mam yn seramegydd a dylunydd tecstilau. Arlunydd tirluniau amatur oedd fy nhaid ar ochr fy nhad, ac ewythr fy nhad oedd y darlunydd a chartwnydd enwog o Gymro, Wilfred

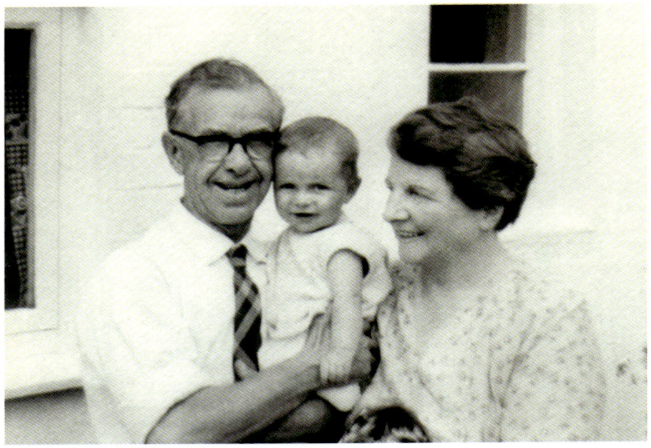

Nain, Taid and me, Eithinog Farm, circa 1965
Nain, Taid a minnau, Fferm Eithinog, tua 1965

Mitford Davies. 'Roedd fy hen daid yn ffotograffydd yn Sir Fôn ar ddiwedd y bedwaredd ganrif ar bymtheg. Tra bu fy mrawd Simon hefyd yn dilyn gyrfa yn y celfyddydau, gan ennill ysgoloriaethau am ei waith dylunio a phaentio, ac yn mynd ymlaen i fod yn athro celfyddyd a phennaeth adran mewn ysgolion yn Sir Gaer, dilynais gwrs sylfaenol mewn Celf a Dylunio yn Ysgol Gelf Falmouth yng Nghernyw, ac yna gwrs gradd anrhydedd yng Ngholeg Harrow yn Llundain. Ar ôl imi adael y coleg yn 1987, euthum yn ffotograffydd ar fy liwt fy hun, ond bu fy niddordeb erioed mewn tynnu lluniau ar gyfer fy mhrosiectau fy hun, yn hytrach na gwneud gwaith masnachol. Gwelais yr ail fel ffugio harddwch lle nad oedd dim mewn gwirionedd: medrus, creadigol ond heb fod yn artistig.

Yn 2002, cychwynnais f'oriel fy hun ym Mhorthaethwy, a dyna fu'r tro cyntaf imi sylweddoli y gallwn o ddifrif ddilyn yr yrfa yr oeddwn wedi'i dymuno trwy'r amser, sef bod yn arlunydd, gwneud fy ngwaith fy hun, ac ymwneud yn uniongyrchol â phobl a ymddiddorai yn fy math i o ddelweddau. Penderfyniad anodd fu hynny, a llwybr dyrys i'w ddilyn i ennill bywoliaeth. Fy nghariad angerddol at fy mhwnc, onestrwydd ynghylch yr hyn y mae'r tirlun yn ei olygu imi, yn ogystal â'r cymhelliad i anelu at gynhyrchu printiau perffaith, dyna'r pethau sy'n cadw'r bleiddiaid o'r drws!

Yn 2005 symudais i le mwy, dros y ffordd, gan feddiannu'r llawr isaf hefyd yn 2007, a'i ailwampio fel f'oriel dderbyn.

Dros y deng mlynedd diwethaf , bûm yn falch o sylwi ar barodrwydd llawer mwy i dderbyn ffotograffiaeth fel celfyddyd gain, nid ar ran cwsmeriaid yr oriel yn unig, ond hefyd wrth wrando ar gyd-weithwyr ar restrau proffesiynol drwy'r byd i gyd ac o ddarllen y wasg ryngwladol. Bu hyn yn hwb aruthrol i'r rhai ohonom sydd ag awydd dwfn i wneud gwaith personol, ac mae wedi helpu sicrhau gwerth ffotograffiaeth gelfyddyd gain ar draws y byd.

Gofynnwyd imi mewn cyfweliad ar radio'r BBC, pam 'roeddwn i'n dal i dynnu lluniau o'm hardal fy hun, pan gawswn hefyd gyfleoedd i dynnu lluniau mewn cymaint o leoedd hardd eraill, yn y wlad hon ac, yn wir, yn y byd. F'ateb oedd, hyd yn oed pe cawn f'oes deirgwaith drosodd, byddai'n ymdrech imi ddal yn llwyr ysbryd, naws a thirlun cyfnewidiol yr ardal. Daliaf i ddarganfod lonydd bychain, adeiladau a thirffurfiau na wyddwn i erioed amdanynt. Mae'n amhosibl ail-greu llun y bûm yn gweithio arno o'r blaen - mae'r goleuni bob amser yn wahanol, mae'r planhigion wedi newid, mae'r naws yn wahanol, mae'r tywydd yn amrywiol, ac mae golwg yr awyr bob amser yn newydd. Felly, bob tro y dychwelaf i le, mae'n teimlo fel rhywle newydd, ond gyda chofleidiad cysurus hen gynefin. 'Rwyf mewn cariad â'r broses hon o adnewyddu; 'rwy'n ei chael yn iachusol ac yn fywhaol. Mae'n golygu, hyd yn oed wrth imi heneiddio, na fyddaf byth yn gorfod teithio'n bell i chwilio am ysbrydoliaeth a deunydd cyfareddol!

Mae'r dedwyddwch a'r boddhad cyson a gaf o barhau'n wastadol i archwilio fy nghymdogaeth fy hun wedi golygu y gallaf weithio ar gynlluniau tymor hwy fel hwn; mae hynny, yn ei dro, wedi rhoi'r hyder imi gynhyrchu llyfrau ynghylch y testunau hyn. Hwn fydd fy nhrydydd llyfr ffotograffiaeth gain, ac 'rwyf wedi mwynhau pob rhan o'r broses, o dynnu'r lluniau, o'u golygu, a chynhyrchu ffeiliau, i'r marchnata a'r dosbarthu.

Fy hanes fel Cymro

Yn yr ysgol yng Nghernyw, yn gynnar iawn, yn bendant mor bell yn ôl ag y gallaf gofio, byddai fy nghyfoedion yn holi ynghylch f'enw, Glyn, ac weithiau'n ei wawdio. Yr oedd yn ddigon drwg bod yn denau fel llinyn trôns heb anfantais ychwanegol enw Cymraeg! Gwnaeth rywfaint o argraff ar rai plant mai fi oedd yr unig Glyn 'roeddent erioed wedi clywed sôn amdano, ond ar y cyfan, gallwn ragweld y cywilydd o gael fy ngalw'n 'Lyn', enw merch, ac wedyn, 'Taff'. Wrth gwrs, nid oes gan blantos ddim syniad, mewn gwirionedd, ynghylch pam maent yn gwawdio eraill, ond dyma arwydd cyntaf rhagfarn yn erbyn y rhai sy'n wahanol.

Erbyn imi gychwyn yn yr ysgol uwchradd, bûm yn gwisgo am y tro cyntaf grys-T gwlatgar, a'r slogan balch, 'Cymru Rydd Gymraeg', a brynwyd gan Nhad mewn siop yn Llanberis. Ni wyddwn i ddim ei fod yn grys-T cenedlaetholwr, ond 'roedd draig goch steilus arno, a dywedwyd wrthyf mai 'Cymru i'r Cymry' oedd yr ystyr, a ymddangosai'n ddigon teg imi, hyd yn oed yn blentyn o ryw 11 mlwydd oed! Bryd hynny, ar ddiwedd y 70au, ychydig iawn a wyddwn am frwydr yr iaith yng Nghymru, ond gwyddwn rywsut fod y Cymry, sef pobl fy Nhad, pobl fy Nain a'm Taid, yn ymladd yn erbyn y gormes ar eu hiaith a'u diwylliant. Bûm yn falch o wisgo'r crys-T hwnnw, ac am y tro cyntaf dechreuais ateb yn ôl ddirmygwyr anwybodus o'r Cymry. Ar fy mhen fy hun oeddwn i, wrth gwrs, yn f'ysgol fach yng Nghernyw, gan na wyddai Nhad erioed am y pryfôc a ddioddefwn fel hogyn o Gernyw gydag enw Cymraeg. Teimlais berthynas gref â gwlad fy nhadau a, chan fy mod i bob amser wedi caru f'ymweliadau â Chymru, gydag angerdd y tu hwnt i'm deall, ymddangosai popeth yn briodol imi.

Dim ond yn awr, fel oedolyn yn dysgu Cymraeg ac yn ymagor i hanes y Celtiaid, 'rwyf yn ei chael hi'n anos byth gredu imi brofi'r difenwi hwn o gwbl, gan genedl Geltaidd arall sy'n perthyn yn agos inni. Ond, wrth imi edrych yn ôl yn ofalus, sylweddolaf nad oedd disgyblion f'ysgol yng Nghernyw, neu, yn sicr, y rhan fwyaf o'm cyfeillion yn yr ysgol, o dras Gernywig eu hunain; 'roedd llawer ohonynt yn fewnfudwyr i'r ardal (fel, yn wir, yr oedd fy nheulu fy hun), felly mae'n anodd dweud ai plant Cernyw, ynteu'r rhai a oedd wedi symud i Gernyw o rywle arall, oedd yn gyfrifol am y difenwi.

Byddai fy nghyfeillion da'n sylwi'n aml ar acen Gymreigaidd fy Nhad, ond i mi, dim ond Nhad oedd hynny! Weithiau, er hynny, pan glywais ef ar y ffôn â'r teulu yn ôl yng Nghymru, gallwn ei glywed yn sgwrsio'n gyflym yn Gymraeg, a phryd hynny y sylweddolwn mai Cymro go iawn oedd fy Nhad! Ryw deirgwaith y flwyddyn byddem yn ymweld â Nain a Taid yn Fferm Eithinog ym Mangor, a byddwn bob amser yn ddedwydd yno, yn wirioneddol ddedwydd, ac wrth fy modd â'r lleoliad gwledig, y caeau, y ceffylau, y defaid (na welem bron byth yng Nghernyw) a'r eira a'r mynyddoedd. 'Roedd hi bob amser yn glyd yn ffermdy Eithinog, ond 'roedd y ffermdy'n hen ac yn fawr, a byddai pethau'n clecian wrth i wyntoedd y gorllewin ei guro. Edrychai'r ffenestri draw dros Ynys Môn ar y naill ochr a mynyddoedd Eryri ar y llall. 'Roedd fel petai pobl wrthi'n danfon pethau trwy'r amser bryd hynny: y dyn llefrith, y dyn pysgod, y dyn glo, y dyn bara ac yn y blaen. Byddai Nain yn sgwrsio â hwy yn Gymraeg, a byddent hwythau'n gwenu a sgwrsio â hi. Cofiaf yr ystafell wely fechan lle byddem yn cysgu, ym mhen draw coridor hir ar ben y grisiau: cynfasau ffres wedi'u startsio bob amser, a sawl haen o flancedi, un ohonynt fel arfer yn debyg i ddiliau mêl, a chyda charthen, fel arfer, ar ben y cyfan. 'Roedd yn glyd yn y gwelyau hynny, neu o leiaf ar ôl i oerni cyntaf y cynfasau startsh golli ei ias. 'Roeddwn bob amser yn ymwybodol yng Nghymru o'r tywydd - yn gorwedd yn y gwely'n gwrando ar synau'r gwynt yn udo o gwmpas yr adeilad, gan glecian y llechi a'r landeri, yn curo'r ffenestr enfawr o blastig rhychog melyn yn yr ystafell fwyta. Carwn y bryniau, a'r pryd hynny, cyn cynhesu byd-eang, byddai'n aml yn bwrw eira yn y gaeaf. Gorweddwn yn y gwely, yn gwrando ar y gwynt ac yn dychmygu sut dywydd oedd hi yn y mynyddoedd. Bryd hynny y cerddais i fyny'r Wyddfa am y tro cyntaf. Cofiaf Nain yn gwneud brecwast poeth i Nhad a minnau, a brechdanau a llond fflasg o de, a chofiaf lawenydd llwyddo i gwblhau'r daith mewn gwirionedd a dweud yr holl hanes wrth Nain a Taid ar ôl inni ddod adref.

Pan fudodd Nain a Taid o'r fferm yn Eithinog, 'roedd fel petai'n ddiwedd cyfnod hyfryd ac ysbrydol, ond fel aem yn hŷn byddem yn cwrdd â mwy a mwy o blant Cymraeg ar y stad y symudasant iddi ym Mhenrhosgarnedd . Dechreusom dreulio ein hamser â phlant o Gymry pan oeddem ar ein gwyliau yng Nghymru, a bu'r cyfan yn hwyl fawr a chawsom ein derbyn yn gyflym gan ein cymdogion Cymraeg. Byddent yn ceisio dysgu geiriau Cymraeg syml inni, a byddem wrth ein boddau'n cofio ychydig ohonynt i ddyfynnu i'r hogiau yn ôl yng Nghernyw. Mae gennyf ryw gof o hawlio'n dalog y gallwn siarad Cymraeg tra, mewn gwirionedd, y cyfan y medrwn ei wneud oedd cyfrif i ugain, a dweud 'sut ma' hi', 'hwyl fawr' a 'diolch yn fawr'! Yr uchafbwynt, y *pièce de résistance*, oedd medru adrodd enw'r pentref enwog hwnnw ar Ynys Môn, Llanfairpwllgwyngyllgogerychwyrndrobwll-llantysiliogogogoch. Hyd yn oed os nad oeddem ond yn hanner cywir, yn sydyn 'roedd mwy o feddwl o'r Gymraeg gan fy nghyd-ddisgyblion yng Nghernyw.

Yn Llundain, defnyddiais fy nhras Gymreig er fy lles fy hun wrth imi gael cymorth fy nghymdogion drws nesaf, aelodau un o sawl cymdeithas Cymry Llundain, Cymry a oedd wedi bod yn ddiplomyddion yn yr oruchwyliaeth Brydeinig yn India, i gael hyd i lety newydd wedi imi ddweud wrth fy lletywraig ei bod hi'n trin yr *au pair* fel caethferch! Bu'n agoriad llygad imi i weld sut y deuai Cymry at ei gilydd i helpu, yn arbennig pan nad oeddent hwythau chwaith yn byw yng Nghymru mwyach. 'Roedd fel cwlwm na sonnid amdano, ond 'doedd dim oedi ynghylch rhoi help llaw i Gymro arall!

Mor rhanedig oedd – ac yw – f'ymlyniadau! Cysylltaf fy hun â Chernyw, gwlad fy magwraeth, gwlad y blynyddoedd a wnaeth fwyaf i'm ffurfio i, gwlad f'addysg, fy nghyfeillion a'm difyrion, mewn gwirionedd yr unig ddiwylliant gwirioneddol a diffiniol a wyddwn i erioed. Eto i gyd, teimlaf hefyd gysylltiad dyfnach byth â Chymru â'i phobl. Nid eu diwylliant hwy na'u hiaith hwy a aeth â'm bryd, wrth gwrs, pan oeddwn yn ifanc, ond golygai Cymru imi deulu, a llinach, a lle ysbrydol pwerus yr hoffwn ymweld ag ef ac y teimlwn gysylltiad ag ef.

Hyn yn unig, nid pwysau, na rhesymau masnachol, na hyd yn oed teyrngarwch, a wnaeth imi ddysgu Cymraeg. Yn syml, mae fel petai angen mawr imi fod hyd yn oed yn fwy rhan o ddiwylliant a fu'n galw arnaf ers fy mhlentyndod. Wrth imi barhau i godi rhagor o eirfa, a chael hyd i ddulliau gwell a mwy cryno o'm mynegi fy hun trwy gyfrwng y Gymraeg, teimlaf yn nes ac yn nes at fy nheulu a'm hanes. 'Rwyf wedi mynd o deimlo fel dyn estron yng Nghymru, i deimlad cryf a chywir o berthyn. Bellach mae wedi dechrau teimlo fel fy ngwlad innau, fy mhobl innau a'm tynged innau. Ni fydd neb a wna sylwadau rhagfarnllyd ynghylch y Cymry yn cael fawr o amynedd gennyf innau erbyn hyn. Wrth imi fynd yn hŷn, 'rwyf wedi ailddarganfod yr un gwladgarwch a oedd ynof yn blentyn, a byddaf yn amddiffyn yn danbaid hawl y Cymry i siarad eu hiaith eu hunain. Bu'n ddadrithiad trist a llym i orfod cydnabod bod pobl Cernyw, sy'n byw yn un o'r lleoedd mwyaf syfrdanol ar y ddaear, wedi colli gafael ar eu mamiaith Geltaidd mewn cyfnod mor gymharol fyr, a gobeithio er gwaethaf popeth na fydd y Cymry byth yn colli eu hiaith hwy.

Caraf yr iaith Gymraeg, tra anodd ei dysgu, ond grymus a hynafol. Mae ei dysgu yn teimlo'n fwy o ymrwymiad na dysgu Ffrangeg, Almaeneg na Sbaeneg – nid yn anos o anghenraid, ond mae gwybod na allwch, mewn gwirionedd, ddefnyddio'r iaith anodd hon ond mewn un wlad, efallai nad ond mewn ychydig o ardaloedd yn unig yn y wlad hon, yn ddatganiad o ymrwymiad. Dysgwn Ladin, Ffrangeg ac Almaeneg yn yr ysgol, i wahanol lefelau, ond nid oes yr un ohonynt yn ymddangos mor gymhleth â'r Gymraeg, gyda sawl ffordd wahanol o gyfleu'r geiriau syml 'yes' a 'no', a dyna'r treigliadau hynny, a chymaint o eithriadau i'r rheolau'r wedyn! 'Ta' waeth am hynny, mae pob cam araf ac anodd yn dod â fi'n nes at fy nghyndadau, yn nes at fy mherthnasau fy hun, ac yn nes o lawer at y rhai sy'n byw o'm cwmpas. 'Rwy'n falch o'm gwreiddiau yng Nghymru ac o'r iaith, ac 'rwyf yn falch o fedru cynnal hyd yn oed sgwrs syml yn yr iaith hudolus hon. A dweud y gwir, efallai imi fynd yn rhy bell y ffordd arall! Mae'n dân ar fy nghroen, ar ôl imi fod yn sôn wrth gyfeillion o Loegr am yr iaith unigryw hon, i orfod gwneud defnydd wedyn o eiriau megis 'ambiwlans', 'bocs', 'car', 'radio', 'teiars', 'ffôn' ac yn y blaen. Ceisiaf osgoi bratiaith lygredig megis 'licio', ond wrth gwrs mae'r iaith yn datblygu'n gyson ac yn cael ei 'globaleiddio' gan y Cymry eu hunain. Mae'n drueni, ond efallai'n anorfod. Byddaf yn ymdrechu i ddefnyddio cymaint o eiriau Cymraeg go iawn ag a allaf yn fy mhroses hir ond selog o ddysgu'r iaith.

Nid taith i weld pethau newydd yn unig fu ymgymryd â'r cynllun hwn ynghylch Nant Gwrtheyrn. Bu'n daith i'm gorffennol fy hun, f'ymdeimlad â naws lle, a hyd yn oed fy nheimlad o'm hunaniaeth fy hun. Felly mae'r broses wedi bod yn agoriad llygad mewn sawl ffordd, symbyliad i ddatblygiad personol a phrofiad rhyddhaol gyda'i gilydd. Mae'r cynllun, y lle a'r rhai y cwrddais â hwy yn ystod y cynllun, wedi cryfhau fy nghysylltiad â Chymru a'i phobl - maent wedi rhoi hyder imi, ynof i fy hun ond hefyd yn y Cymry fel cenedl. Mae eu cynhesrwydd, a'r parch maent wedi ei dalu imi fel arlunydd ac fel dysgwr Cymraeg - ynghyd â derbyniad ysbrydol iawn y cwm ei hun - wedi rhoi imi, am y tro cyntaf, brofiad go iawn o ryw hiraeth personol, rhywbeth a erys gyda mi am byth.

FORCED INTO THE LIGHT With the light behind, especially from sea level, this headland looks striking, but ultimately just like any other rocky cliff, but in the right light, and from above, a series of massive quarried levels and terraces become visible, revealing that the whole headland has been scarred by man. You can make out the seriously-steep quarry track in this image but what you can't see is that this headland is now a huge sea bird colony.

GORFOD MYND I'R GOLEUNI Gyda golau o'r tu ôl, yn arbennig lawr ar lan y môr, ymddengys y penrhyn hwn yn drawiadol, ond yn y diwedd yn union fel unrhyw glogwyn arall, ond yn y golau iawn, ac oddi uchod, daw cyfres o bonciau a therasau anferth i'r golwg, gan ddatgelu penrhyn cyfan wedi'i greithio gan waith dyn. Yn y llun hwn mae modd canfod llwybr y gwaith, sy'n ddifrifol o serth, ond yr hyn na allwch ei weld yw bod y penrhyn hwn bellach yn gartref i lu o adar y môr.

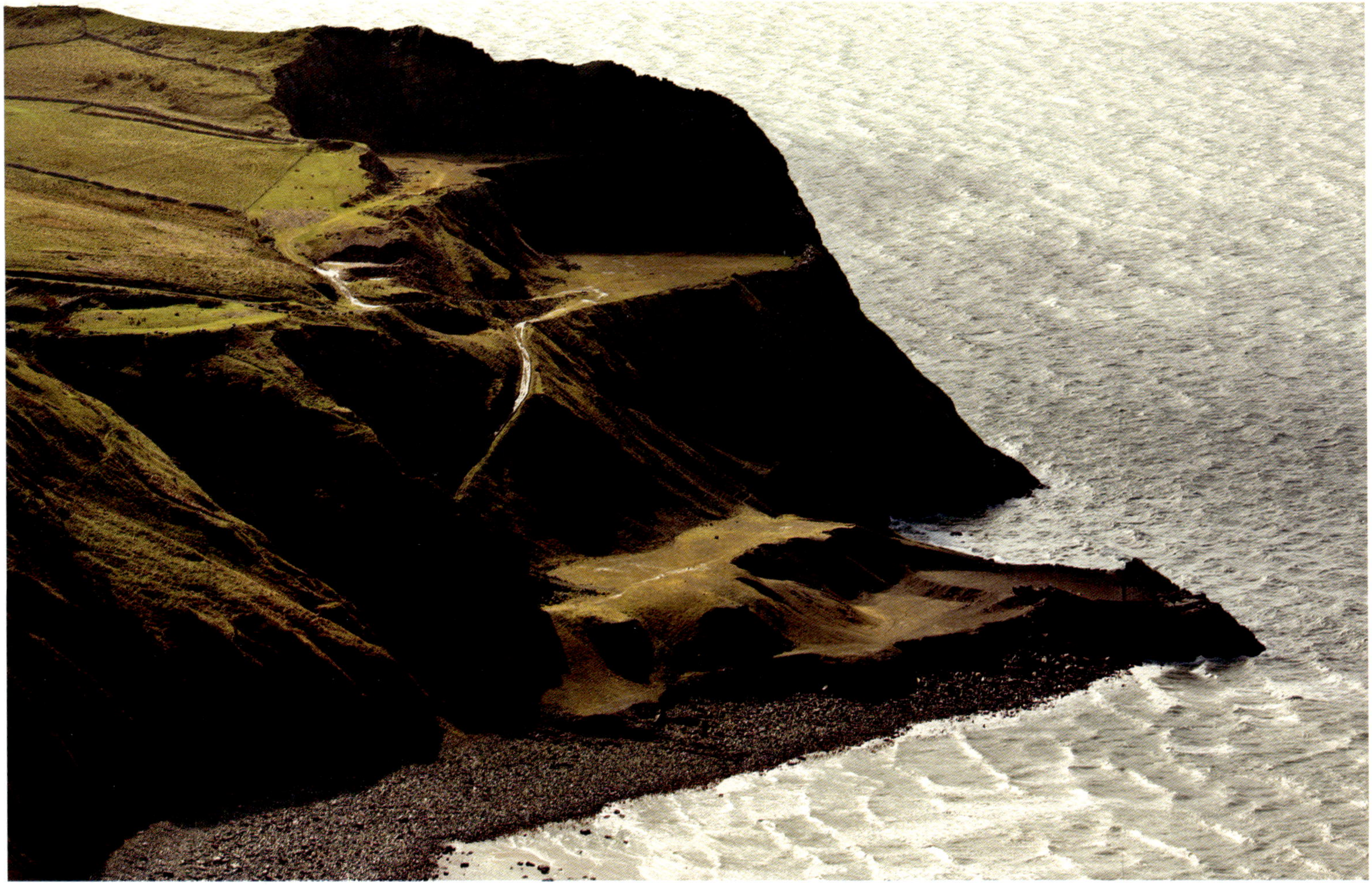

Forced into the Light — *Ymwthio i'r Goleuni*

In the summer the hillsides were transformed from dull, earthy, bracken-covered slopes into lush, green carpets of grass and ferns. The shallow waters immediately off the shore reflect vivid turquoise, green and blue light-waves from the clear sunlight, creating an incredibly welcoming picture of this normally imposing coastline. After taking this shot, I went for a refreshing swim in the crystal-clear waters, and if had not been for the slightly cool sea temperature, I could have been abroad!

Yn yr haf, cafodd y llechweddau eu gweddnewid o lethrau llwydaidd, tan orchudd rhedyn crin, i garpedau irlas o laswellt a rhedyn gleision. Mae'r dyfroedd bas ger y lan yn adlewyrchu tonnau dwys o oleuni gwyrddlas, gwyrdd a glas o'r heulwen glir, gan greu llun anhygoel groesawus o'r glannau hyn, sydd fel arfer yn fawreddog. Ar ôl imi dynnu'r llun hwn, euthum i nofio yn y dyfroedd crisialaidd, adfywiol, ac oni bai am glaearder y môr gallaswn fod dramor!

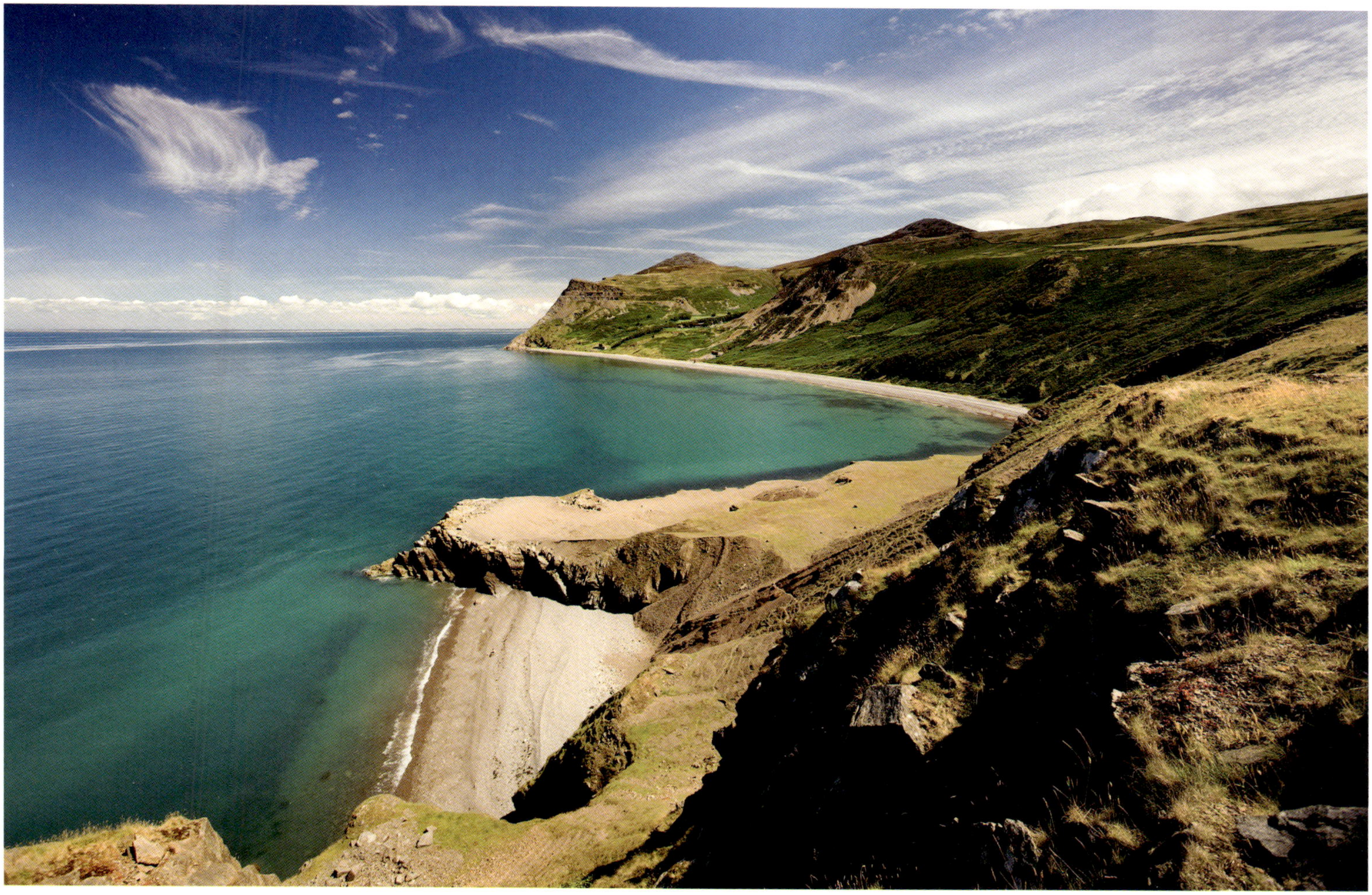

Crystal Waters

Dyfroedd Crisialaidd

This was one of those beautiful mornings with clear, low light and stunning saturation of colour. I had walked with my friend (and book producer), Jonathan, up to the top levels on the Trefor side of the valley to get a view back down at Y Nant. The sea appeared crystal clear and almost tropical in colour whilst the sunshine just 'clipped' over the steep quarried hillside to differentiate the levels. With the village nestling in centre frame, this image, along with its sister image, 'A Different Level of Amazement', used on Carl Clowes' guide book cover, epitomises the full layout and topography of the place, showing it in all its glory – however, for most of my visits, the weather and atmosphere were altogether moodier, and in a way more dramatic and impressive. In this glorious weather it was easier to forget the mists of the past whilst revelling in the warmth and beauty of the present.

Dyna un o'r boreau hyfryd hynny â golau isel clir a lliwiau syfrdanol gyfoethog. 'Roeddwn wedi cerdded â'm cyfaill (a chynhyrchydd fy llyfrau), Jonathan, i fyny at bonciau uchaf ochr Trefor i'r cwm, er mwyn cael golwg oddi uchod ar y Nant. 'Roedd y môr yn glir fel grisial, o liw trofannol bron, tra na wnâi'r heulwen ond 'picio' dros y llechwedd serth â'i phonciau i ddangos lefelau'r gwahanol bonciau. Gyda'r pentref yn swatio ynghanol y ffrâm, mae'r llun hwn, ynghyd â'i gymar, 'Lefel Wahanol o Ryfeddod', a ddefnyddiwyd ar glawr tywyslyfr Carl Clowes, yn crynhoi holl ddyluniad a thopograffi'r lle, gan ei ddangos yn ei holl ogoniant – er hynny, adeg y rhan fwyaf o'm hymweliadau, byddai'r tywydd yn fwy oriog o lawer, ac yn fwy dramataidd a thrawiadol rywsut. Ar dywydd godidog fel hyn 'roedd yn haws anghofio niwloedd y gorffennol wrth ymhyfrydu yng ngwres a harddwch y presennol.

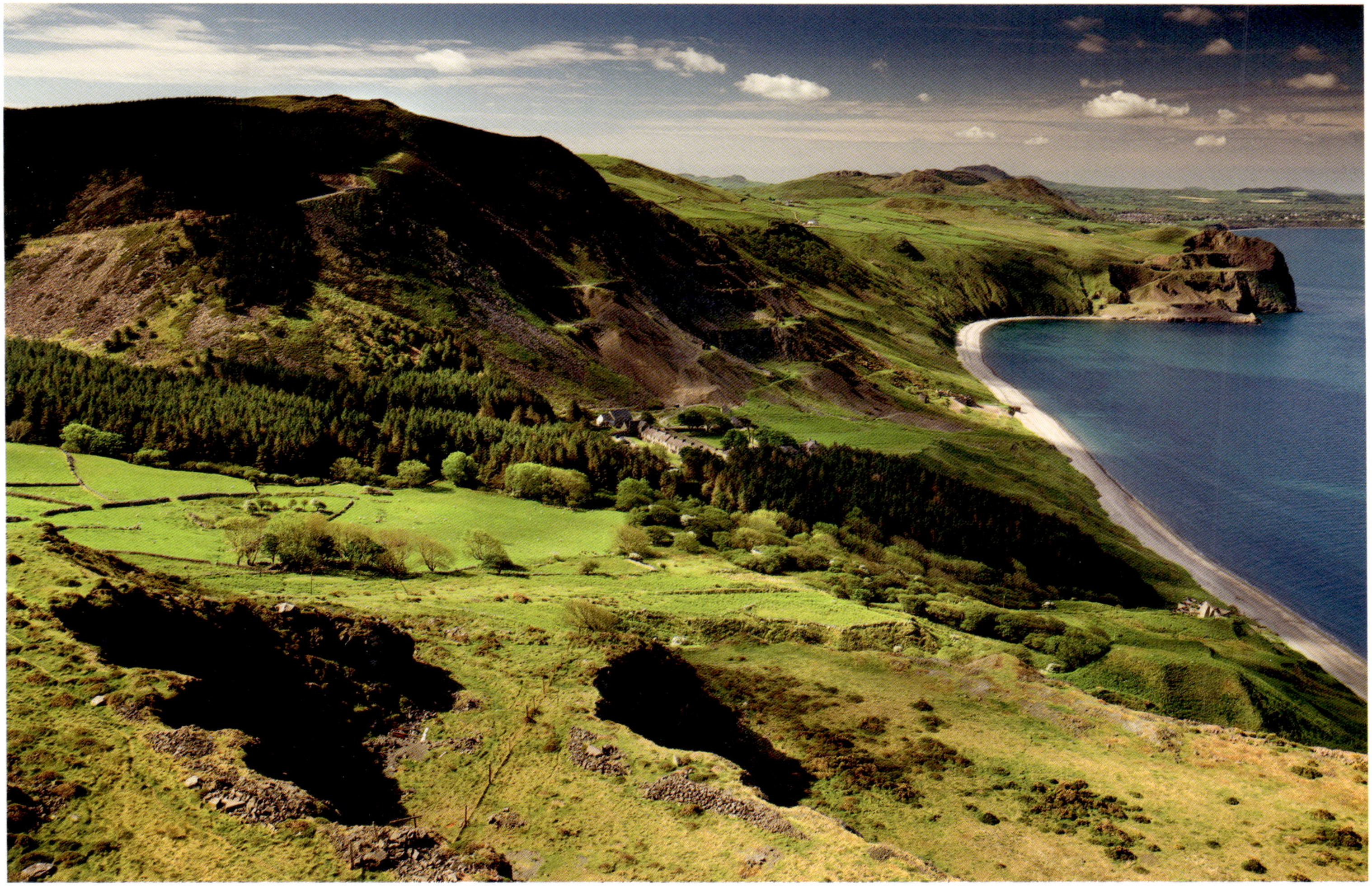

Spirit Level *Uchelfan yr Ysbryd*

Another bitterly cold day: you can see the hail storms in the distance. You can just make out the village at the middle left of the image. The storms were intense, and freezing cold lasted all day. I trudged up to this industrial incline and noticed a huge hailstorm heading my way, dark and threatening. I decided not to get completely bombarded, so sheltered under the incline building, with its huge view out to sea. I kitted up with over-trousers and gloves and ensured my kit was clear of any holes in the ceiling above. As I sat there watching the light levels drop rapidly, like a solar eclipse, a huge buzzard landed on a post just ahead of me. He hadn't noticed me at first, but then turned his head and saw me. After a moment he turned back to face the hailstorm, but did not fly off – we both seemed to be acknowledging what the other was doing! The hail came and bombarded the hillside, but five minutes later it stopped and the light levels started to increase once more. He turned once again to look at me, properly eye-balled me, and then slowly took off down the valley. It was an amazing shared moment, both of us humble witnesses to the power of the heavens.

Diwrnod rhewllyd arall: fe welwch y stormydd cenllysg yn y pellter. O'r braidd y gallwch ganfod y pentref, ychydig i'r chwith yng nghanol y llun. Bu'r stormydd yn gryf, a bu hi'n rhewi trwy'r dydd. Ymlwybrais i fyny'r inclein diwydiannol hwn a sylwi ar storm anferth o genllysg yn anelu amdanaf, yn dywyll ac yn fygythiol. Penderfynais osgoi'r gwaethaf o'r peledaid, gan gysgodi dan adeilad yr inclein, gyda'i olygfa eang o'r môr. Gwisgais fy nhrywsus glaw a'm menig a sicrhau nad oedd f'offer dan unrhyw dwll yn y nenfwd. Wrth imi eistedd yno, yn gwylio'r golau'n pylu, yn debyg i ddiffyg ar yr haul, glaniodd bwncath enfawr ar bostyn yn union o'm blaen. Nid oedd wedi sylwi arnaf yn y lle cyntaf, ond wedyn trodd ei ben a'm gweld i. Ar ôl eiliad trodd yn ôl i wynebu'r storm, ond arhosodd ar ei glwyd – 'roedd fel petai'r naill yn cydnabod yr hyn yr oedd y llall yn ei wneud! Daeth y cenllysg a phledu'r llethr, ond bum munud wedyn fe beidiodd, a dechreuodd y golau gryfhau unwaith eto. Trodd y bwncath unwaith eto i edrych arnaf, ym myw fy llygaid, ac yna esgyn yn araf i hedfan i lawr y cwm. 'Roedd yn ennyd syfrdanol gyda'n gilydd, y ddau ohonom yn dystion pitw i nerth y nefoedd.

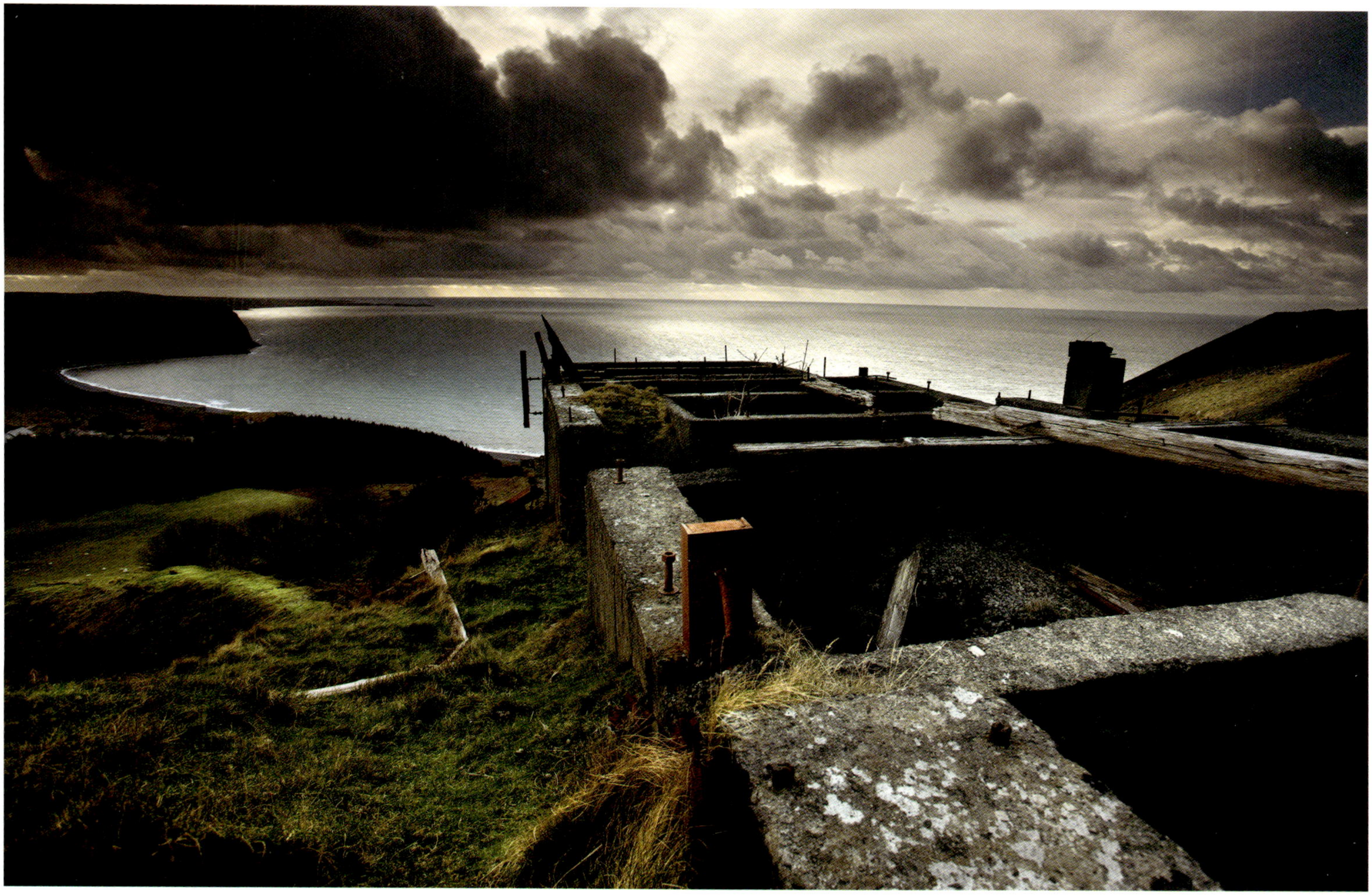

What the Buzzard Saw — *Trwy Lygaid y Bwncath*

If I knew I was dying, this would be an ideal place to go. On a grassy terrace, high above the beach, looking south-west over the Irish Sea, it brought back memories from so many places I've lived and visited, from Cornwall to the Azores, Scotland to the Canaries. The huge cliffs, steep drops and open expanse of the ocean would be a fitting place to close my eyes for the last time. I can only hope the poor sheep took similarly uplifting thoughts with her!

Pe gwyddwn fy mod i'n marw, dyma fyddai lle delfrydol i fynd. Ar deras glaswelltog, yn uchel uwchben y traeth, gan edrych i'r de-orllewin dros Fôr Iwerddon, daeth â chymaint o atgofion yn ôl o gymaint o leoedd y bûm i'n byw ynddynt neu'n ymweld â hwy, o Gernyw i'r Asores, o'r Alban i Ynysoedd y Canarïas. Byddai'r clogwyni anferth, y dibynnau serth, ac ehangder maith y môr yn lle addas imi gau fy llygaid am y tro olaf. Ni allaf ond gobeithio'r aeth y ddafad druan â meddyliau'r un mor ddyrchafol gyda hi!

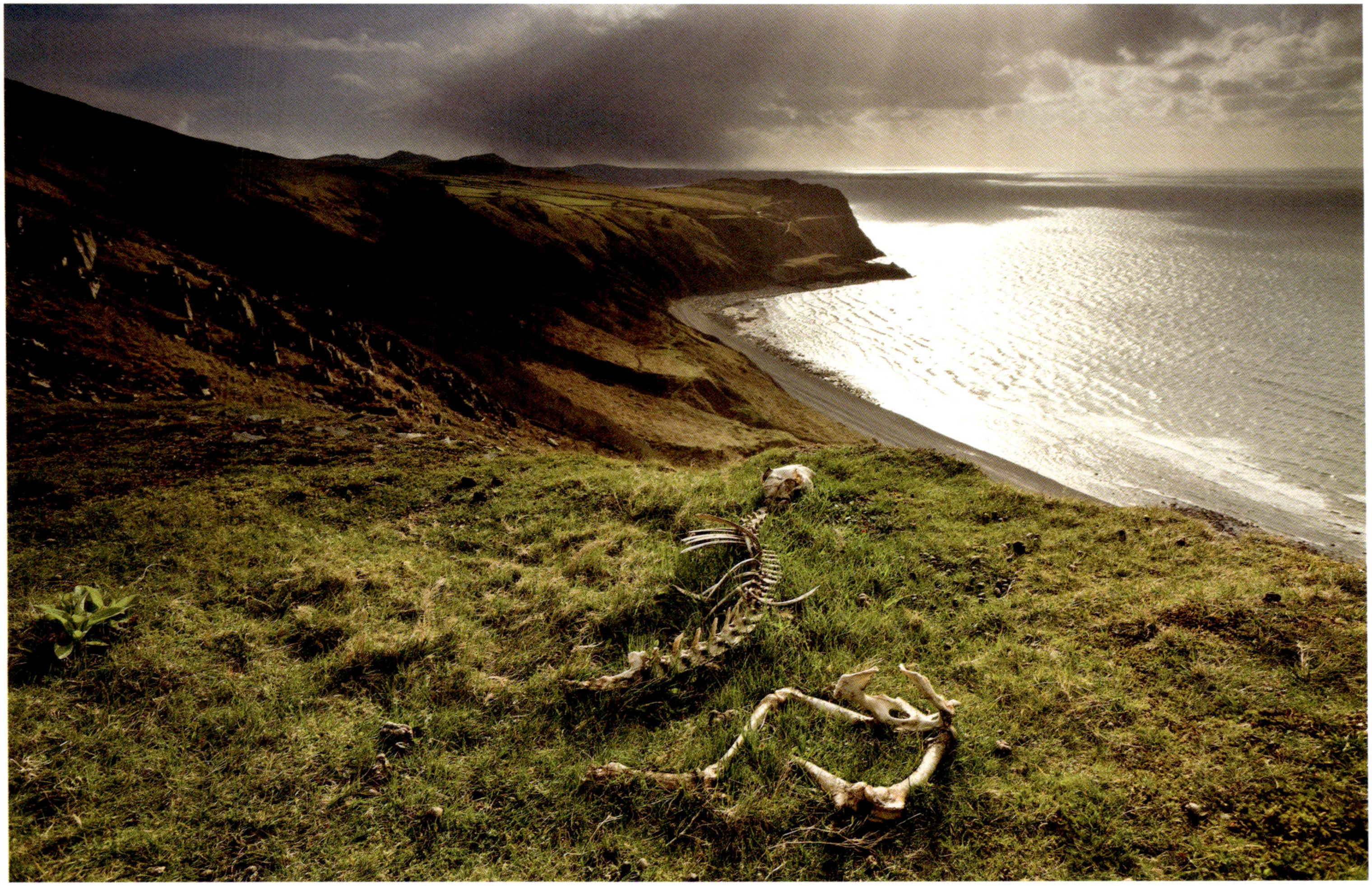

A View to Die For

Golygfa Werth Marw Drosti

When viewed from a distance, in this case from the quarries of Carreg y Llam, the village of Y Nant sits quite high above the beach on a raised terrace which is actually the valley floor. Despite my comments about 'A Valley Exposed', this raised terrace offers relative safety from powerful winter seas and can afford reasonable shelter from cold north-easterly winds. In the sun, this valley can also be remarkably warm.

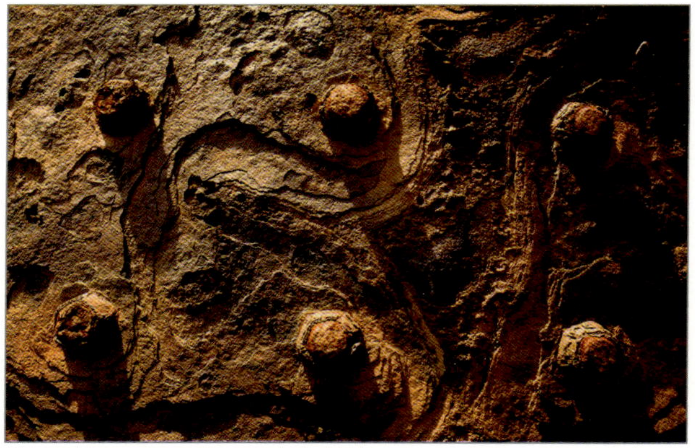

O'i weld o bell, o chwareli Carreg y Llam yn yr achos hwn, saif pentref Porth y Nant yn eithaf uchel uwchben y traeth ar gerlan sydd mewn gwirionedd yn llawr i'r cwm. Er gwaethaf fy sylwadau ynghylch 'Cwm Agored i'r Tywydd', mae'r gerlan hon yn cynnig cryn ddiogelwch rhag moroedd nerthol y gaeaf a chryn cysgod rhag gwyntoedd oer o'r gogledd-ddwyrain. Yn yr heulwen, gall y cwm hwn fod yn hynod gynnes hefyd.

Detail of a wrecked boat on the shore below Y Nant
Manylyn o sgerbwd cwch ar y traeth islaw'r Nant

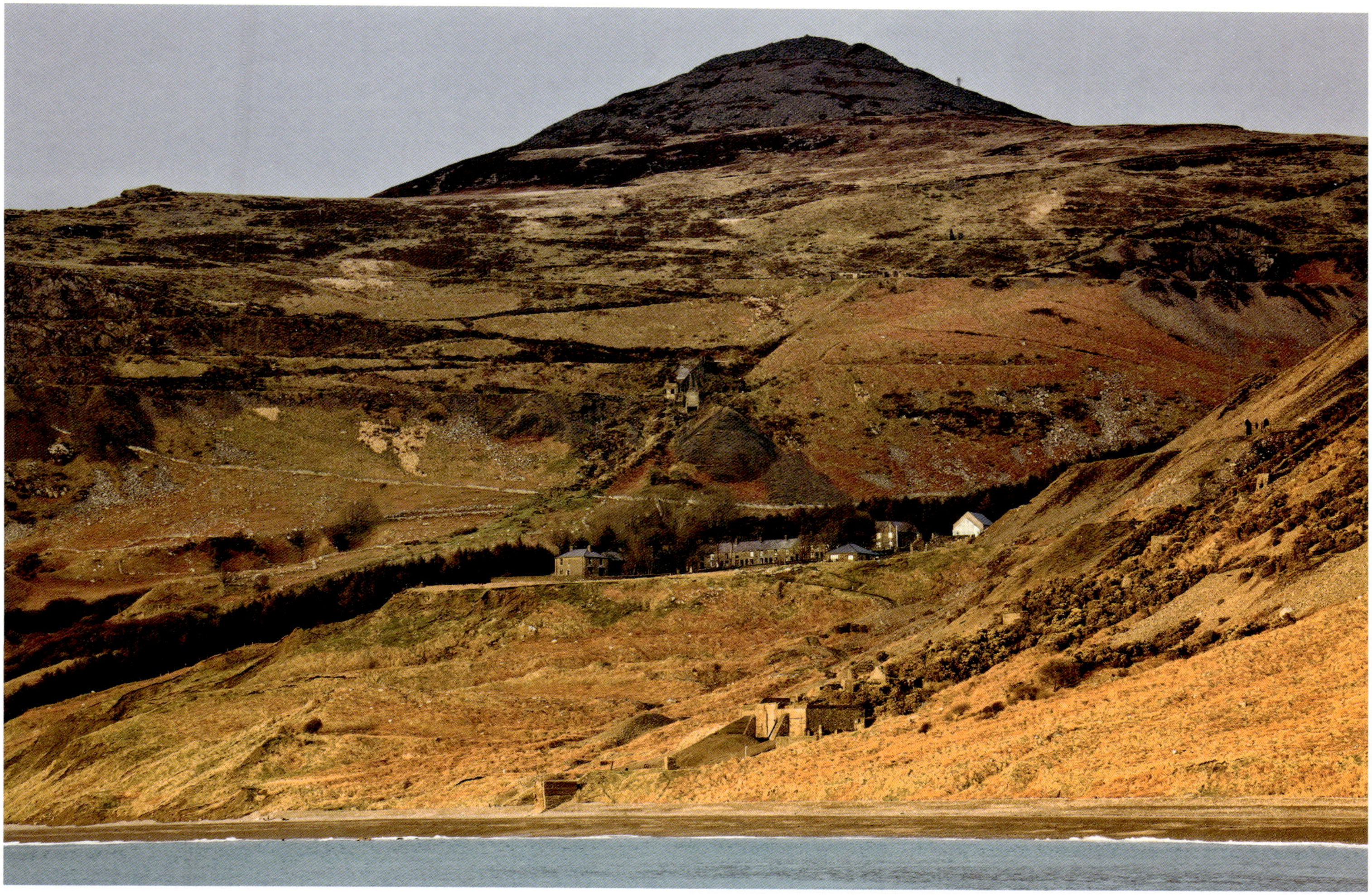

Sea View Terrace *Trem y Môr*

Unlike Tŷ Uchaf, the farm below, these quarry buildings high up on the hillside are filled with lush grass and are open to the skies. Although ruins, they seem clean and tidy, and their views are stunning and expansive. However, these buildings mark what was obviously a busy quarry level, with a steep railway incline and winch tower just to the east of these units.

Yn wahanol i Dŷ Uchaf, y ffermdy islaw, mae'r adeiladau hyn yn uchel ar y llethr, o eiddo'r gwaith, yn llawn o laswellt toreithiog ac yn agored i'r awyr. Er iddynt fynd â'u pennau iddynt, ymddangosant yn lân ac yn daclus, ac mae'r golygfeydd ohonynt yn syfrdanol ac yn eang. Er hynny, mae'r adeiladau hyn yn nodi'r hyn a fu unwaith, mae'n amlwg, yn bonc gwaith brysur, gydag inclein rheilffordd serth a thŵr criwlio, ychydig i'r dwyrain o'r unedau hyn.

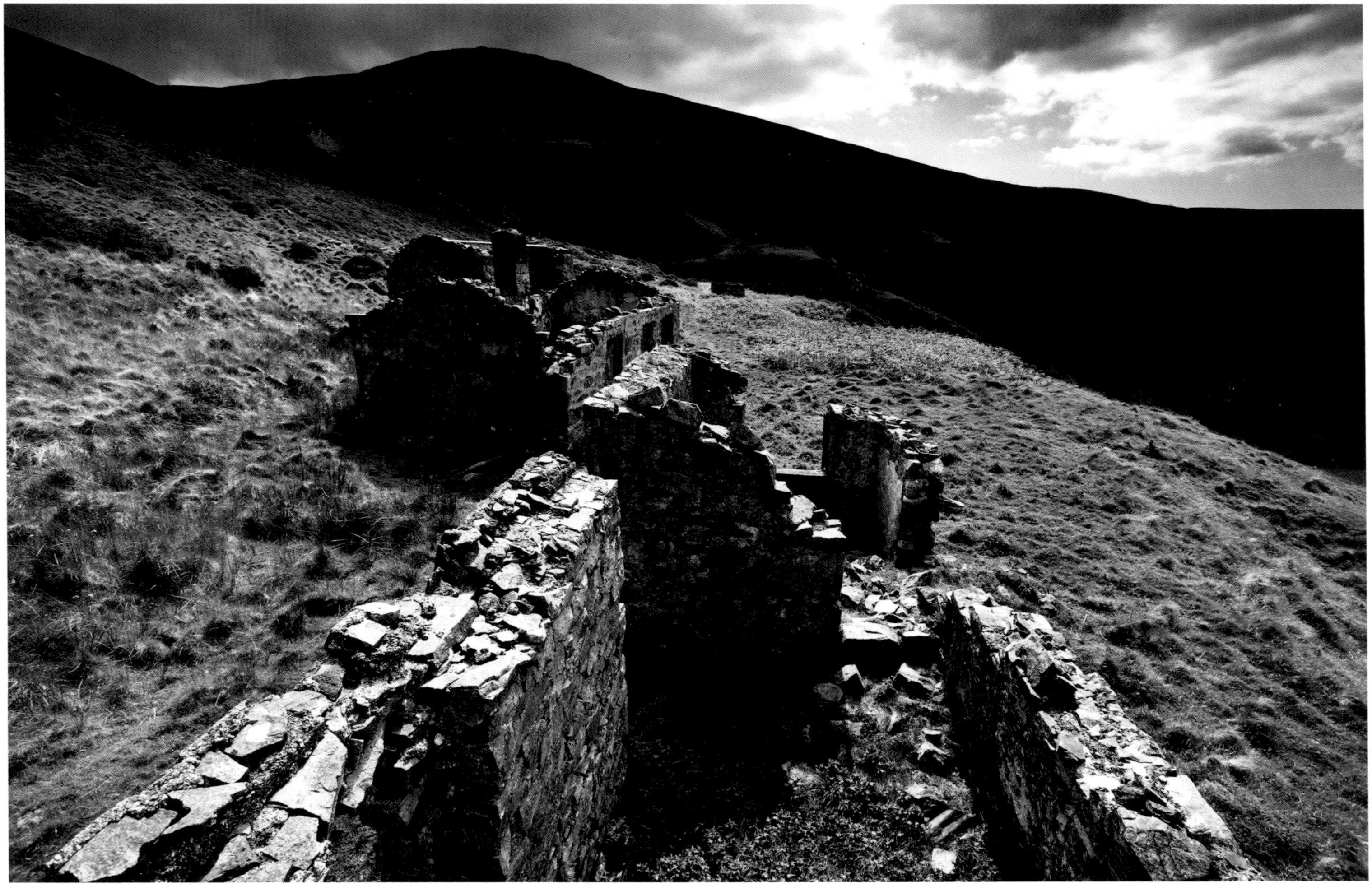

On the Bright Side — *Ar yr Ochr Olau*

I love the way these huge parallel timbers lead the view out to sea, and are made more impressive by the repeat of the perspective lines in the sunset clouds. The whole image is about opposites, but also about how everything is also symbiotic, each element needing the other to make it work – diagonals, lines, texture, colour, light and dark. This relationship between man-made forms and natural environment is characteristic of much of the quarrying history of this amazing natural valley.

'Rwyf yn dotio ar y modd y bydd y trawstiau cyfochrog anferth hyn yn eich arwain i syllu tua'r môr; gwneir yr olygfa'n fwy trawiadol byth gan adlewyrchiad llinellau'r persbectif yng nghymylau'r machlud. Mae a wnelo'r holl lun â chyferbyniadau, ond hefyd â sut mae popeth hefyd yn symbiotig, ac ar bob elfen angen y llall i wneud iddi weithio – croeslinau, llinellau, gwead, lliw, goleuni a thywyllwch. Mae'r berthynas hon rhwng ffurfiau o waith dyn a'r amgylchfyd naturiol yn nodweddiadol o lawer o hanes chwareli'r cwm naturiol rhyfeddol hwn.

The Enchantment – Y Swyngyfaredd

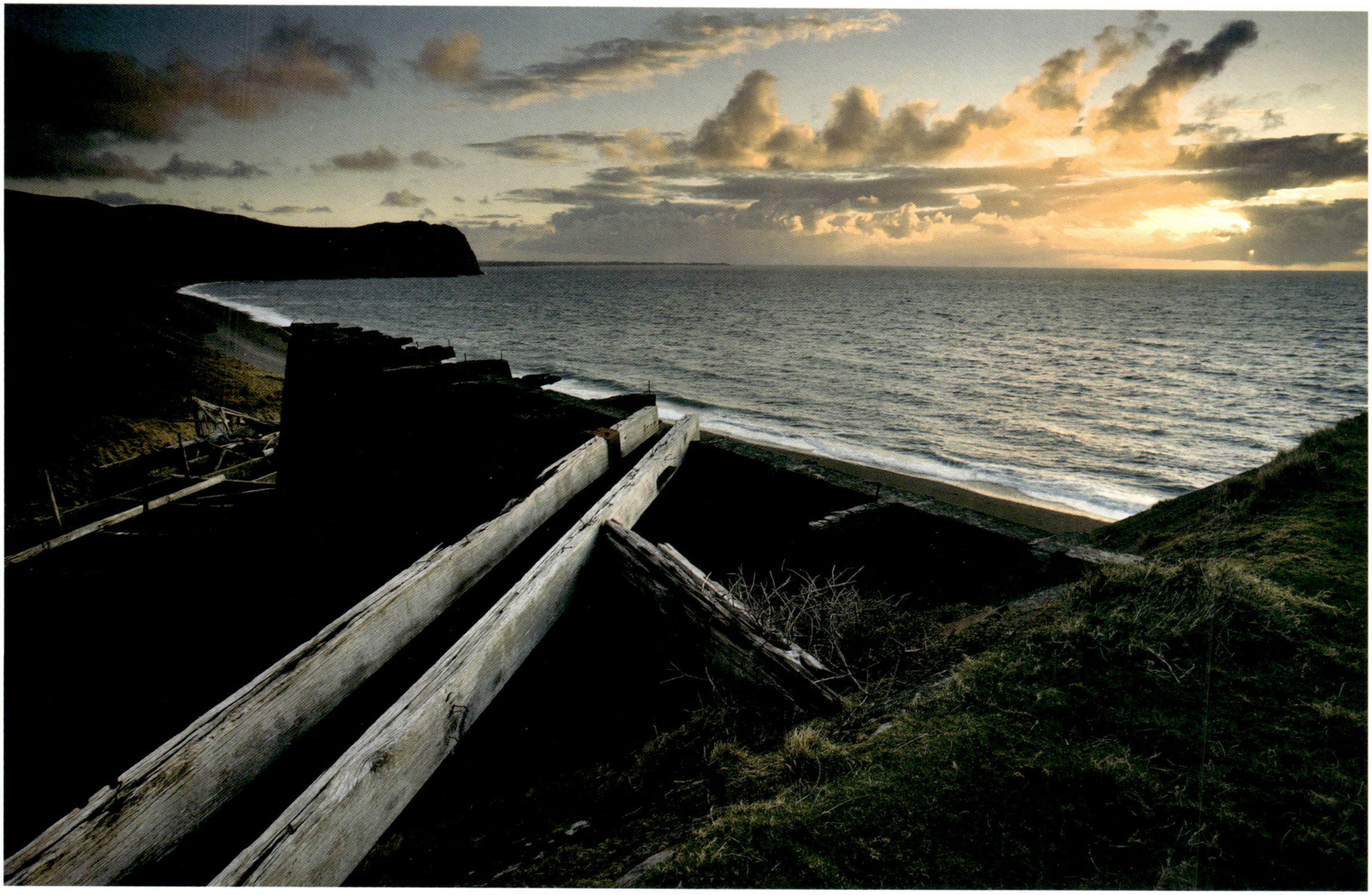

Parallel Elements

Elfennau Cyfochrog

I was just fascinated by the hard, angular patterns of wall and shadow in this old industrial construction, and the softness of the scoop of cloud overhead. On such a warm day it made me smile.

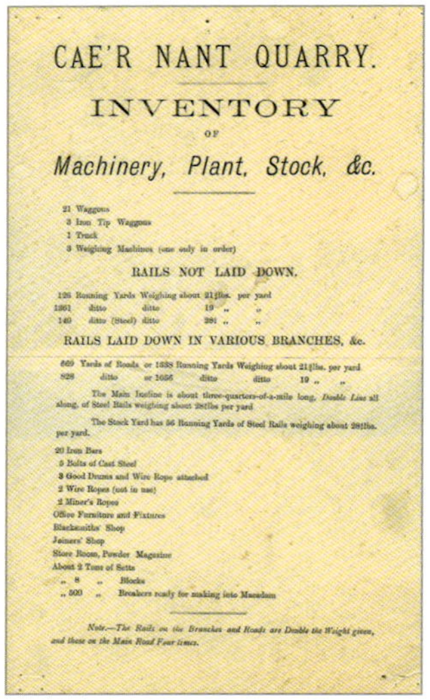

CAE'R NANT QUARRY.

INVENTORY

OF

Machinery, Plant, Stock, &c.

21 Waggons
3 Iron Tip Waggons
1 Truck
3 Weighing Machines (one only in order)

RAILS NOT LAID DOWN.

126	Running Yards	Weighing about	21½lbs.	per yard
1361	ditto	ditto	19 „	„
140	ditto (Steel)	ditto	28½ „	„

RAILS LAID DOWN IN VARIOUS BRANCHES, &c.

669	Yards of Roads	or 1338	Running Yards	Weighing about	21½lbs.	per yard
828	ditto	or 1656	ditto	ditto	19 „	„

The Main Incline is about three-quarters-of-a-mile long. *Double Line* all along, of Steel Rails weighing about 28½lbs per yard

The Stock Yard has 56 Running Yards of Steel Rails weighing about 28½lbs. per yard.

20 Iron Bars
5 Bolts of Cast Steel
3 Good Drums and Wire Rope attached
2 Wire Ropes (not in use)
2 Miner's Ropes
Office Furniture and Fixtures
Blacksmiths' Shop
Joiners' Shop
Store Room, Powder Magazine
About 2 Tons of Setts
„ 8 „ Blocks
„ 500 „ Breakers ready for making into Macadam

Note.—The Rails on the Branches and Roads are Double the Weight given, and those on the Main Road Four times.

Cefais fy nghyfareddu'n llwyr gan batrymau onglog, caled, waliau a chysgodion yn yr hen adeilad diwydiannol hwn, a meddalwch y sgwpaid o gwmwl uwchben. Ar ddiwrnod mor gynnes daeth â gwên i'm hwyneb.

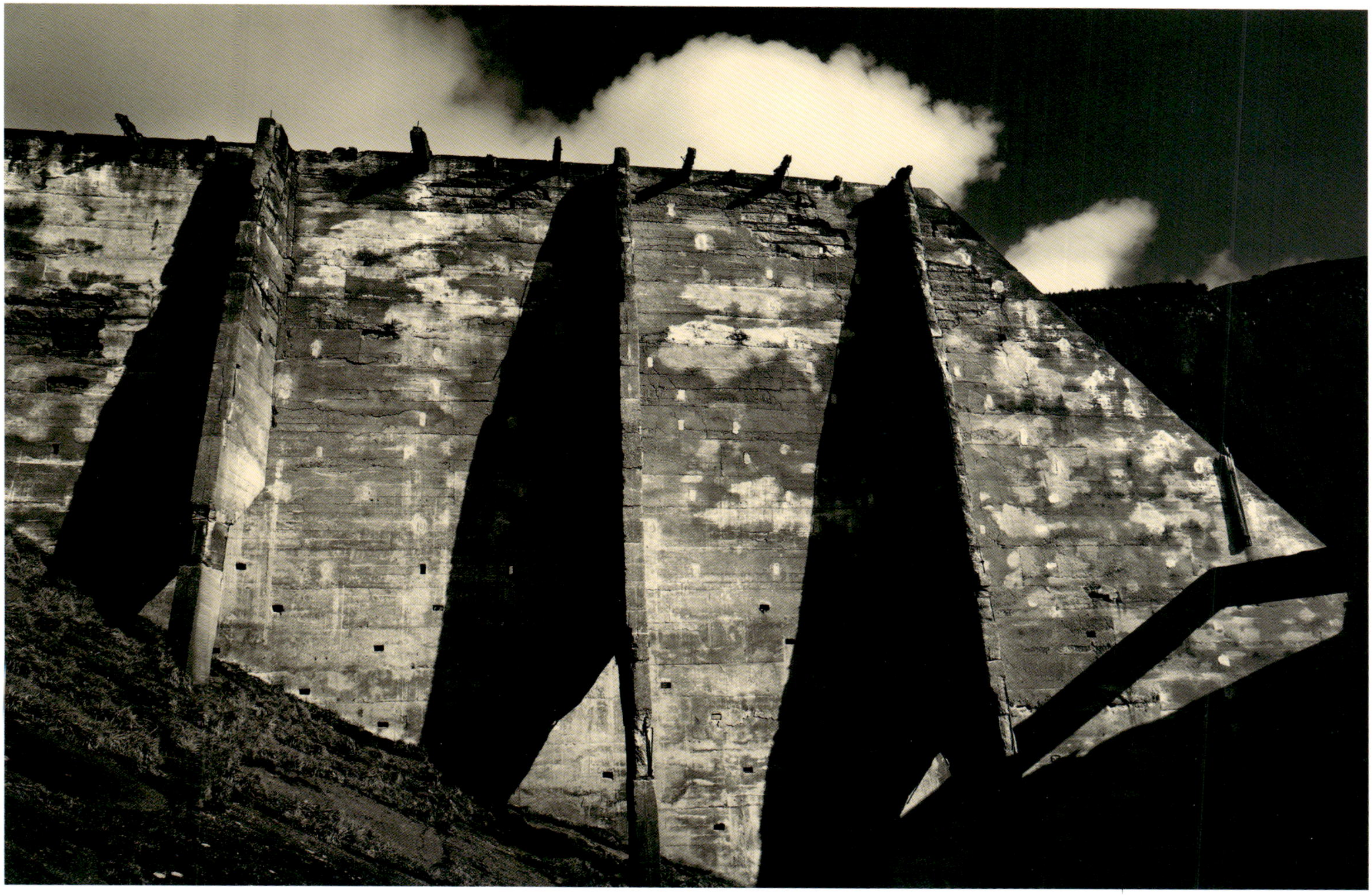

Wall's Ice Cream *Hufen Iâ Wall's*

On the hillsides there still remain large structures associated with the granite industry. Gradually over time they have increasingly become part of the landscape, softened by sub-aerial erosion and the growth of vegetation over and within their walls. These huge gravel spillers are still largely intact, but the retaining walls are buckled and ready to collapse. They tower above you when you stand next to them and still have a magnificence about them, even in their state of disrepair. I was moved by the gentle evening sunlight casting a warm and rich glow on these impersonal structures – they change from stark, ominous facades to striking and dynamic pieces of sculptural artwork.

Ar y llethrau erys adeiladau mawrion a gysylltid â'r diwydiant gwenithfaen. Yn raddol, gydag amser, aethant yn rhan o'r tirlun, wedi'u lliniaru gan waith y gwynt a'r glaw a chan dwf planhigion dros eu waliau a'r tu mewn iddynt. Mae'r hopranau graean anferth hyn bron yn gyfan, ond mae'r waliau cynnal wedi bolio ac yn barod i gwympo. Ymgodant yn gawraidd uwch eich pen pan sefwch wrth eu hymyl, ac mae rhyw wychder yn eu cylch, er gwaethaf eu cyflwr adfeiliedig. Daeth teimlad dwys drosof o weld heulwen addfwyn yr hwyr, a daflai lewyrch cynnes a chyfoethog dros yr adeiladau amhersonol hyn – newidiant o wynebau llwm, bygythiol, i ddarnau trawiadol a deinamig o gerflunwaith.

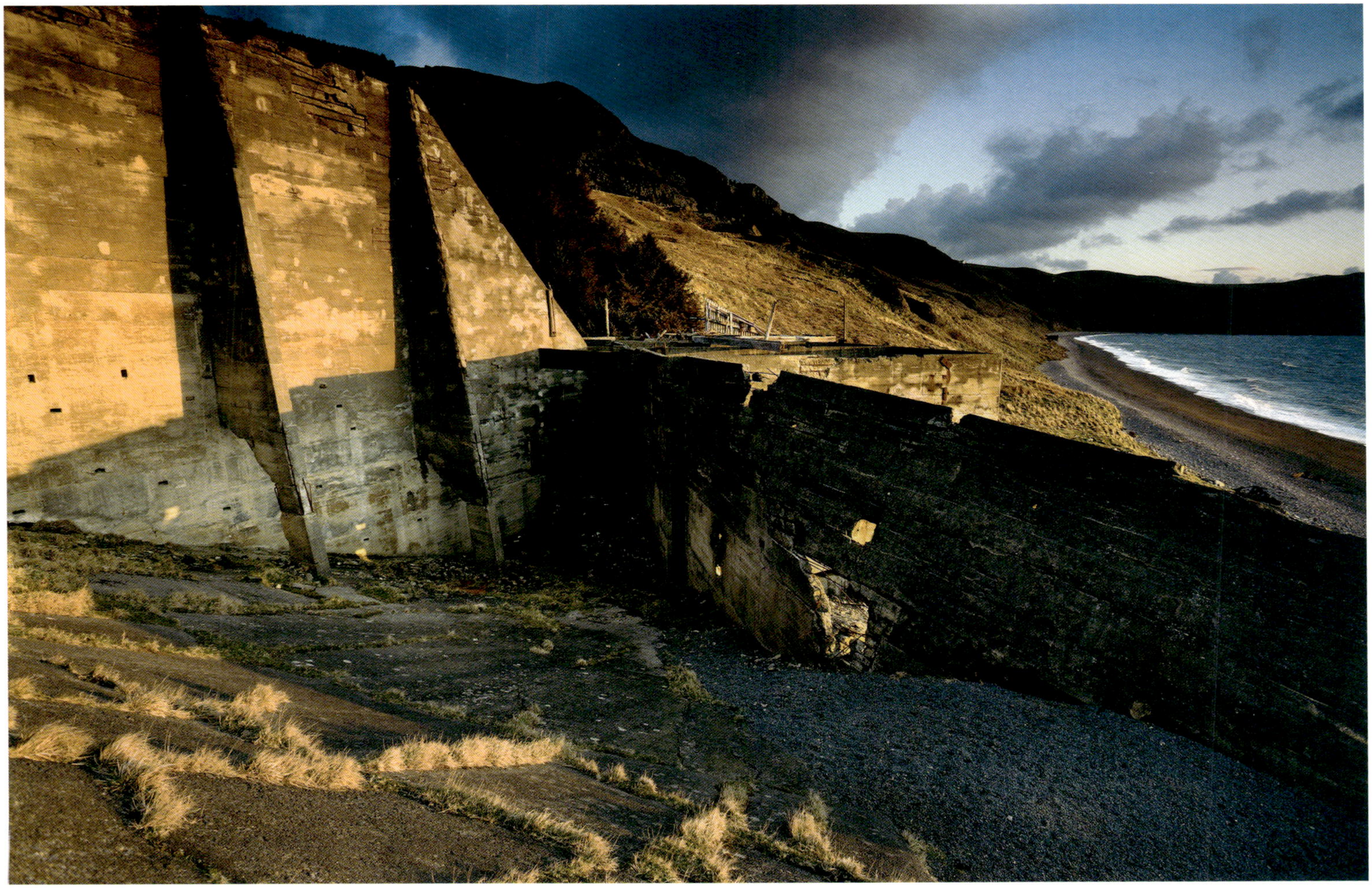

A Light Spillage *Gorlif Goleuni*

Like a creased piece of paper, this huge concrete retaining wall has folded outwards, and is now leaning precariously over the gravel slope. I was impressed that once a crack appears in such man-made solidity it soon spreads and weakens the whole structure.

Megis darn o bapur crych, mae'r wal gynnal goncrid enfawr hon wedi plygu tuag allan ac erbyn hyn mae'n pwyso'n ansicr uwchben y llethr raean. Rhyfeddais wrth feddwl, unwaith y gwelir hollt yn y fath gadernid o waith dyn, y bydd yn cyflym ymledu a gwanhau'r adeiledd cyfan.

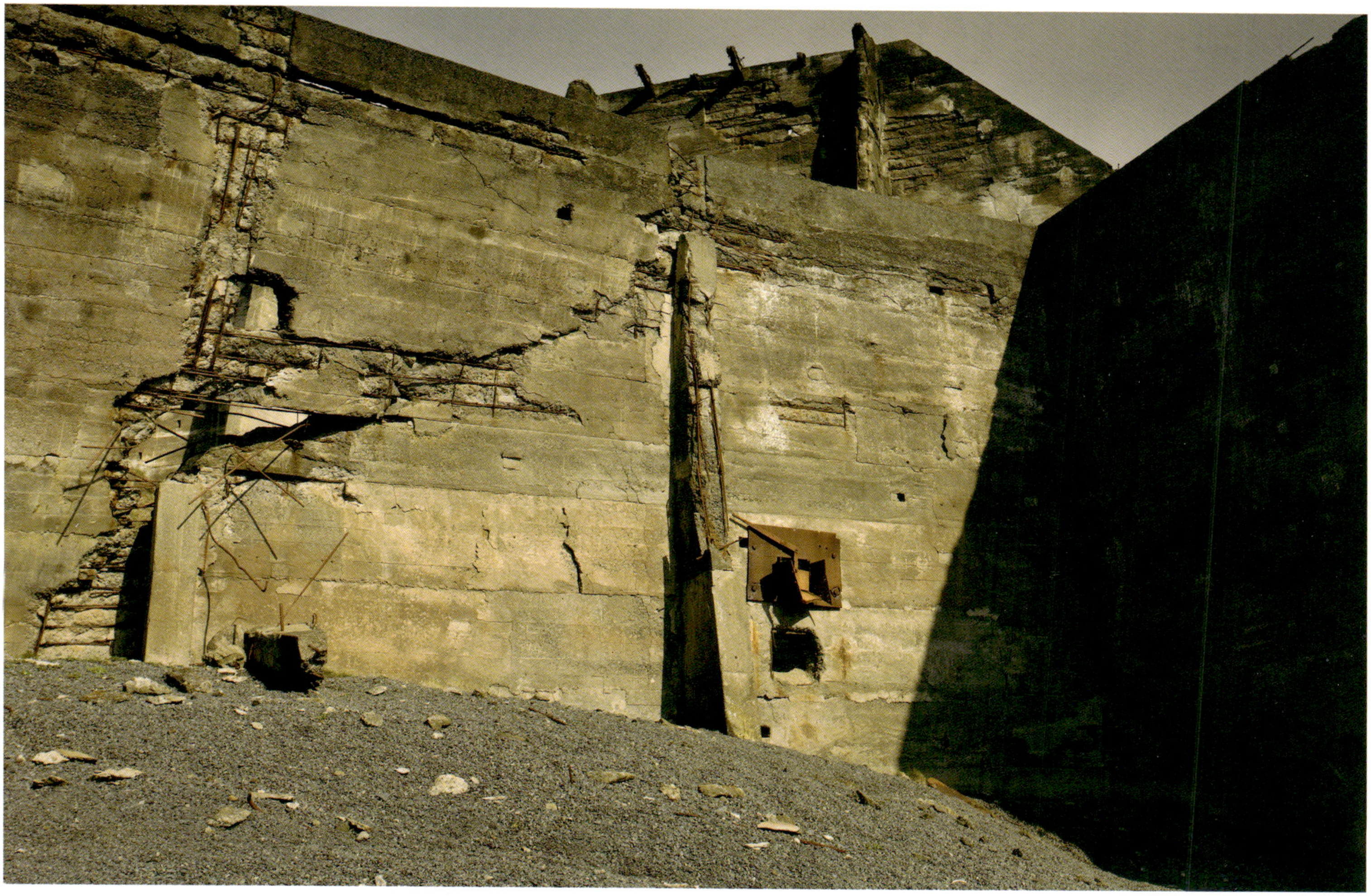

Broken Barriers *Atalfuriau Toredig*

Although there are numerous industrial ruins throughout the valley, I gather this huge piece of metal is actually part of an old ship. I have no idea whether it had been wrecked in dangerous circumstances, or just beached and left to rot, but through the arch you can see Carreg y Llam (Headland of the Leap) so the title employs artistic licence!

Er bod llawer o adfeilion diwydiannol trwy'r cwm i gyd, deallaf mai o longddrylliad, mewn gwirionedd, y daw'r darn enfawr hwn o fetel. 'Does gennyf ddim syniad a ddrylliwyd y llong mewn enbydrwydd, ynteu a adawyd hi i bydru ar y traeth, ond trwy'r bwa fe welwch Garreg y Llam, felly penrhyddid yr arlunydd yw'r teitl!

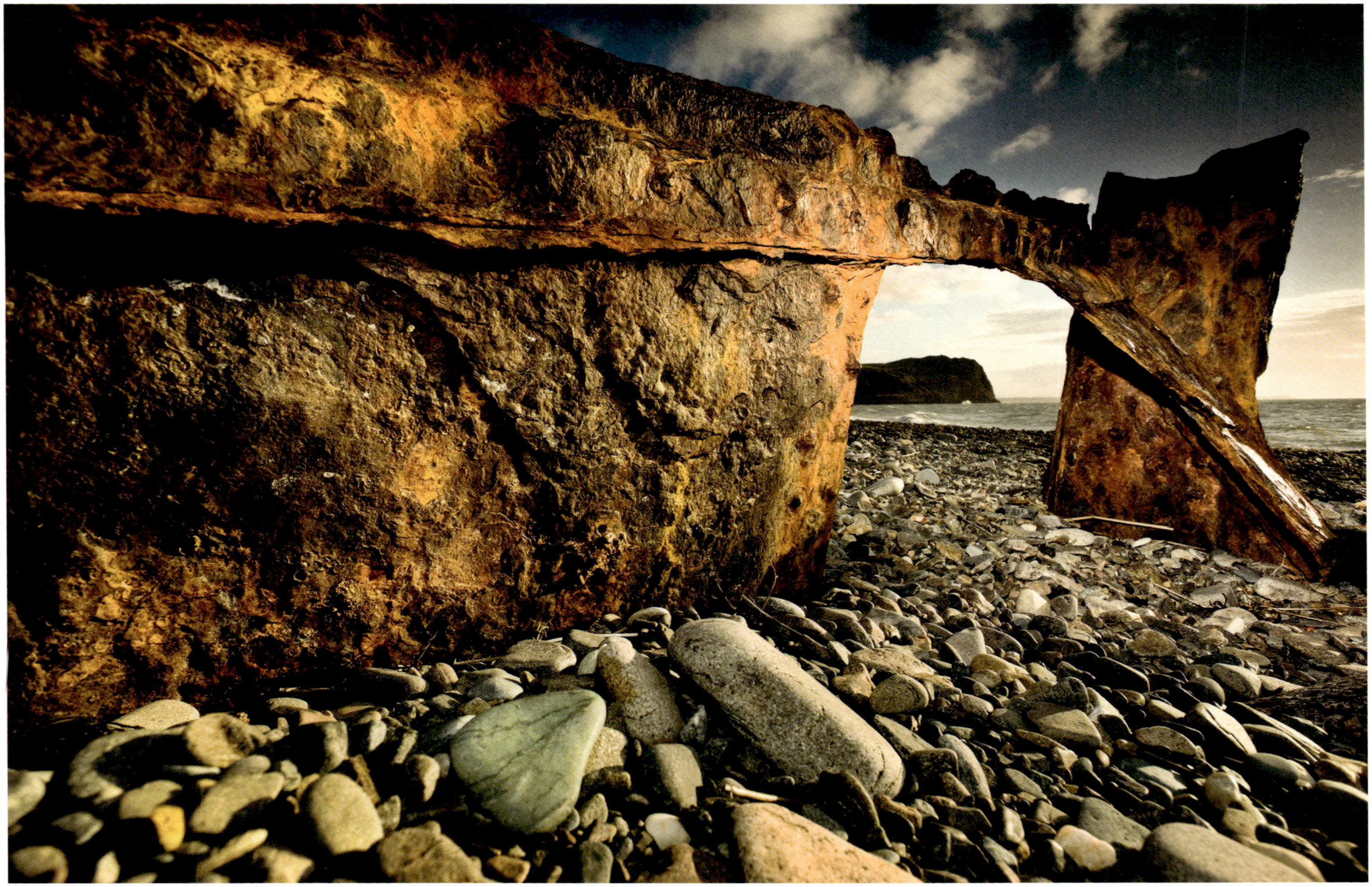

They Leapt into the Sea *Llamasant i'r Môr*

If there is one thing I regret, more than missing seeing smoke rise out of the huts at Tre'r Ceiri, or even not chatting on the shore with King Gwrtheyrn himself, it is that I just missed the chance to photograph the old jetties for the coasters that came to collect the stone from the quarries! I have seen pictures of these structures, both with vessels alongside and also as derelict remnants. Unfortunately, all I have left to remind me are the occasional huge timbers trapped under large boulders at the waters edge, and stumps of the support posts, taking a daily battering from the Irish Sea.

Os oes un peth sy'n edifar gennyf, yn fwy na pheidio â gweld mwg yn codi o gytiau Tre'r Ceiri, neu hyd yn oed beidio â chael sgwrs ar y traeth â'r Brenin Gwrtheyrn ei hun, y peth hwnnw yw imi golli o drwch blewyn y cyfle i dynnu llun yr hen lanfeydd ar gyfer llongau'r glannau a ddeuai i godi llwythau o'r chwareli! 'Rwyf wedi gweld lluniau o'r glanfeydd hyn, gyda llongau wrthynt a hefyd fel gweddillion adfeiliedig. Yn anffodus, y cyfan sydd gennyf ar ôl i'm hatgoffa yw ambell drawst enfawr wedi'i ddal dan glogfeini mawrion ar lan y dŵr, a bonion y pyst cynnal, a gaiff eu curo'n feunyddiol gan Fôr Iwerddon.

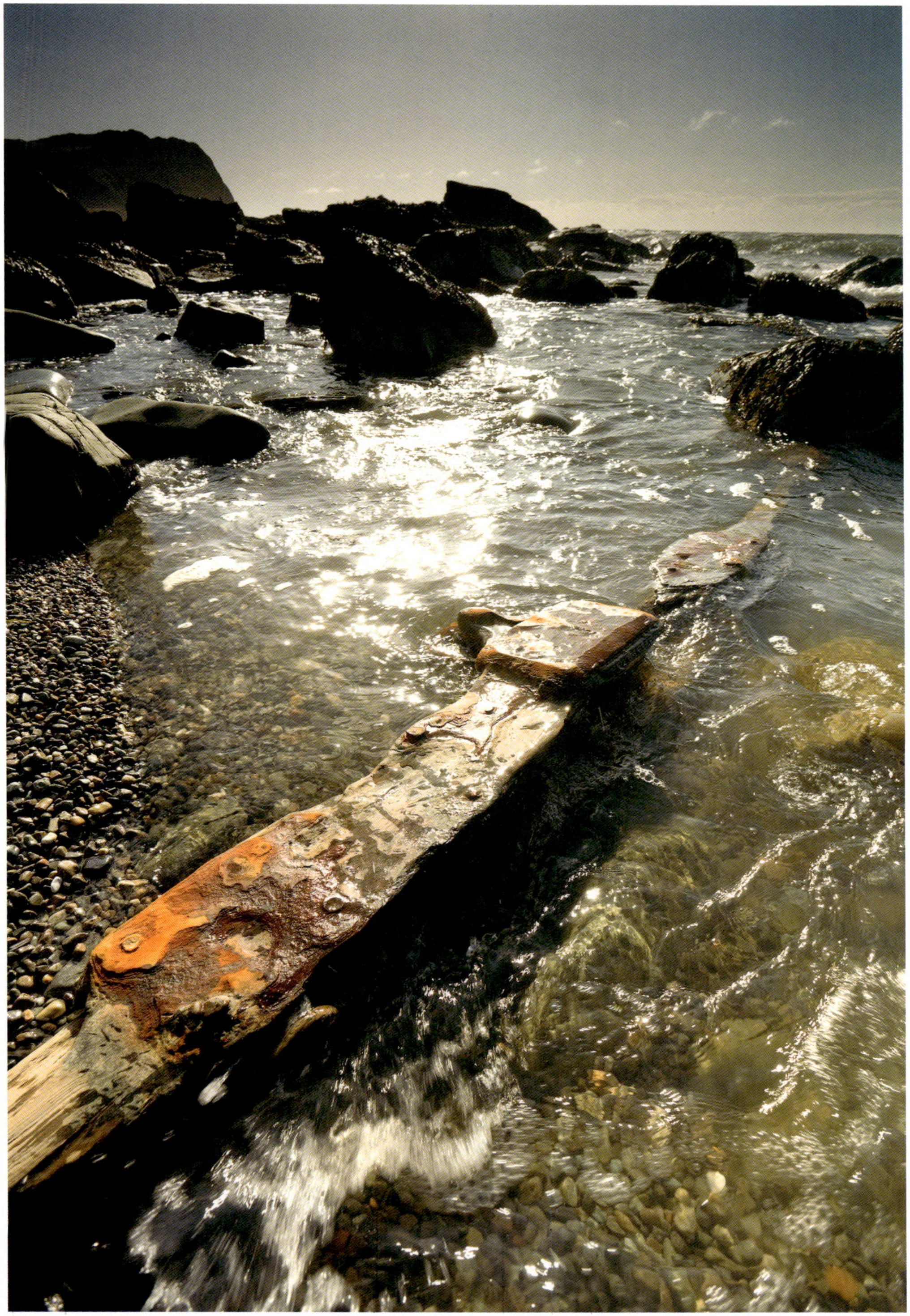

Still Pointing Seaward *Tua'r Môr o Hyd*

My initial visit to Nant in 2008, the start of the project. As a sea-lover the first thing I had to do was visit the beach, see the sea and hear the waves. The sea is ALWAYS my escapism and being completely alone in the village, no visitors or staff, it was also comforting and familiar. The sunshine was brilliant, intense and captivating as it danced and sparkled on the waves, but it soon gave way to heavy cloud and heavy flurries of snow.

F'ymweliad â'r Nant yn 2008, ar ddechrau'r cynllun. Fel un sy'n caru'r môr, y peth cyntaf yr oedd rhaid imi ei wneud oedd mynd i'r traeth, gweld y môr a chlywed y tonnau. Y môr yw fy nihangfa BOB AMSER ac, a minnau'n hollol ar fy mhen fy hun yn y pentref, a oedd heb ymwelwyr nac aelodau staff, 'roedd hefyd yn gyfarwydd ac yn gysur. 'Roedd yr heulwen yn ddisglair, yn gryf ac yn hudol, wrth iddi ddawnsio a phefrio ar y tonnau, ond ildiodd yn fuan i gymylau trymion a chawodydd trymion o eira.

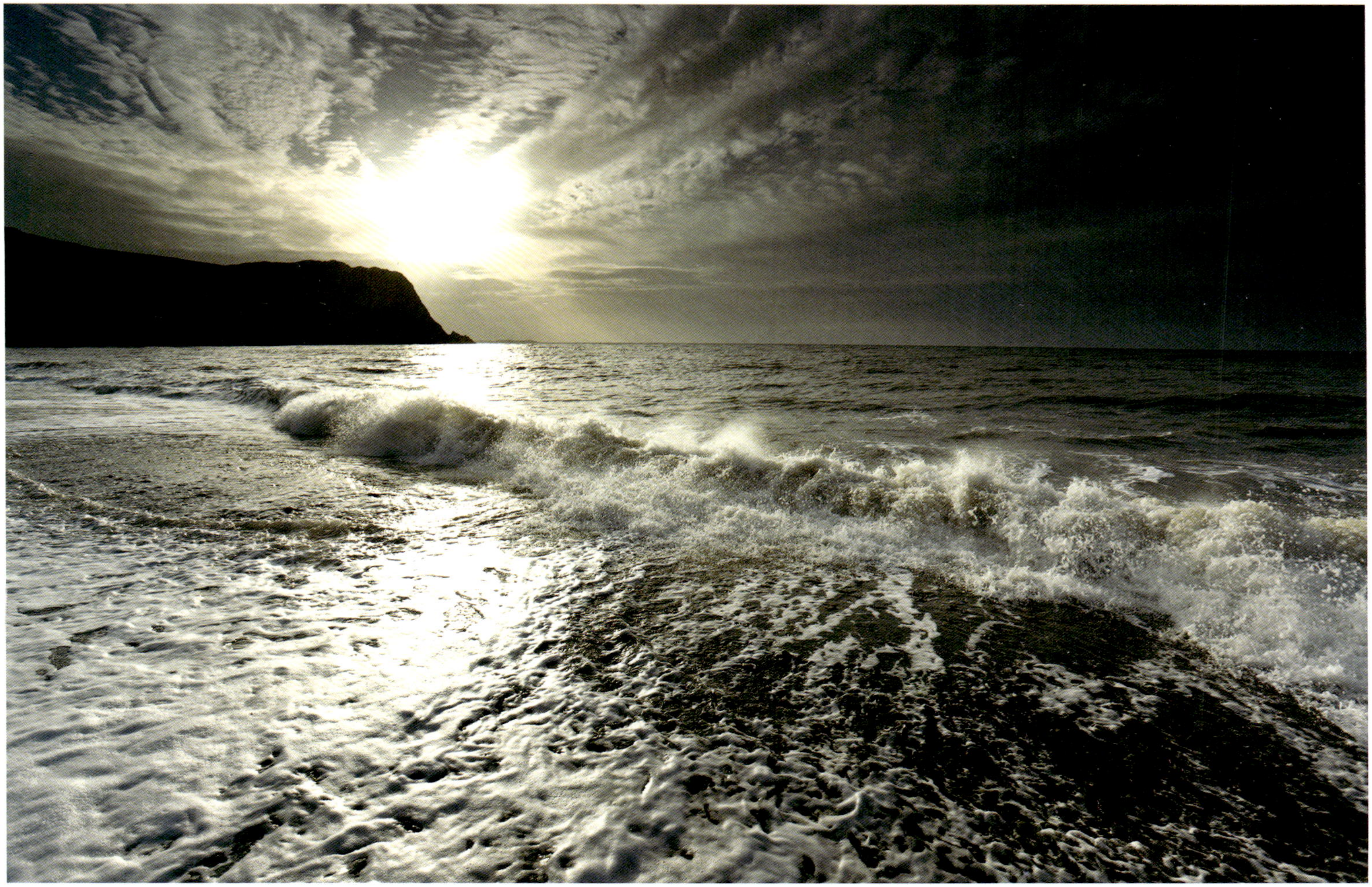

Bright Sea before White Snow *Môr Disglair cyn Eira Gwyn*

The imposing headland of Carreg y Llam is a landmark in itself, characteristic and easily identifiable. In this shot I am equally impressed by the huge but infrequent boulders on the shoreline. The waters are rich in sea life, and barnacles, winkles, limpets and seaweeds are abundant across the stones.

Mae pentir mawreddog Carreg y Llam yn dirnod ynddo ei hun, nodweddiadol a hawdd ei adnabod. Yn y llun hwn, mae ambell glogfaen anferth, yma ac acw ar lan y môr, yn gwneud cymaint o argraff arnaf. Mae'r dyfroedd yn gyfoethog o fywyd môr, ac mae toreth o wyrain, gwichiaid, brennig a gwymon ar draws y cerrig.

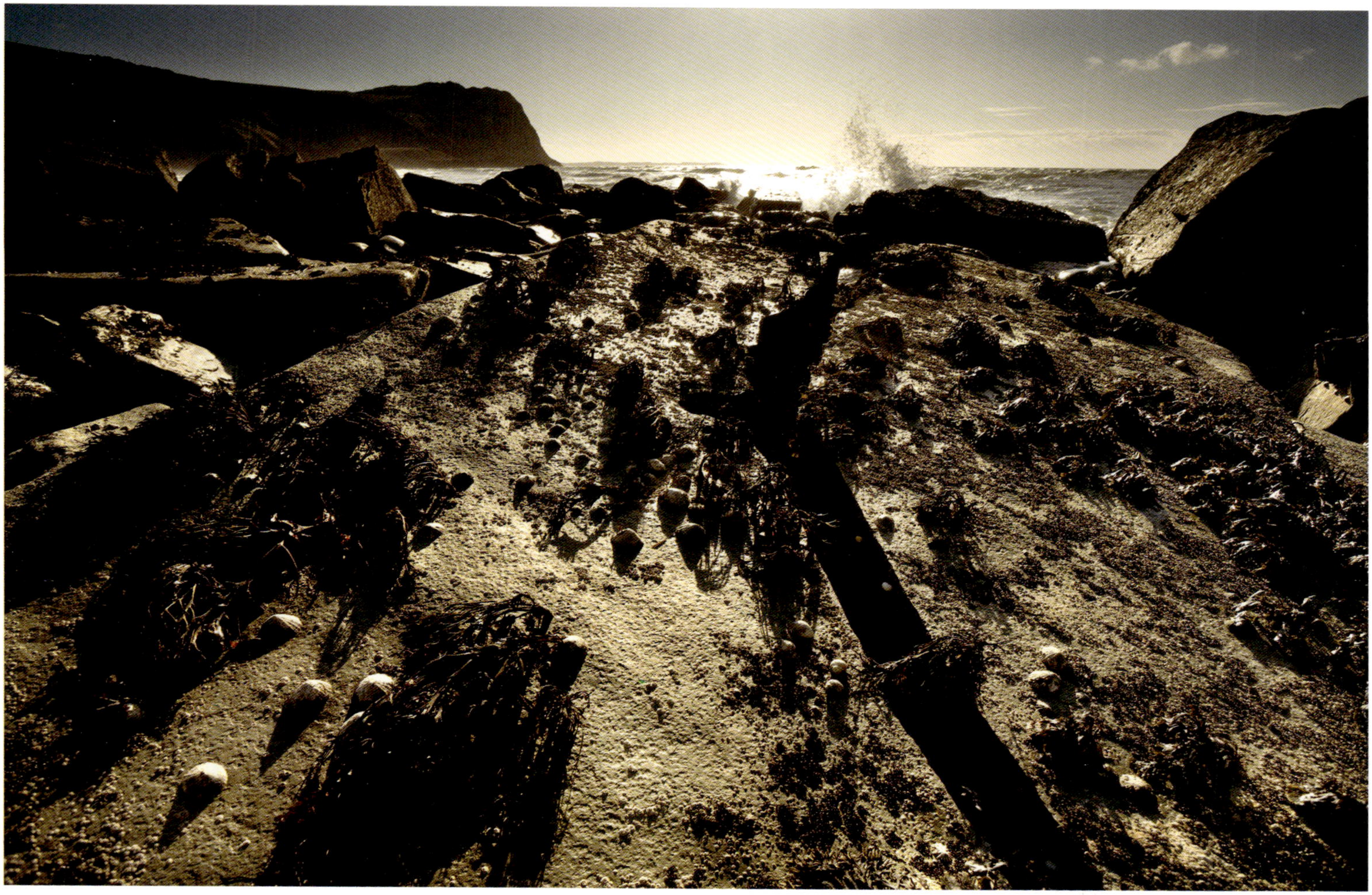

A Crack Appeared *Gwelwyd Hollt*

Two of the last few stumps of the cargo jetties stand defiantly against the continual battering of the waves, the last tiny reminders of the link with the sea, from an industry long gone and a community dispersed.

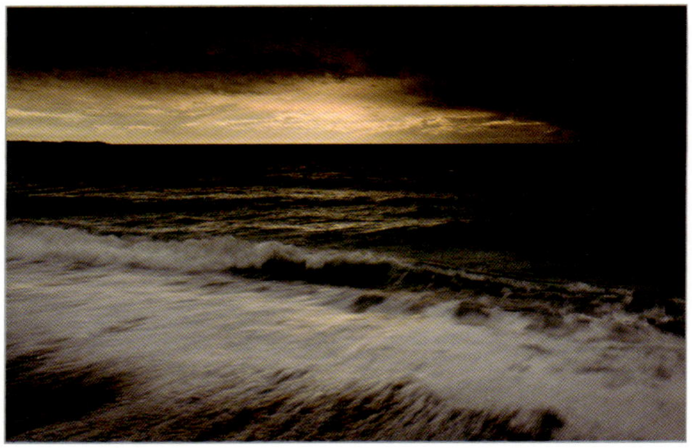

Saif dau o fonion olaf y glanfeydd llwytho yn herfeiddiol, gan herio curo parhaus y tonnau, atgofion bychain olaf o'r ddolen gyswllt â'r môr, o ddiwydiant sydd wedi hen ddarfod ac o gymdogaeth a aeth ar wasgar.

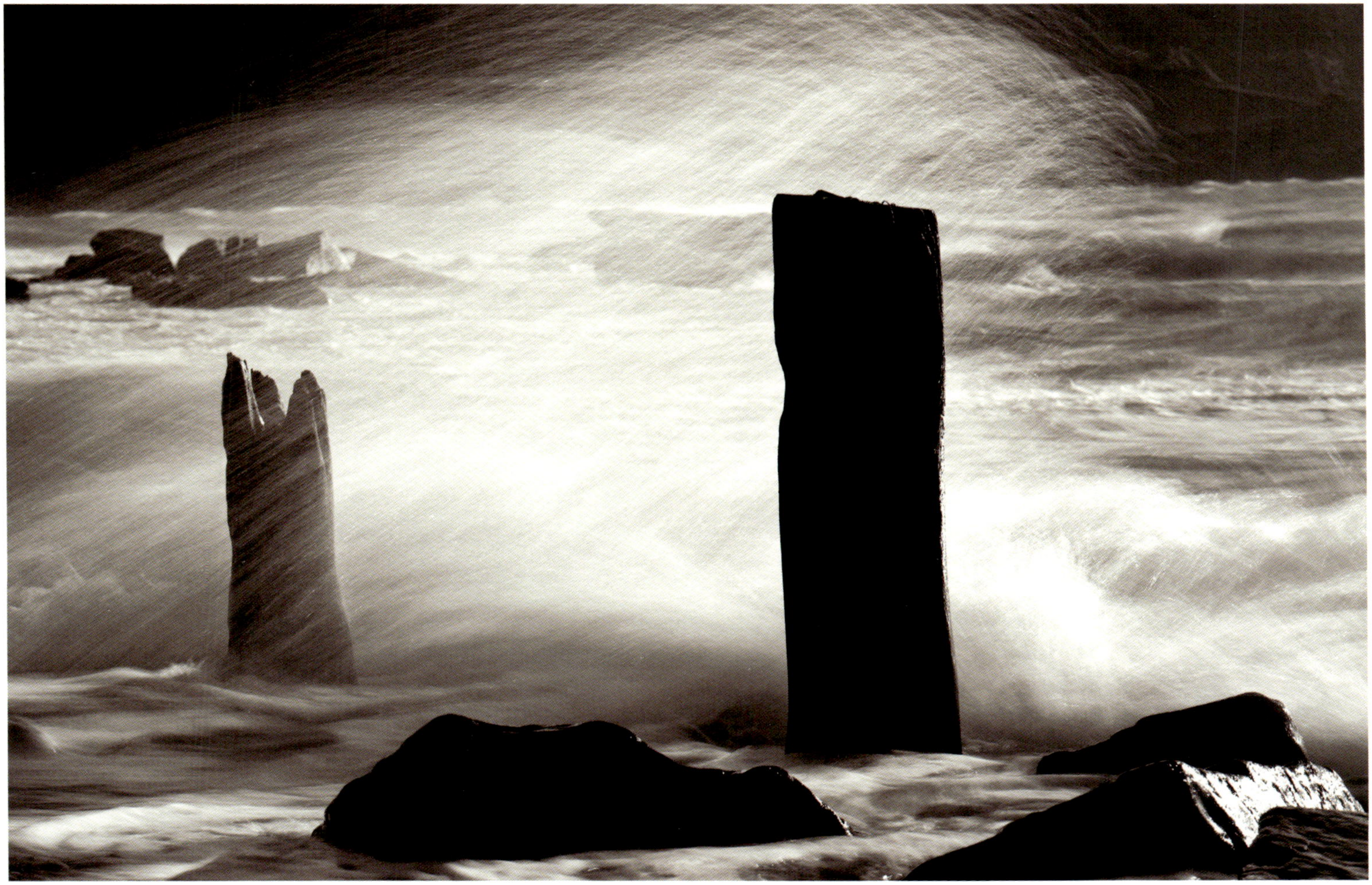

Defiant Last Posts *Pyst Olaf Herfeiddiol*

Dr Carl Clowes

Personal Relationship with Nant

It was Vaclav Havel, former President of Czechoslovakia, poet and politician, who said 'Hope is not the conviction that something will turn out well – but the certainty that something makes sense regardless of how it turns out'. Was that my philosophy when at 26 years of age I embarked on a crusade to reinvigorate the communities of Bro'r Eifl? Here we established Antur Aelhaearn (the first community co-operative in the UK) in Llanaelhaearn and then faced the relentless challenge of re-creating Nant Gwrtheyrn in a new guise.

I'm not sure that it was my philosophy but it certainly fits. Back in the 1970s, as today, Nant Gwrtheyrn presented an endless enchantment for me, an enchantment that was to become an obsession. Its wild beauty presented immeasurable challenges but proved an inspiration in equal measure. At the outset, there was little support for the idea of developing the Nant or the 'ghost village' as most visitors had chosen to label it. To me it was a key, or at least one of the keys, to securing the well-being of the area. The social decline of the area, a community bereft of its youth, was having a serious impact on the health of the local population and, faced with morbidity in my daily surgery in the form of unacceptable levels of high blood pressure, diabetes and depression, the communities of Bro'r Eifl were in dire need of an injection of hope for the future. At least, that was my first tentative prescription for the area. But how?

The idea to develop Nant Gwrtheyrn came on the back of the first Welsh Language Act of 1967 when public bodies were being actively encouraged to provide services in Welsh for the first time. The quarries had all but closed, the population had fallen dramatically and a focus for new employment was required. Was Nant Gwrtheyrn really destined to be a 'ghost village' for ever? To me it was an important resource. Together with the area's other major asset, the people and their language, this was the key to the way ahead. This was the certainty that I brought to the equation! Gradually, and often reluctantly, friends came on board. Not all did! I recall the late Wmffra Roberts, at the time the election agent for Dafydd Wigley, visiting Bryn Meddyg, our family home and, following a vigorous debate, pointing to a lump of white quartz on the shelf of the fireplace, pronounced 'I'll believe this when that stone turns black'.

Others encouraged me to look to an empty hotel that was for sale, pointing out that the costs of re-creating the infra-structure of a derelict village were going to be prohibitive and there were far cheaper and easier alternatives. Key councillors in Gwynedd County Council were also less than supportive, mindful of the possible financial consequences of requests to improve the infrastructure.

My sanity was all but questioned! Despite the voluble excuses, I argued that the very atmosphere of Nant Gwrtheyrn and its relative isolation, not to mention the environment, could be turned to a strength and act as a focus, unpolluted by extraneous distractions. That view prevailed and, gradually, I was able to build a team of valuable colleagues around me to share the responsibility of seeing the dream through to reality.

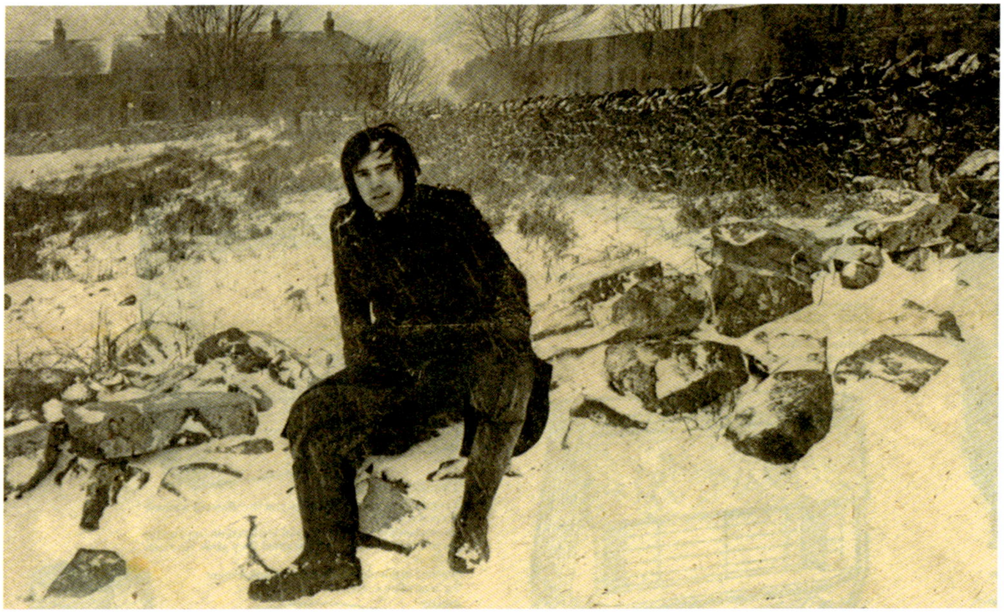

Dr Carl Clowes in the newspaper, *Y Cymro*, 1977

Y Dr Carl Clowes, yn *Y Cymro*, 1977

It's difficult for the visitor today to appreciate just what a challenge the restoration of Nant Gwrtheyrn has been. There was no water, no electricity, sewerage system, phone or road access. Most significantly, the houses had all seen the toll of the elements and an invasion of hippies in the 1970s. There were no roofs on many of the buildings, no windows or floors and the sheep and goats had long since taken over. The humour of the 'hippy' was ironic – 'Please respect property' scrawled on an otherwise stark skeletal structure. Everywhere was overgrown. And we had no finance behind us. Nevertheless, we engaged in a public relations exercise that was two-fold. Firstly, to persuade the then owners to sell the village to our embryonic trust and, secondly, to inspire many hundreds of people to offer promises of money should we succeed in acquiring the place. The exciting prospect of a *Canolfan Iaith* – a language centre – a new concept, clearly fired the imagination and we prevailed on both counts.

Sid Rawle, the leader of the hippies subsequently moved his commune on to Doirinish, an island in Westport Bay off the coast of Co. Mayo in Ireland. John Lennon, fired with revolutionary zeal at the time, bought it for them and we were faced with one less hurdle. Other competition from BP, wanting to hide (sic) their tanks of Celtic Sea oil in the valley, came face-to-face with a stiff rebuff as did the proposals to create a centre for rehabilitation of offenders and a drug rehabilitation centre. Each created concerns in their own right and, to say the least, additional anxiety as to whether our bid would succeed.

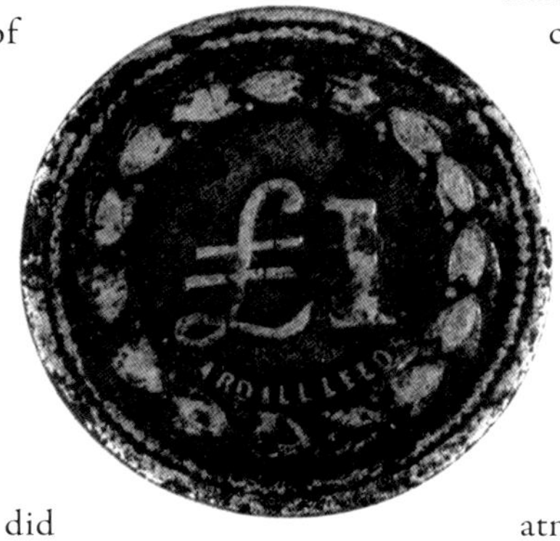

In 1978, following six years of lobbying and persuasion, the estate, limited at the time to the 26 houses, Y Plas and chapel and just 8 acres was finally bought by the trust for £25,000 from Amalgamated Roadstone – exactly 100 years after Capel Seilo was opened. Now the work was to begin in earnest!

I suppose the main inspiration for me over the years has been the support from the very many groups of learners and others for the development. The names of the houses today reflect the source of that support – the countless coffee mornings, sponsored walks and runs, poetry competitions and so forth which raised a large part of the necesary money for the refurbishment of the village. Typical of the effort was that of pensioner Robin Vaughan Evans who, at 70 plus, ran the eleven and three-quarter miles around Llyn Tegid on one of the wettest days of the year to secure his £500 sponsored contribution as part of the *Cefnogwyr y Nant* appeal. The volunteer element was also fundamental in the early days of tutoring, when there were no funds to pay staff. Tutors, usually teachers of Welsh in schools, would volunteer their time at the weekends.

This kind of response persists with a new generation of support from those leaving their estate to the trust and transferring assets of considerable value to us. The response from learners can also be very motivating and helps re-charge the batteries for those of us on the front line. When pupils from Pentre Hafod school near Swansea attended a course, they were thrilled with the 'electric atmosphere'. 'You can't not learn here' said one pupil whilst another noted that 'you begin to know what you are at Nant Gwrtheyrn and feel your Welsh identity'. There is clearly a feeling of love for Nant Gwrtheyrn amongst the Welsh public, and anyone doubting that would do well to be in my position when, as is the case in any hugely challenging project such as this, we have hit the buffers from time to time. One only needs to witness the outpouring of emotions by the public to understand their sense of ownership – and, indeed, to realise the reponsibility that we face as trustees.

And the support comes from far and wide, as Muscovite Elena Parina described when a Welsh family gave her a lift as they found her hitch-hiking through Wales to Nant Gwrtheyrn. 'I just thought of getting to Llithfaen and walking the rest of the way, but they were so amazed to find a Russian girl coming all the way from Moscow to learn Welsh that they gave me a lift all the way. I think it's a beautiful language, and I've been lucky to learn it in such a breathtaking place as Nant Gwrtheyrn'.

Unpaid and unsung heroes throughout the 30 years of developing Nant Gwrtheyrn have been the trustees, who have witnessed the slow and, at times, painful growth of the project. In the same way as thousands of volunteers have supported and raised funds for Nant Gwrtheyrn so, too, the limited number of trustees have invested many thousands of hours of their expertise and time in supporting

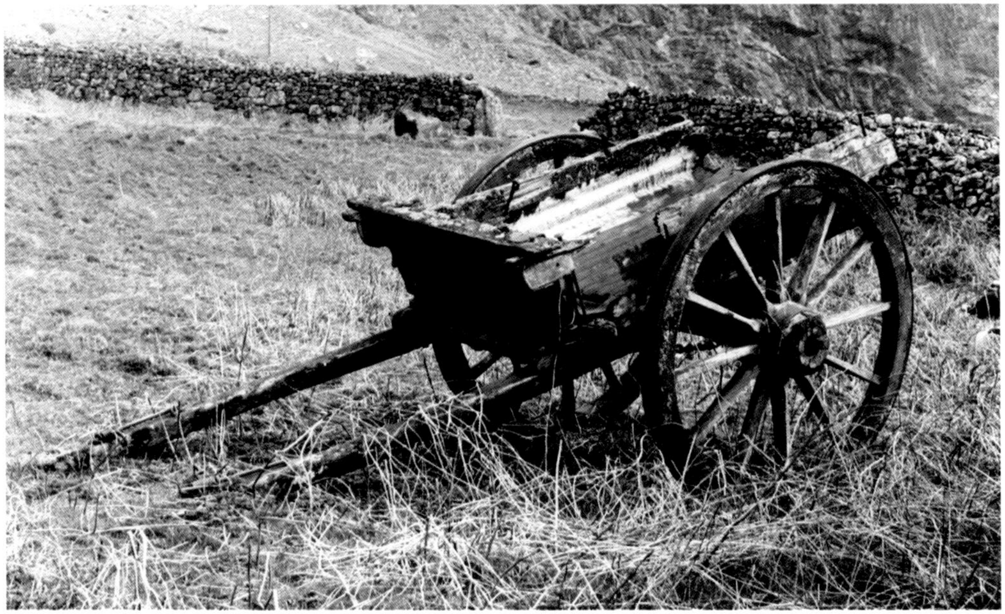

Agricultural relic at Ty Uchaf, 1965 (Unknown photographer)

Hen grair amaethyddol yn Nhŷ Uchaf 1965 (Ffotograffydd anhysbys)

the committed staff who have enabled us to reach the position we are in today.

Latterly, the 'One Wales' government and the European Union have supported the further development of Nant Gwrtheyrn, recognising its importance and potential in the micro-economy of northern Llŷn. This is a timely injection of support for an area which has seen so little by way of serious capital in the past.

And so, long gone are the days of faithful supporters spending their valuable time baring the walls of horse-hair plaster, of risking one's neck in the back of a clapped-out Land Rover up the old 1:3 'corkscrew' road or firing a diesel generator to get the day's first electricity. But where next?

The centre has long since grown from the 8 acres described above. Now, through the generosity and co-operation of the Forestry Commission, ARC and, latterly, Hanson Aggregates and the Crown Estates, we have seen the estate grow to 180 acres to include all the forestry in the valley, the Tŷ Canol estate, Tŷ Hen and a large part of the coastline. This gives us new opportunities. We have also witnessed new pressures as the early work done on the houses with the support of the Manpower Services Commission is now found wanting. CADW has listed the whole of the village as an area of particular interest and demands new standards for the estate. Language teaching to adults in Wales has also changed gear and now has a more effective national structure than was previously the case and, whilst Nant Gwrtheyrn remains the only dedicated residential centre for the teaching of Welsh and works closely with the regional 'language centres', its very location in an Area of Outstanding Natural Beauty creates other compatible opportunities which will extend the role and status of the village in the future.

The development of Nant has undoubtedly had an impact on the self-esteem of the area, not surprising when the brand of Nant Gwrtheyrn as a special place to learn Welsh is well embellished in the minds of people throughout Wales and beyond. No longer the preserve of the sheep and goats and the occasional visitor, Nant has been blessed with Lords, Archbishops, MPs, AMs, pop, film and opera stars, a Nobel Peace Prize winner and a wealth of other individuals from all walks of life who were notable by simply wanting to reinforce their Welsh identity. That is something we can take great pride in. The community has been empowered and staff have learnt many skills, but much more can and will be achieved with the on-going proposals for its future.

My involvement with Nant Gwrtheyrn over the last 38 years has had some interesting consequences – re-mortgaging the family home, the sacrifice of several career opportunities, fighting and winning a libel case and being physically threatened. Not surprisingly, I too have questioned my sanity! It has often felt like an intangible dream matched at moments of despair by the claustrophobic reality of a nightmare. The infectious banter of learners in Caffi Meinir till the small hours of the morning, the support of family and friends and the many kind comments from appreciative users of the Nant, nevertheless help keep the whole project in perspective and on track. Memories are made of this also, and the enchantment never fades. It's been a roller-coaster of emotions on many occasions but it's been an honour to have had the opportunity.

Legend has it that, in the 8th century, Nant Gwrtheyrn was cursed three times by monks who were denied access to the valley to preach Christianity on their way to *Ynys Enlli* (Bardsey Island). As three visits to Enlli were said to be the equivalent of one to Rome and, given that Nant Gwrtheyrn sits alongside the Pilgrims' Trail to Enlli, I wonder sometimes if that journey is an allegory for my experiences in Nant Gwrtheyrn. If so, I'm probably two-thirds of the way to Rome and I hope I'll be able to arrive some day soon!

I have one lasting ambition – to see the Centre officially opened!!

Dr Carl Clowes

Perthynas Bersonol â'r Nant

Cofiaf eiriau Vaclav Havel, cyn-Arlywydd Tsiecoslofacia, bardd a gwleidydd, a ddywedodd 'Nid yr argyhoeddiad y bydd rhywbeth yn troi allan yn iawn yw gobaith - ond y sicrwydd bod rhywbeth yn synhwyrol, sut bynnag y bydd yn troi allan'. Ai hwn oedd f'athroniaeth i, yn 26 oed, pan ddechreuais ar grwsâd i ail-fywiogi cymunedau Bro'r Eifl? Yma y sefydlwyd Antur Aelhaearn (y *community co-op* cyntaf yn y DU) yn Llanaelhaearn ac, wedyn, cychwyn ar her ddiddiwedd ail-greu Nant Gwrtheyrn ar ei newydd wedd.

A oedd yn athroniaeth gen i ai beidio, yn sicr bellach, mae'n addas. Ar ddechrau'r '70au, 'roedd swyngyfaredd Nant Gwrtheyrn yn drech na mi, a rhywbeth a ddaeth yn obsesiwn yn y blynyddoedd wedyn. 'Roedd ei wylltineb hardd yn gosod her aruthrol ond, yn yr un modd, yn ysbrydoli dyn. Ar y cychwyn, prin oedd y gefnogaeth i'r syniad o ddatblygu'r Nant neu'r *ghost village* fel y'i gelwid gan drwch yr ymwelwyr â'r ardal. I mi, serch hynny, 'roedd yn allwedd neu, o leia', yn un o'r allweddau, i sicrhau gwellhad i fywyd yr ardal. 'Roedd dirywiad cymdeithasol Bro'r Eifl, a'i diffyg pobl ifanc, yn cael effaith ddifrifol ar iechyd pobl yr ardal a, wyneb yn wyneb â lefelau hollol annerbyniol o afiechyd - pwysedd gwaed uchel, clefyd siwgr ac iselder -'roedd yn amlwg bod angen chwistrelliad o obaith ar bentrefi'r fro. Neu, o leiaf, dyna oedd fy rhagnodiad neu bresgripsiwn cyntaf ar gyfer yr ardal. Ond sut?

Bu'r syniad o ddatblygu Nant Gwrtheyrn yn cynrhoni yn fy mhen yn dilyn y Ddeddf Iaith gyntaf ym1967. Bryd hynny, 'roedd cyrff cyhoeddus yn cael eu hannog i ddarparu gwasanaethau yn Gymraeg am y tro cyntaf. 'Roedd y chwareli lleol wedi cau i bob pwrpas, y boblogaeth wedi disgyn yn syfrdanol ac 'roedd gwir angen ffocws newydd ar gyfer gwaith yn yr ardal. A oedd Nant Gwrtheyrn i fod yn bentref yr 'ysbrydion' am byth? I mi, 'roedd yn adnodd pwysig. Ynghyd â phobl yr ardal a'u hiaith, yr adnodd hwn oedd yn allweddol i'r dyfodol.

Dyna oedd y 'sicrwydd' wnes i ei gynnig i'r drafodaeth! Yn raddol, daeth cyfeillion i dderbyn y dadleuon, ond nid pawb! Cofiaf y diweddar Wmffra Roberts, asiant etholiadol Dafydd Wigley ar y pryd, yn ymweld â Bryn Meddyg, ein cartref. Yn dilyn trafodaeth eitha' brwd, pwyntiodd Wmffra at damaid o gwarts ar y silff ben tân ac, yn ddigon drwgdybus, datganodd y byddai'n 'coelio'r peth pan fydd hwnna'n troi'n ddu'.

Gwnaeth rhai f'annog i ystyried prynu hen westy gwag oedd ar werth, gan f'atgoffa mai rhyfeddol o ddrud ac anodd byddai codi hen bentre' o'i adfeilion o'i gymharu â dewisiadau eraill. Siom mawr imi ar y pryd oedd gweld bod rhai o gynghorwyr Gwynedd yn llai na chefnogol, gan ofni unrhyw gostau a fyddai'n disgyn arnyn nhw o ran gwella'r is-adeiledd yn yr hen le.

'Roedd rhai yn f'ystyried yn wallgof hyd yn oed yn meddwl am y fath beth. Er gwaethaf yr esgusion huawdl, 'roedd yr ymateb yn amlwg. 'Roedd rhaid troi anfanteision y Nant yn fanteision. 'Roedd ei anghysbellrwydd cymharol, yn ogystal â'i amgylchedd godidog, yn medru bod yn gryfderau, a natur y cwm yn medru creu ffocws perffaith ar gyfer astudio, yn bell o sŵn a sylw'r byd. Y farn honno a fu'n drech ac, yn raddol, llwyddais i greu tîm o gyfeillion o'm gwmpas i rannu'r cyfrifoldeb a chael y maen i'r wal.

Mae'n anodd i'r ymwelydd, sydd yn taro ar Nant Gwrtheyrn trwy hap heddiw, werthfawrogi faint o her y bu adfer y Nant. 'Doedd 'na ddim dŵr, dim trydan, carthffosiaeth, ffôn na ffordd addas i fynd yno. Yn fwyaf arwyddocaol, 'roedd y tywydd, yn ogystal â'r hipis wnaeth feddiannu'r lle yn y 1970au, wedi sicrhau nad oedd 'na doeau ar lawer o'r tai, dim ffenestri na lloriau yn unlle ac 'roedd y defaid a'r geifr wedi hen ymgartrefu. 'Roedd hiwmor yr 'hipi' yn eironig - y geiriau *Please respect property* wedi eu hysgrifennu ar adeilad a oedd, fel arall, yn sgerbydol foel. Tu allan i'r tai, 'roedd yn anniben, gyda mieri'n prysur ennill eu lle. A 'doedd gennyn ni ddim cyllid y tu cefn inni.

Er hynny, dechreusom gydag ymgyrch cyhoeddus deublyg i ddenu cefnogaeth.

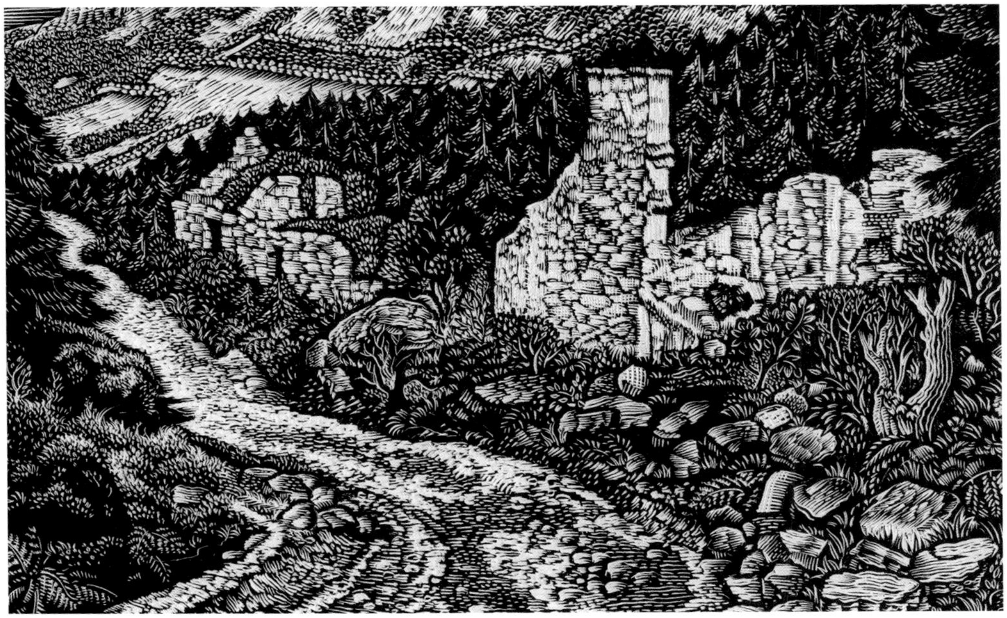

A scraperboard drawing of Ty Canol and the old road, by E. Meirion Roberts, circa 1985
Dyluniad sgraff-fwrdd o Dŷ Canol, gan E. Meirion Roberts, tua 1985

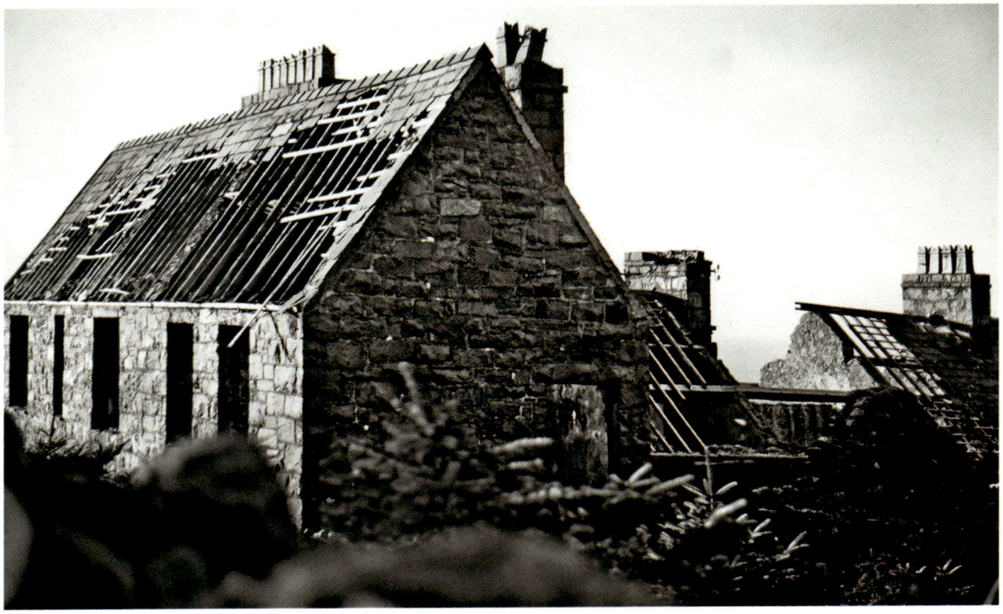

Derelict buildings at Y Nant circa 1972 Adeiladau'n mynd â'u pennau iddynt, yn y Nant tua 1972

Yn gyntaf, mewn ymdrech i ddarbwyllo'r perchnogion i werthu'r pentref inni ac, yn ail, i ysbrydoli rhai cannoedd o'n cyd-Gymry i addo arian pe baem yn llwyddo i gael y lle. Yn amlwg, 'roedd y syniad o greu 'Canolfan Iaith' - syniad newydd ar y pryd - yn tanio'r dychymyg ac fe wnaethon ni lwyddo ar y ddau gyfrif.

Symudodd Sid Rawle, arweinydd yr hipis, ei dylwyth i ynys Doirinish ger Westport yn swydd Mayo, Iwerddon. John Lennon, yn ei gyfnod anarchaidd, a brynodd yr ynys ar eu cyfer nhw ac, o ganlyniad, 'roedd un broblem yn llai inni feddwl amdani. 'Roedd cynlluniau eraill yn cystadlu, er hynny: cwmni olew BP yn awyddus i guddio (sic) tanciau olew'r môr Celtaidd yno; canolfan ar gyfer rhai oedd yn gaeth i gyffuriau; canolfan arall ar gyfer adfer troseddwyr ac yn y blaen, a phob un yn golygu pryder a phoen wrth ei ymladd, heb sôn am yr her i'n cais ni.

Ym 1978, yn dilyn chwe blynedd o lobïo ac o ddwyn perswâd ar Amalgamated Roadstone, fe brynwyd y stad oedd ar y pryd yn gyfyngedig i 26 o dai, y Plas, y capel ac wyth acer o dir, am £25,000 - 100 mlynedd yn union ers adeiladu Capel Seilo. Rŵan, 'roedd y gwaith i'w ddechrau o ddifri'!

Mae'n debyg, mai un o'r ysbrydoliaethau mwyaf imi dros y blynyddoedd fu'r gefnogaeth a gafwyd gan ddysgwyr ac eraill ar gyfer y datblygiad. Mae enwau'r tai yn adlewyrchu'r gefnogaeth honno - y boreau coffi di-ri', teithiau cerdded a rhedeg noddedig, cystadlaethau barddoni ac yn y blaen, a gododd gymaint o'r arian ar gyfer adnewyddu'r pentref. Nodweddiadol o'r ymdrechion fu cyfraniad Robin Vaughan Evans, ac yntau dros ei 70 oed yn rhedeg bron ddeuddeng milltir o gwmpas Llyn Tegid er mwyn cyfrannu £500 tuag at apêl 'Cefnogwyr y Nant', a hynny ar ddiwrnod gwlypaf y flwyddyn. 'Roedd yr elfen wirfoddol yr un mor bwysig ar gyfer y dysgu ar y cychwyn gan nad oedd arian ar gyfer cyflogi tiwtoriaid. Athrawon Cymraeg mewn ysgolion oedd y rhan fwyaf, ac yn falch o gyfrannu o'u hamser dros y penwythnos.

Mae'r math hwn o ymateb ac o gefnogaeth yn parhau, gyda chenhedlaeth newydd o bobl yn gadael rhywbeth yn eu hewyllysiau i'r ymddiriedolaeth neu'n trosglwyddo asedau o werth sylweddol inni.

Mae ymateb dysgwyr hefyd yn medru symbylu dyn ac atgyfnerthu'r ffydd ar adegau gwan. Pan ddaeth ddisgyblion o Ysgol Pentre Hafod Abertawe ar gwrs, 'roedden' nhw wrth eu boddau gyda'r 'awyrgylch trydanol'. 'Ni allwch chi beidio â dysgu Cymraeg yma' meddai un disgybl, ac meddai arall, ''Dych chi'n dechrau gwybod be' 'dych chi yn Nant Gwrtheyrn a chael ymdeimlad o'ch hunaniaeth Gymreig'. Mae'n amlwg imi fod 'na gariad tuag at Nant Gwrtheyrn ar ran y cyhoedd yng Nghymru ac, i unrhyw un sydd yn amau hynny, dylai fod yn fy sefyllfa i ar yr adegau hynny, fel sydd yn digwydd i unrhyw her o'r faint hwn, pan 'dyn ni wedi mynd oddi ar y cledrau. Mae bod yn dyst i deimladau'r cyhoedd pryd hynny yn datgelu cyfrolau am eu hagwedd a'u hymdeimlad o berchnogaeth ar y lle - ac, yn wir, yn cadarnhau'r cyfrifoldeb arnom ni fel ymddiriedolwyr.

Ac mae'r gefnogaeth yn dod o bell ac agos fel y disgrifiodd Elena Parina, merch o Fosgo, pan roddodd teulu o Gymru lifft i Elena wrth iddi hi fodio'i ffordd trwy Gymru i Nant Gwrtheyrn. 'Ô'n i â'm bryd ar gyrraedd Llithfaen, a cherdded oddi yno i'r Nant, ond 'roedd y teulu wedi synnu gymaint bod 'na ferch o Rwsia wedi dod mor bell i ddysgu Cymraeg, mi wnaethon nhw gynnig lifft imi'r holl ffordd. Mae'r Gymraeg mor hardd a 'dw i wedi bod mor ffodus i'w dysgu mewn lle mor odidog â Nant Gwrtheyrn'.

Dros y 30 mlynedd diwethaf o ddatblygiad yn y Nant, bu'r ymddiriedolwyr yn arwyr yn y cefndir - cyfeillion di-dâl a diddiolch ar adegau - ond y nhw sydd wedi ysgwyddo'r baich a'r poen ar adegau wrth weld pethau'n symud ymlaen. Yn yr un modd ag y mae'r miloedd o wirfoddolwyr wedi cefnogi a chodi arian ar gyfer y Nant, felly hefyd mae'r ymddiriedolwyr wedi buddsoddi miloedd o oriau o'u profiad mewn cefnogaeth i'r staff gwerthfawr sydd wedi ein galluogi i gyrraedd y sefyllfa 'dyn ni ynddi hi heddiw.

Yn ddiweddar, mae llywodraeth 'Cymru'n Un' a'r Undeb Ewropeaidd wedi cefnogi'r datblygiadau sydd yn yr arfaeth yn Nant Gwrtheyrn, ac wrth wneud hynny, yn cydnabod ei bwysigrwydd a'i botensial i'r micro-economi yng Ngogledd Llŷn. Dyma chwistrelliad amserol o gefnogaeth i ardal a welodd gyn lleied o gyfalaf datblygu yn y blynyddoedd a fu.

Ac, felly, mae'r dyddiau hynny pan oedd ein cefnogwyr yn treulio eu hamser gwerthfawr yn plicio plaster rhawn ceffylau oddi ar y waliau, dyddiau o fentro yn yr hen Land Rover ar y gamffordd 1:3 neu danio'r injan diesel i gael trydan ben bore, wedi hen fynd!

Ond i ble nesa'?

Mae stad Nant Gwrtheyrn wedi hen dyfu o'r wyth acer y sonnir amdanynt uchod. Bellach, trwy haelioni a chydweithrediad y Comisiwn Coedwigaeth, ARC ac, yn ddiweddar, cwmni Hanson Aggregates ac Ystadau'r Goron, mae'n ymestyn i 180 acer, gan gynnwys yr holl goedwig, stad fferm Tŷ Canol, Tŷ Hen a rhan o lan y môr. Mae hyn yn cynnig cyfleoedd newydd inni. Mae'r ymddiriedolaeth yn wynebu pwysau o'r newydd wrth i'r gwaith a wnaed yn y dyddiau cynnar, trwy gefnogaeth Comisiwn Gwasanaethau'r Gweithlu (MSC), fod ag angen sylw eto. Yn ogystal, mae CADW wedi cofrestru'r pentref fel lle o ddiddordeb arbennig a bydd hyn yn galw am ragor o waith er mwyn bodloni safonau cadwraethol. Ar yr un pryd, mae'r modd y mae'r Gymraeg yn cael ei ddysgu wedi newid, gyda threfniant cenedlaethol mwy effeithiol nag o'r blaen ac, er bod canolfan breswyl y Nant yn parhau fel yr unig un barhaol, mae lleoliad y pentref mewn Ardal o Harddwch Naturiol Arbennig yn creu cyfleoedd cydnaws eraill fydd yn helaethu statws a swyddogaeth y ganolfan yn y dyfodol.

Cafodd y datblygiadau yn Nant Gwrtheyrn gryn argraff ar hunan-barch yr ardalwyr, nid yn annisgwyl o ystyried sut mae 'brand' Nant Gwrtheyrn fel lle arbennig i ddysgu Cymraeg wedi treiddio i feddyliau pobl ar hyd a lled Cymru a thu draw. Nid lle ar gyfer y defaid a'r geifr ac ambell ddieithryn mo'r Nant bellach; cafodd y pentref ei fendithio ag ymweliadau gan Arglwyddi, Archesgobion, ASau, ACau, sêr byd pop, ffilm, opera, enillydd Gwobr Heddwch Nobel a thoreth o bobl eraill o bob cefndir sydd wedi eu nodweddu gan eu hawydd i wella eu hunaniaeth Gymreig. Mae hynny yn rhywbeth y medrwn ni ymfalchïo ynddo. Cafodd yr ardal ei chryfhau, a'r staff wedi dysgu llu o fedrau newydd, ond fe allem ni gyflawni llawer iawn mwy o hyn ymlaen gyda'r cynlluniau sydd ar y gweill.

Mi fûm i'n ymwneud â Nant Gwrtheyrn ers dros 38 o flynyddoedd, profiad sydd wedi arwain at ail-forgeisio ein cartref, aberthu sawl cyfle proffesiynol, brwydro ac ennill achos enllib yn f'erbyn a chael fy mygwth yn gorfforol. 'Dw i hefyd wedi amau a oeddwn i'n gall ai beidio? Ar adegau, mae'r profiad wedi teimlo fel breuddwyd annirnad. Ar adegau eraill, mewn cyfnod o ddigalondid, 'roedd y cyfan yn ymylu ar hunllef. Ond wedyn, mae asbri'r dysgwyr tan oriau mân y bore, llwyddiant cymaint ohonyn nhw a'u sylwadau gwerthfawrogol, heb sôn am y gefnogaeth a gefais gan fy nheulu a ffrindiau, yn rhoi'r cyfan yn ei gyd-destun ac yn cyfeirio dyn at y nod.

Mae atgofion fel hyn yn bwysicach yn y pen draw. Er bod mantol yr emosiynau wedi eu siglo o'r naill ben i'r llall, bu'r profiad o sicrhau dyfodol i'r Nant yn fraint aruthrol a 'does dim pylu ar y swyngyfaredd wreiddiol.

Yn ôl y chwedl, cafodd Nant Gwrtheyrn ei felltithio dair gwaith gan fynachod ar eu ffordd i Ynys Enlli yn yr wythfed ganrif pan rwystrwyd hwy rhag mynd i'r cwm i rannu'r neges Gristnogol. Gan fod llwybr y pererinion yn mynd heibio'r Nant a bod tri ymweliad ag Enlli yn cyfateb i un i Rufain, byddaf yn meddwl weithiau bod y daith hon yn ddameg o'm profiad i gyda'r Nant. Os felly, tybiaf fy mod i ddwy ran o dair o'r ffordd i Rufain, ac edrychaf ymlaen at gyrraedd yno'n fuan!

Mae gen i un uchelgais o bwys ar ôl ar gyfer y Nant - i weld y Ganolfan yn cael ei agor yn swyddogol!!

Though the sea never looked tumultuous and the swell height was rarely over two foot, the power of the explosion as the swell hit the rocks continued to surprise me. The stored energy in the waves was suddenly released on obstructions, rather than dissipated across long shallow beaches. In this shot, I love the way the wave appears to blend with the cliff and rise up to the cliff top. I always enjoy being on the beach after being in the mountains. I need to see the movement of the waves and hear their crash on the shore. Landscape always seems so much more vibrant on the coast.

Er nad oedd byth olwg terfysglyd ar y môr, ac er mai anaml y byddai'r ymchwydd yn fwy na dwy droedfedd, ni pheidiwn byth â synnu at y ffrwydrad wrth i'r ymchwydd daro'r creigiau. Yn sydyn, rhyddheid ynni cadw'r tonnau ar rwystrau, yn hytrach na'i wasgaru ar hyd traethau bas hir. Yn y llun hwn, 'rwy'n dotio ar y modd mae'r don fel petai'n asio â'r clogwyn ac yn codi i'w gopa. 'Rwyf bob amser yn mwynhau bod ar lan y môr ar ôl bod yn y mynyddoedd. Rhaid imi gael gweld symudiad y tonnau a'u clywed yn torri ar y lan. Mae fel petai'r tirlun bob amser yn llawer mwy bywiog ar y glannau.

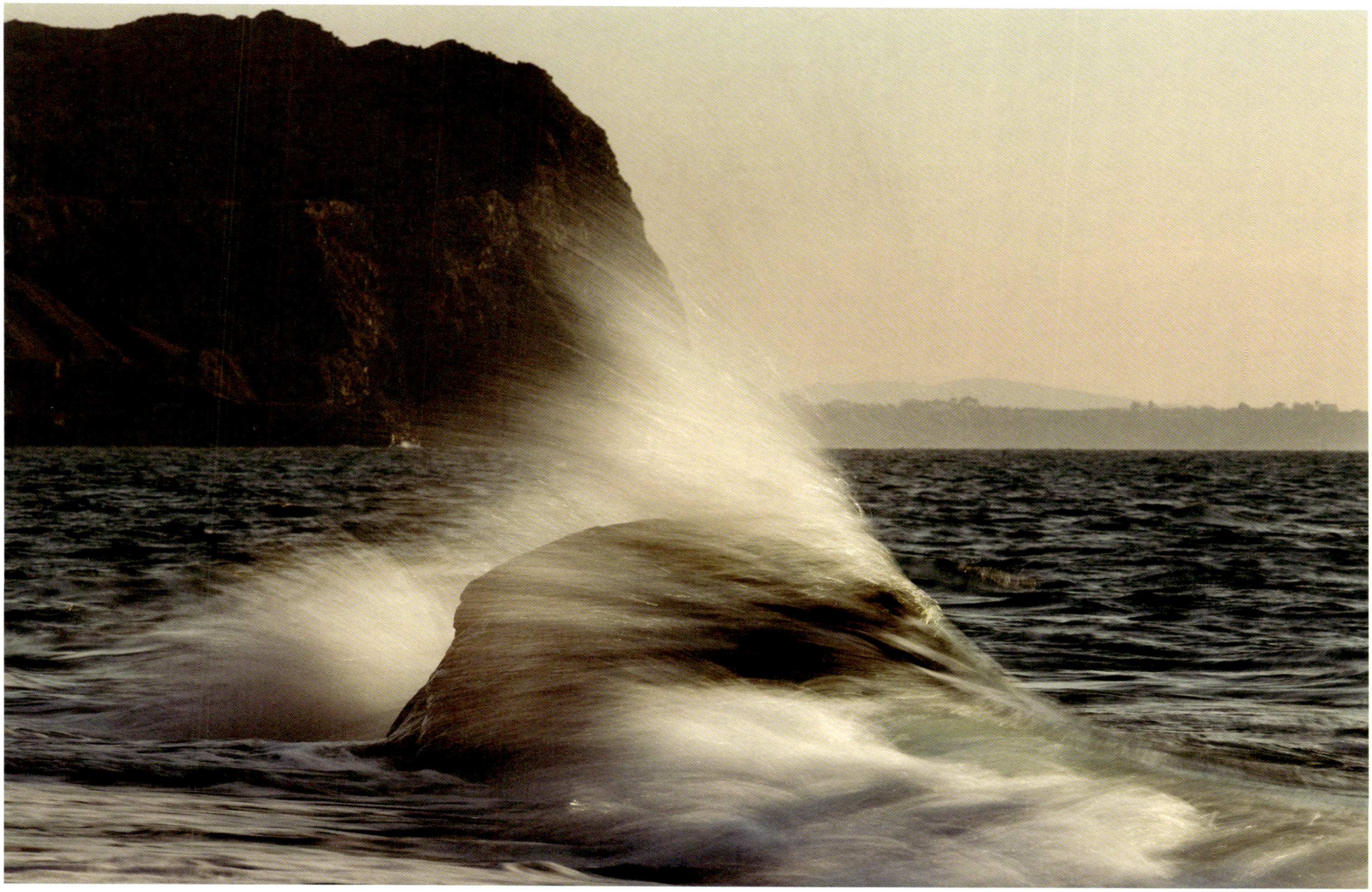

Steadfast against Continued Attack — *Cadarn dan Ymosodiad Parhaol*

After the harshness of the crags and cliff sides, the angular edges of the quarried levels and the tidy angles of the village itself, these large and beautifully rounded boulders seemed almost organic, and the way they spaced themselves evenly across the fine pebbles of the beach gave them a lifelike character of their own. It was hard to resist simply running my hands over the beautiful smooth curves, much as you would with a Henry Moore sculpture.

Ar ôl gerwinder y creigiau a'r clogwyni, ar ôl ymylon onglog ponciau'r chwareli ac onglau taclus y pentref ei hun, ymddangosai'r clogfeini mawr, lluniaidd, bron yn bethau organig, ac 'roedd y modd 'roeddent wedi gosod eu hunain yn gyson ar wahân i'w gilydd ar draws cerrig mân y traeth yn rhoi iddynt eu cymeriad byw eu hunain. 'Roedd yn anodd peidio â gwneud dim ond rhedeg fy nwylo dros eu ffurfiau lluniaidd llyfn, fel y gwnaech â cherflun gan Henry Moore.

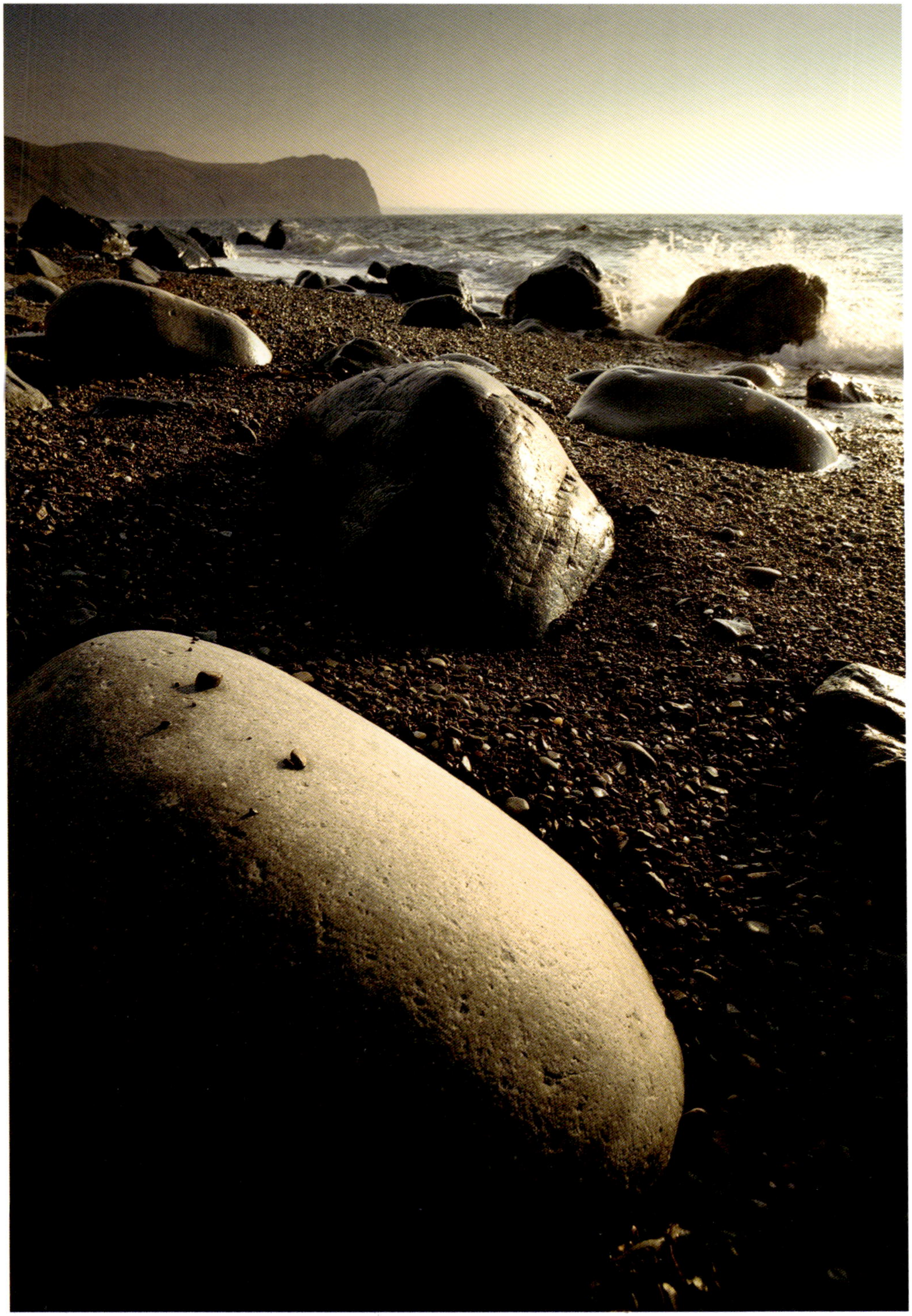

Varied Solidarity *Cadernid Amrywiol*

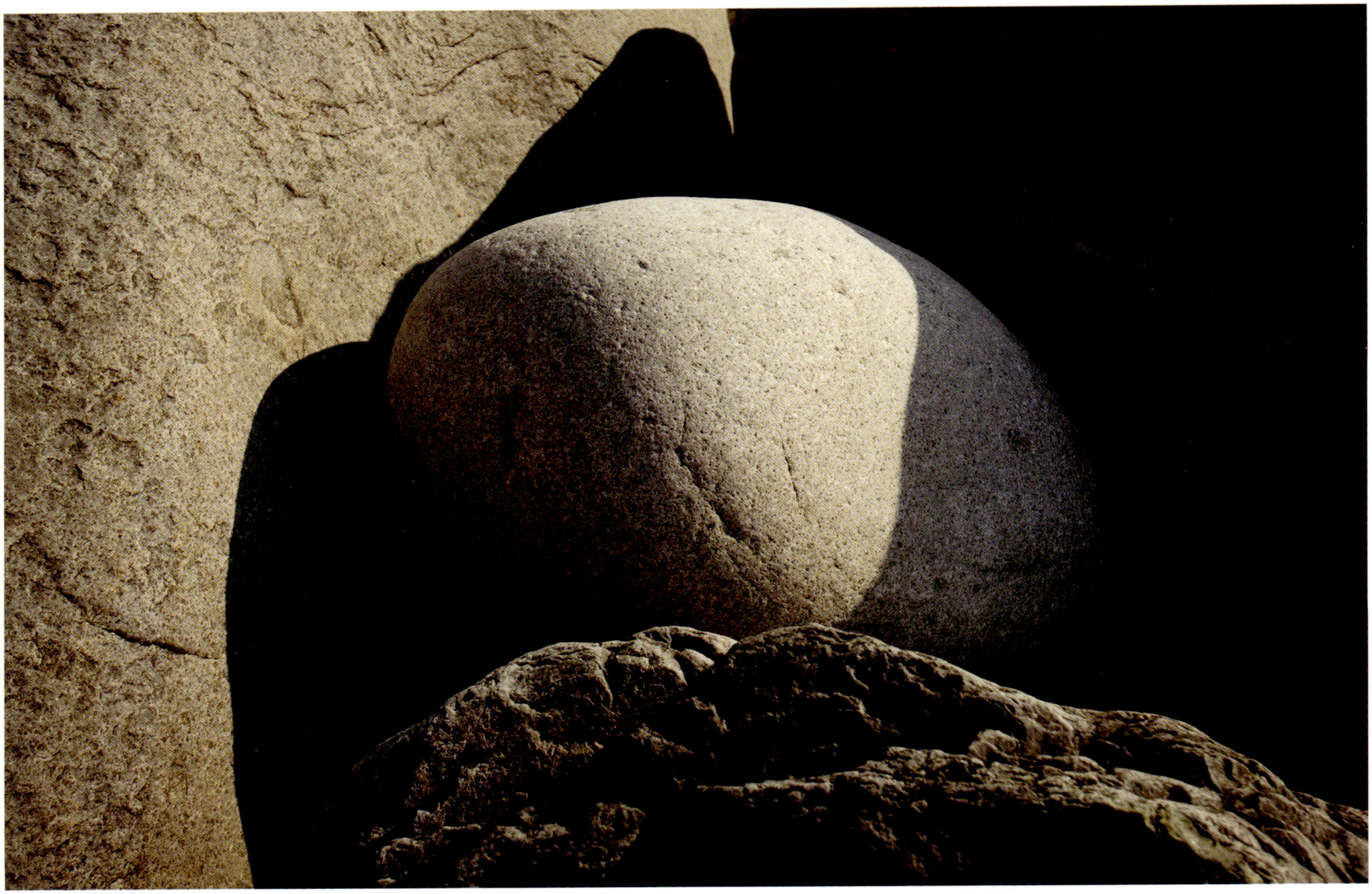

Perfect Irregularity *Perffaith Afreolaidd*

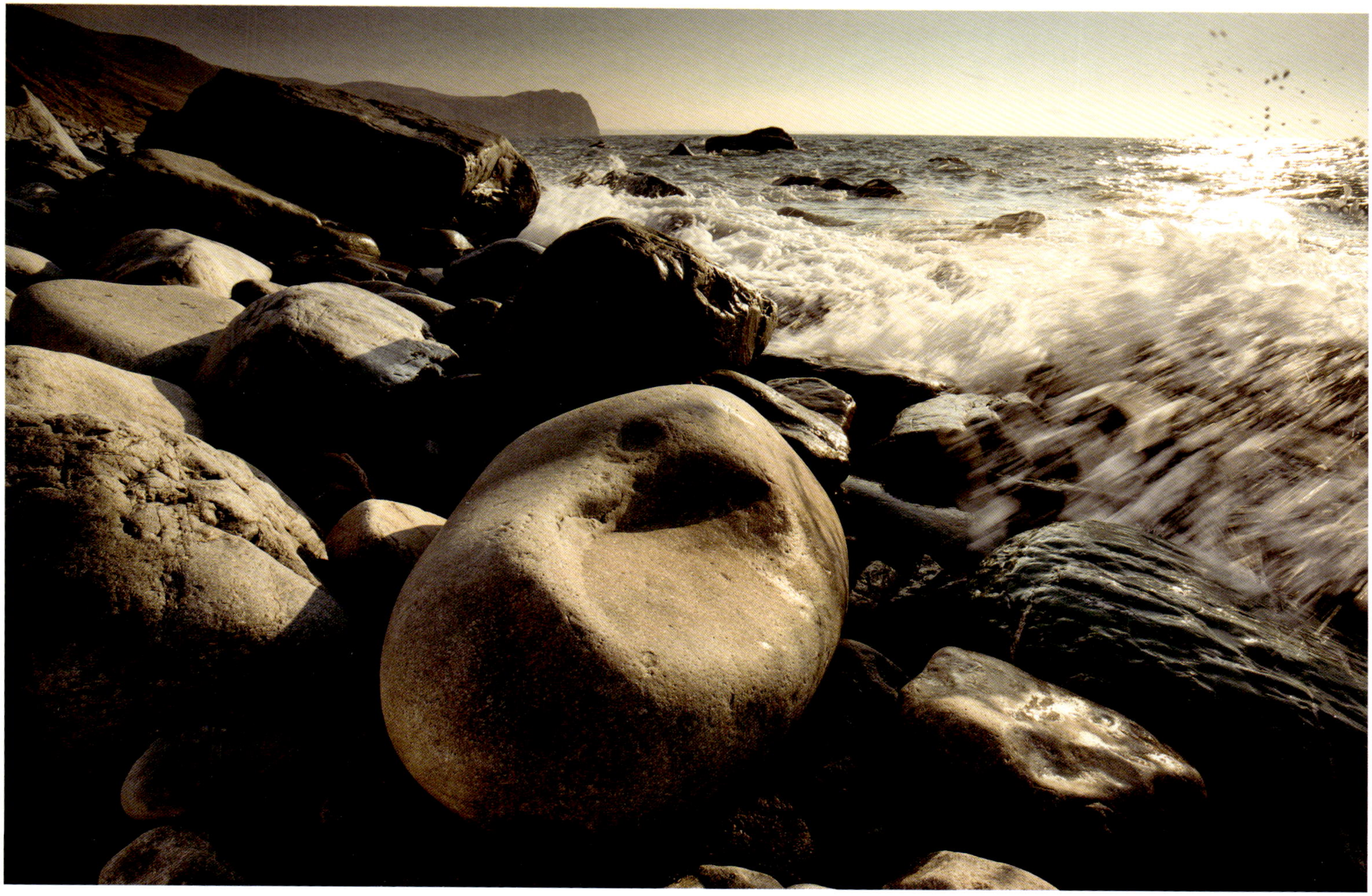

Explosions on a Deserted Beach

Ffrwydradau ar Draeth Unig

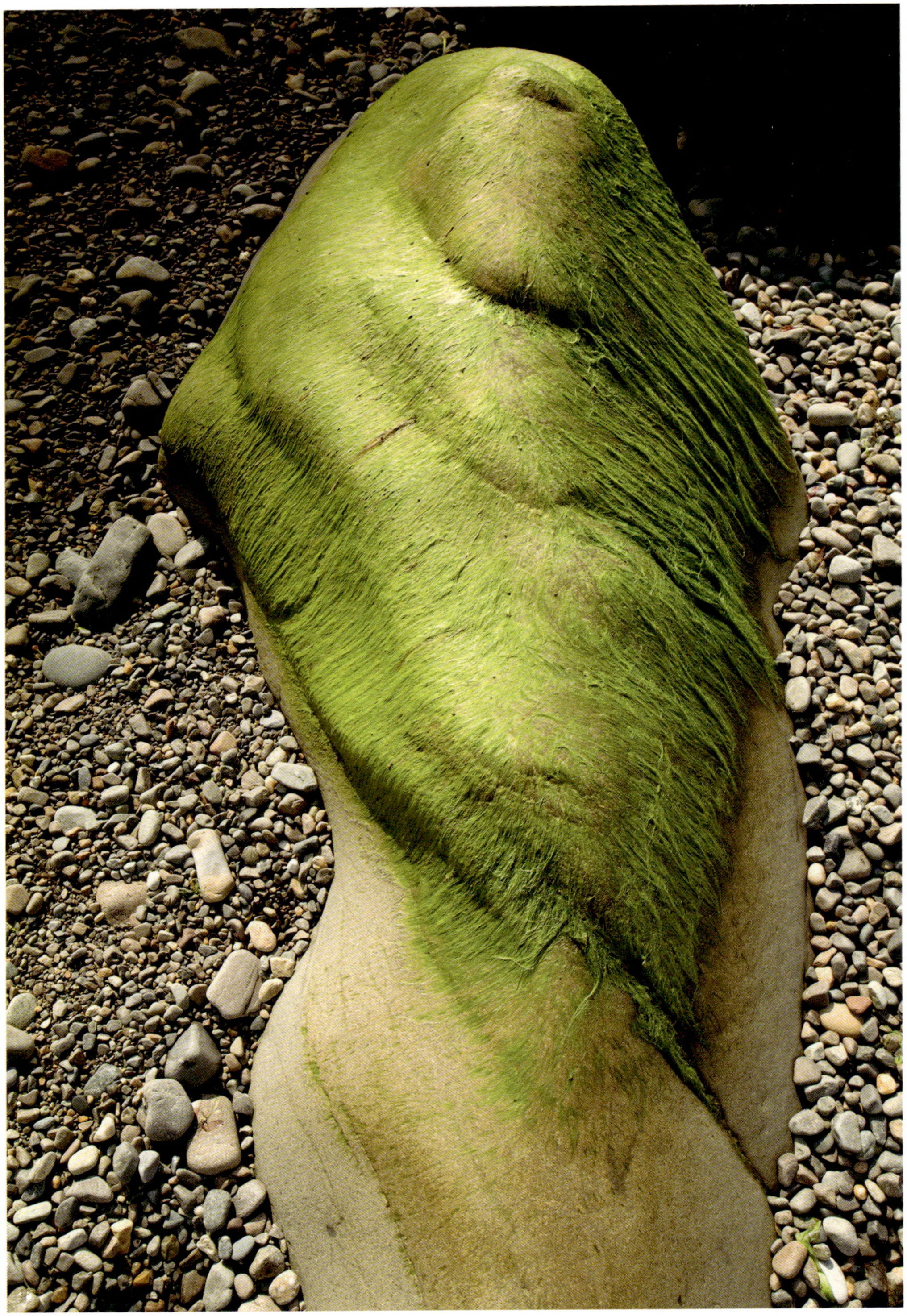

The Mermaid *Y Fôr-forwyn*

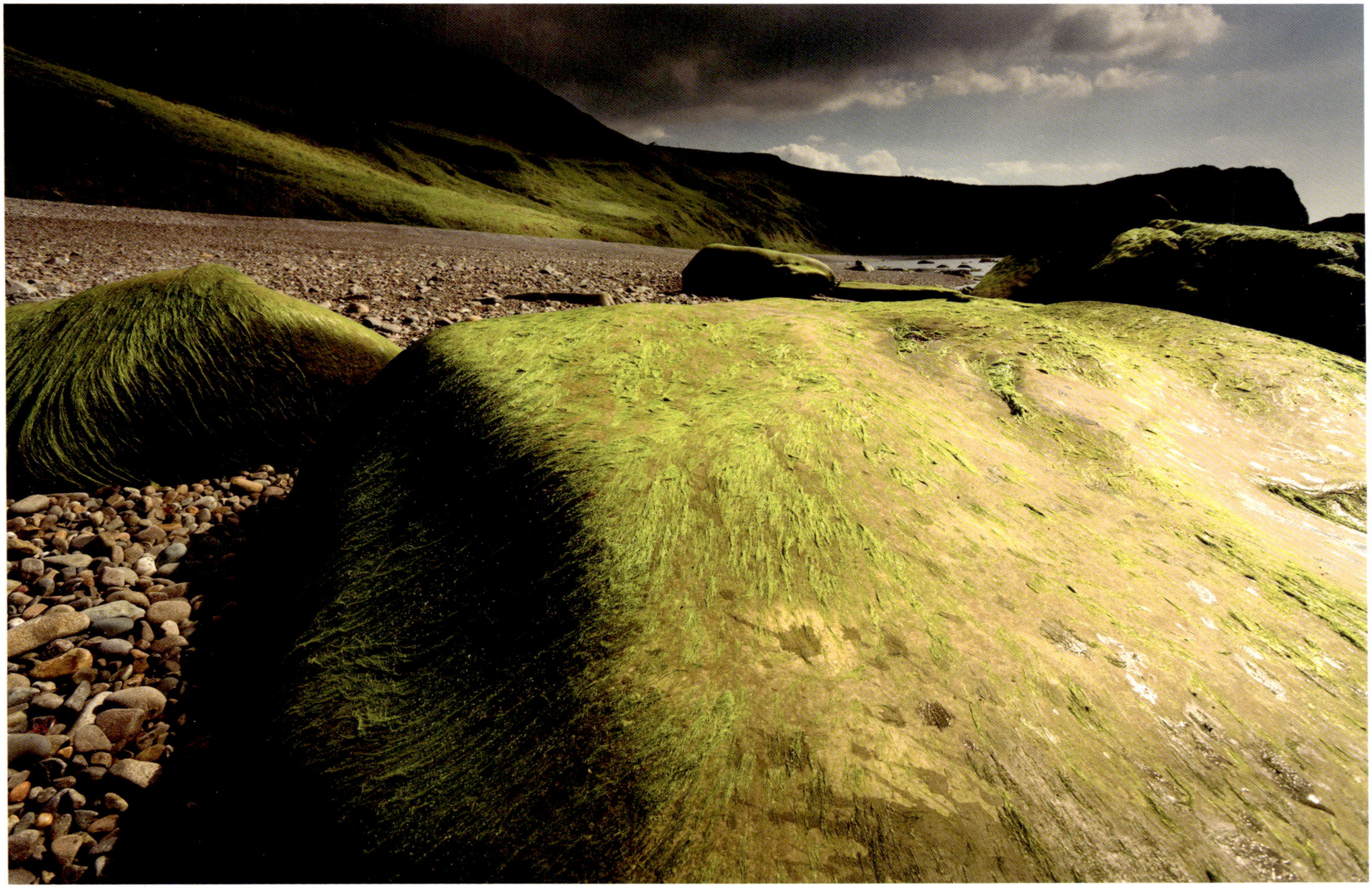

Smooth Beauties on the Dark Shore — *Ceinion Llyfnion y Traeth Tywyll*

This is a strange area. It is in the elbow of the beach and is almost the last place ever to get the sun, facing almost directly north-west. It is backed by huge cliffs with narrow little ravines cutting through them and on the west side there are the dark, scarred, quarried levels of Carreg y Llam. The beach here is littered with rubbish brought in on the tide, and amongst the boulders there are masses of small metal remnants from the quarrying industry and the associated jetties and buildings. The foam, which I have been informed is natural algae, looks like suds from washing-up liquid, and this seemed ironic when I considered the mass of things washed up on the shoreline!

Dyma fan rhyfedd. Mae yng nghesail y traeth, bron y lle olaf oll i dderbyn yr haul, gan wynebu bron yn union i'r gogledd-orllewin. Y tu ôl iddo mae clogwyni anferth gyda cheunentydd bychain, cul, yn torri trwyddynt, ac i'r gorllewin y mae ponciau creithiog, tywyll, gwaith Carreg y Llam. Mae'r traeth yn fan hyn yn llanastr o sbwriel a olchwyd i'r lan gan y llanw, ac ymysg y clogfeini ceir lluoedd o sborion bach metel o ddiwydiant y chwareli ac o'r glanfeydd ac adeiladau cysylltiedig. Clywais mai algâu naturiol yw'r ewyn, ond mae golwg ewyn hylif golchi llestri arno, a gwelwn hyn yn eironig wrth ystyried y llwyth o bethau a olchwyd i'r lan.

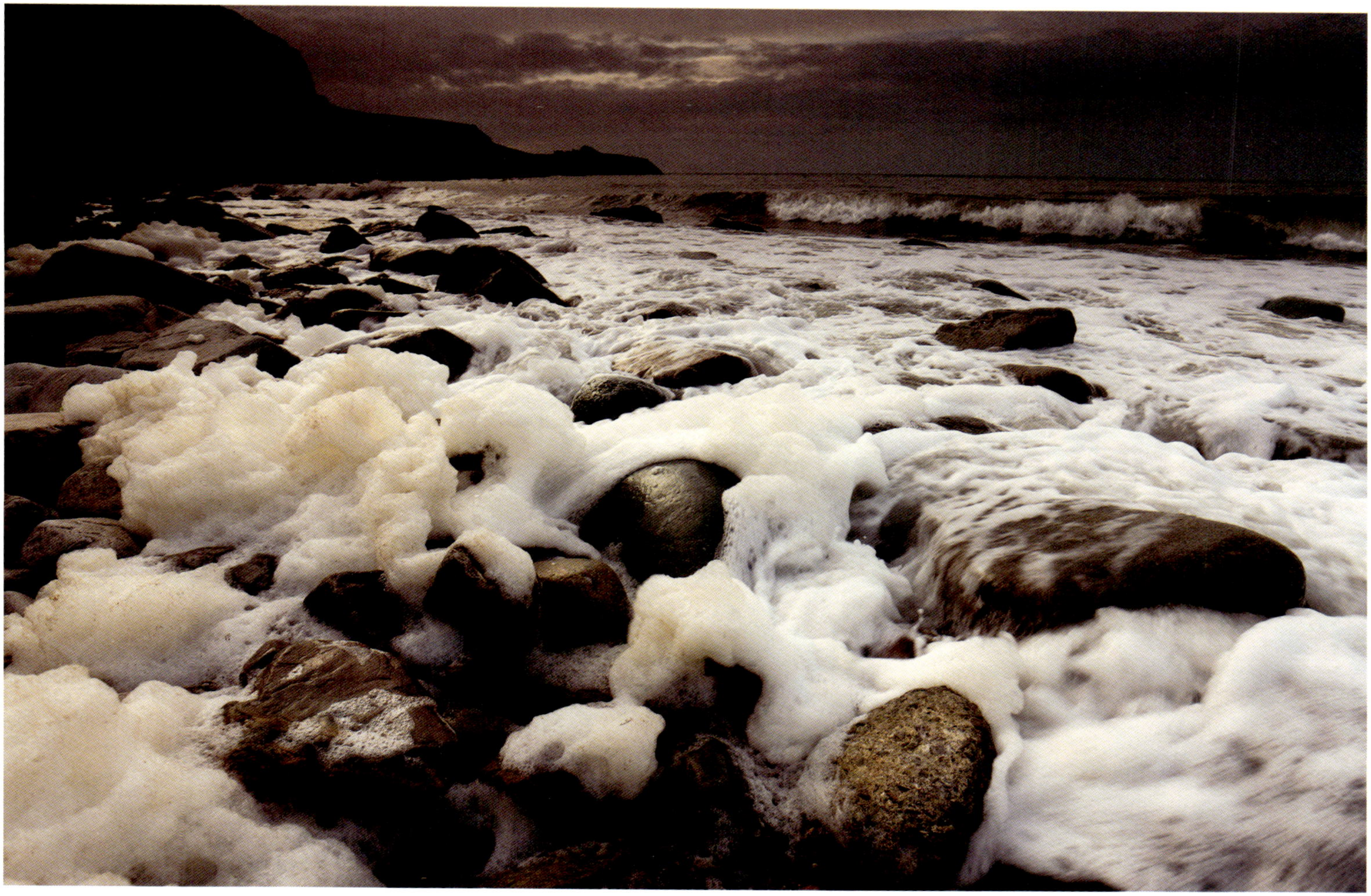

Where Things Get Washed Up — *Lle Golchir Pethau i'r Lan*

I had been exploring Carreg y Llam and it was already getting dark, but what struck me most was the way in which normal objects, such as boulders I had passed on the way out, now seemed to take on different characteristics. This huge, rounded boulder reminded me of a whale's tail and the water running over it even created a sense that the tail was moving! I wanted to call this shot 'A Place for Wales' but the play on words simply can't be translated into Welsh!

'Roeddwn i wedi bod yn chwilota ar Garreg y Llam ac 'roedd eisoes yn tywyllu, ond yr hyn a'm trawodd fwyaf oedd sut 'roedd pethau cyffredin, megis clogfeini yr oeddwn i wedi mynd heibio iddynt ar y ffordd allan, erbyn hyn fel petaent yn magu nodweddion gwahanol. 'Roedd y clogfaen llyfngrwn anferth hwn yn f'atgoffa o gynffon morfil, ac 'roedd y dŵr a redai drosto hyd yn oed yn creu'r argraff o gynffon yn symud! 'Roedd arnaf eisiau galw'r llun hwn *A Place for Wales*, ond wrth gwrs nid oes modd cyfleu'r amwysedd yn y Gymraeg.

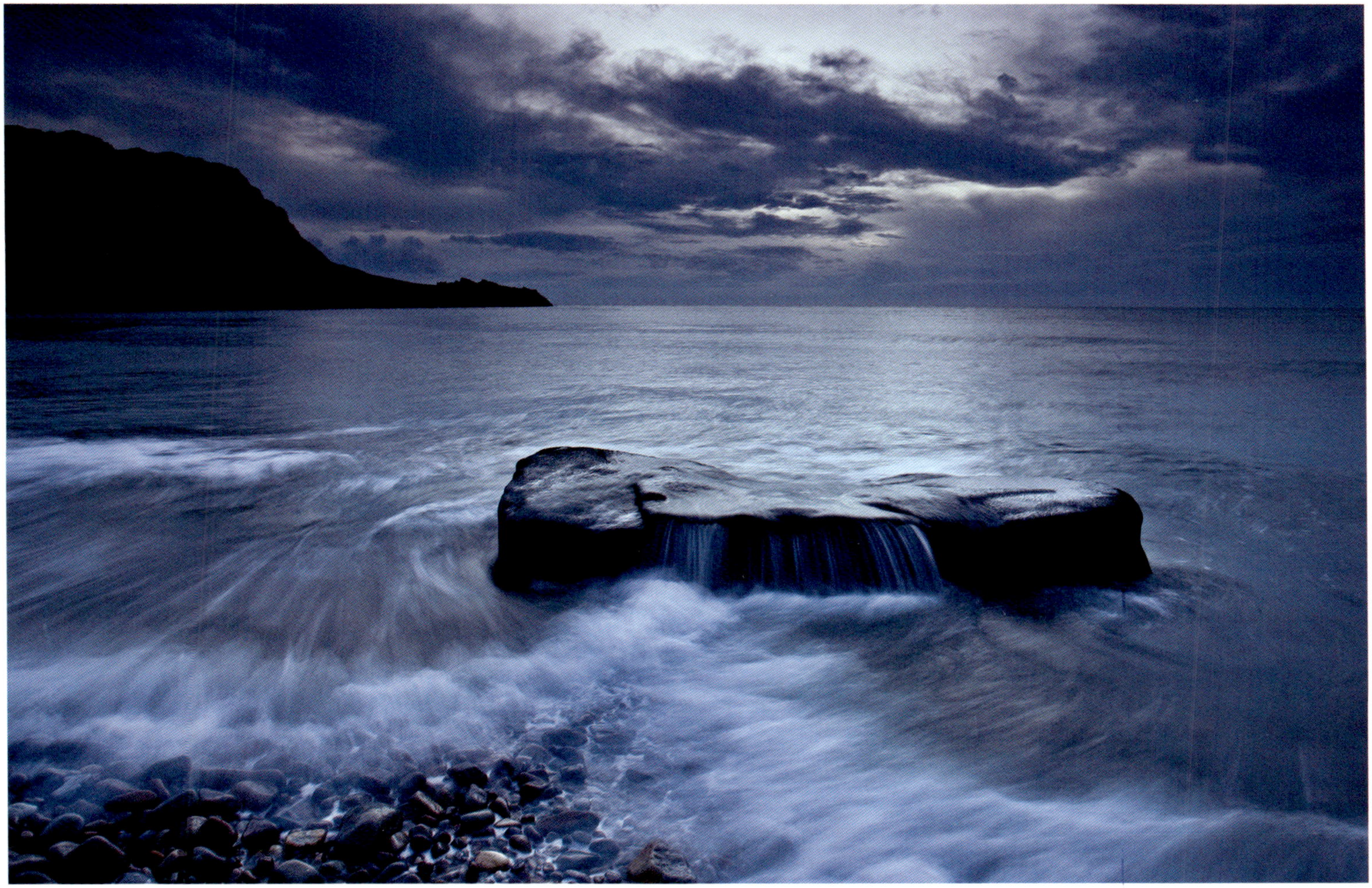

Things Changed at Night! *Newidiodd Pethau gyda'r Nos!*

In the failing light, remnants of the old jetty stand proud against the powerful rise and fall of the sea. The waves and sky did their best to suck everything away from the beach but these small objects cling like limpets to the shoreline.

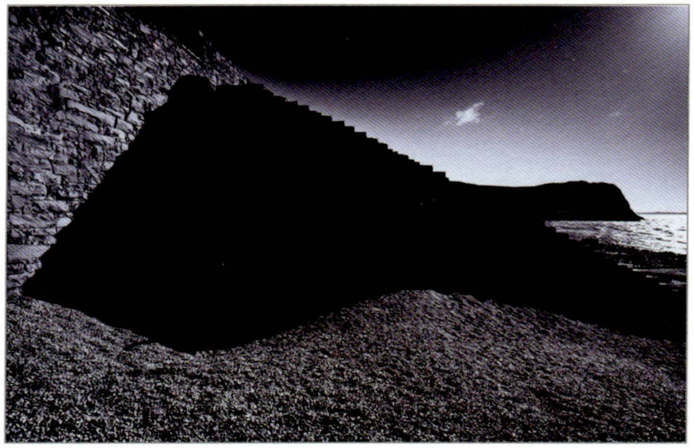

Wrth i'r golau bylu, saif gweddillion yr hen lanfa'n falch o flaen ymchwydd grymus y môr. Gwnâi'r tonnau a'r awyr eu gorau i sugno popeth draw o'r traeth, ond glŷn y pethau bach hyn i'r draethlin fel llygaid meheryn.

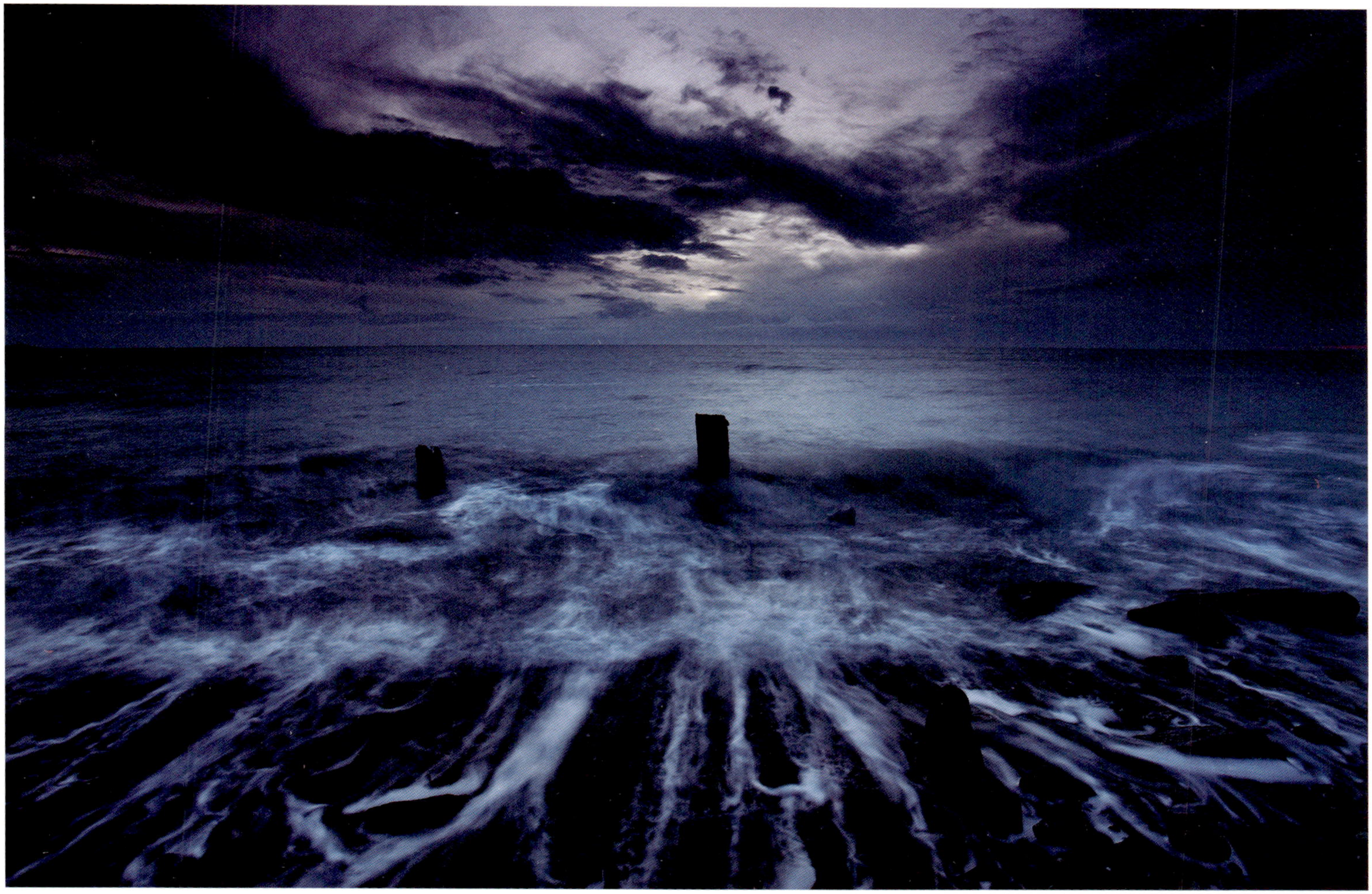

Against Time and Tide

Yn erbyn Amser a'r Llanw

Pine woods rarely have much interest for me, and the regular, man-made, dark rows of trees often seem impersonal and lifeless. However, on this lonely walk I came across this one deciduous tree in amongst them all. It was bathed in its own patch of light and it pierced through the canopy. I felt that the tree and I were suddenly not alone, but for two reasons, one of which I can't explain.

Anaml iawn y bydd gennyf fawr o ddiddordeb mewn coedwigoedd pinwydd, ac ymddengys y rhesi tywyll rheolaidd, o waith dyn, yn amhersonol ac yn farwaidd. Er hynny, ar y daith unig hon deuthum ar draws yr un goeden gollddail hon ymhlith y gweddill i gyd. Torheulai ar ei phen ei hun mewn llecyn o oleuni, gan ymwthio trwy'r canopi. Teimlais yn sydyn nad oedd y goeden a minnau ar ein pennau ein hunain, ond am ddau reswm – ac mae un ohonynt na allaf ei egluro.

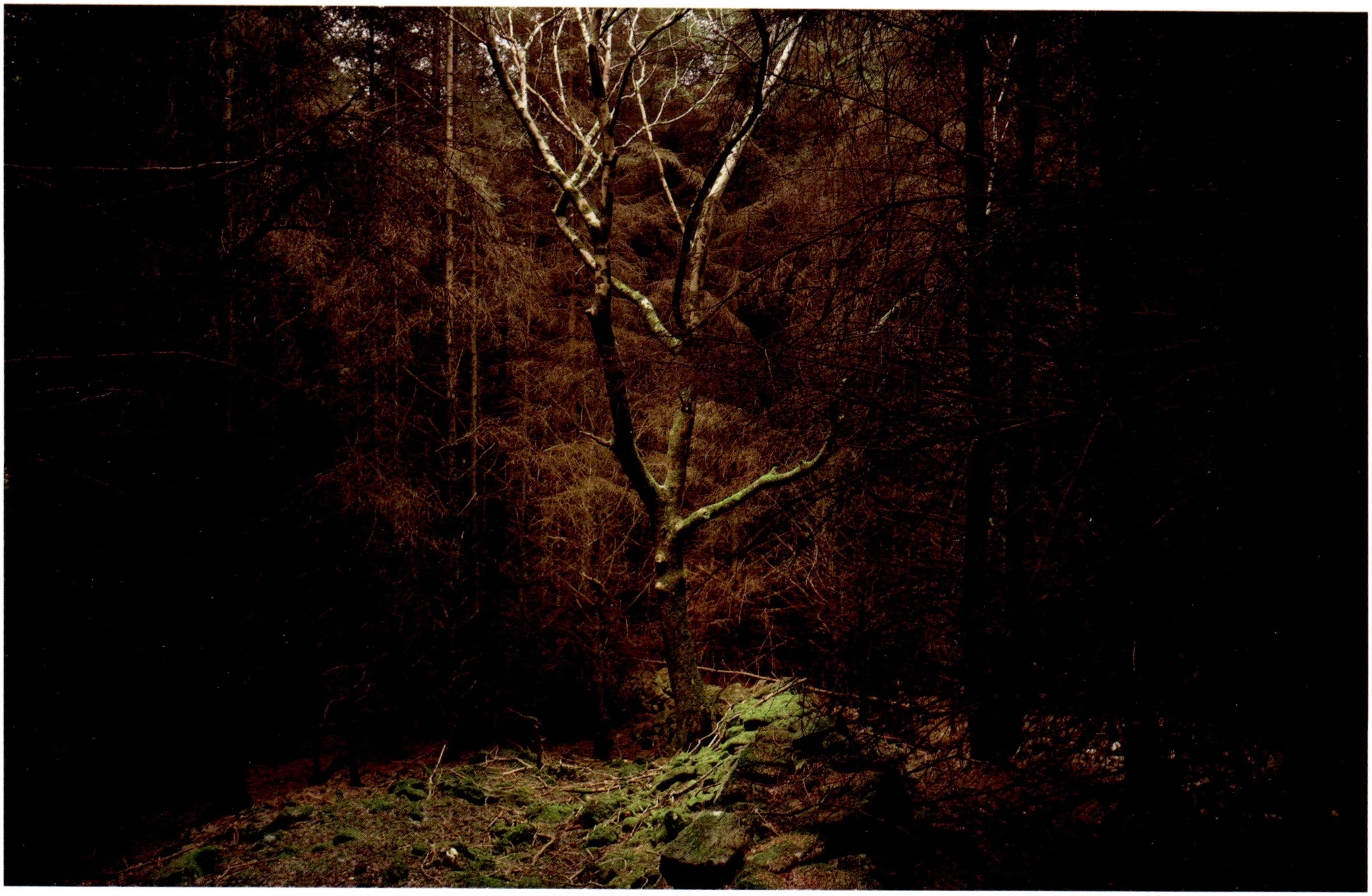

Not Alone in the Wood

Nid yr Unig Un yn y Coed

After fighting my way up some very precarious river-banks from the mouth of the stream on the beach, having clambered over fallen branches and boulders, having avoided very sinky sand and mud, I finally came across this clearing. Here, the sun was able to penetrate the woodland. It was quite fairytale: not pretty as such, but hauntingly atmospheric.

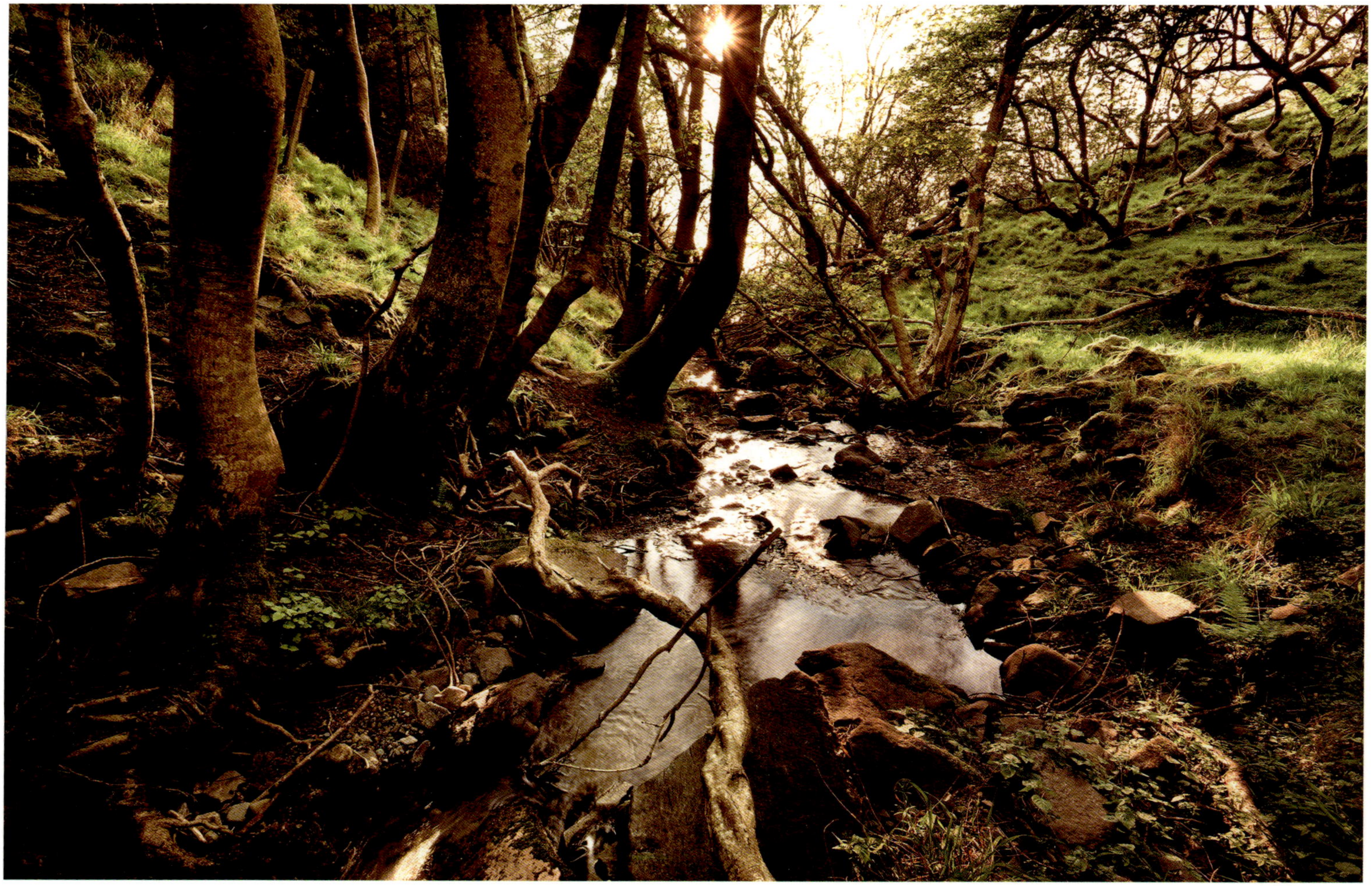

Pool of Light in the Dark Wood — *Pwll o Oleuni yn y Goedwig Dywyll*

Wedi imi ymladd fy ffordd i fyny torlannau ansad iawn o aber y nant ar y traeth, a straffaglu dros ganghennau syrthiedig a chlogfeini, ac osgoi suddo mewn tywod a llaid, deuthum o'r diwedd i'r llannerch hon. Yma, llwyddai'r haul i dreiddio trwy'r goedwig. 'Roedd fel rhywbeth o stori tylwyth teg: nid yn dlws fel y cyfryw, ond yn llesmeiriol.

It was a little bizarre to find this dead tree collapsed in the middle of a tight-knit copse. Nothing else seemed dead, but this really had completely collapsed, falling towards the gurgling brook. Its fingers moved delicately in the wet ravine, but apart from that there was no life left in it.

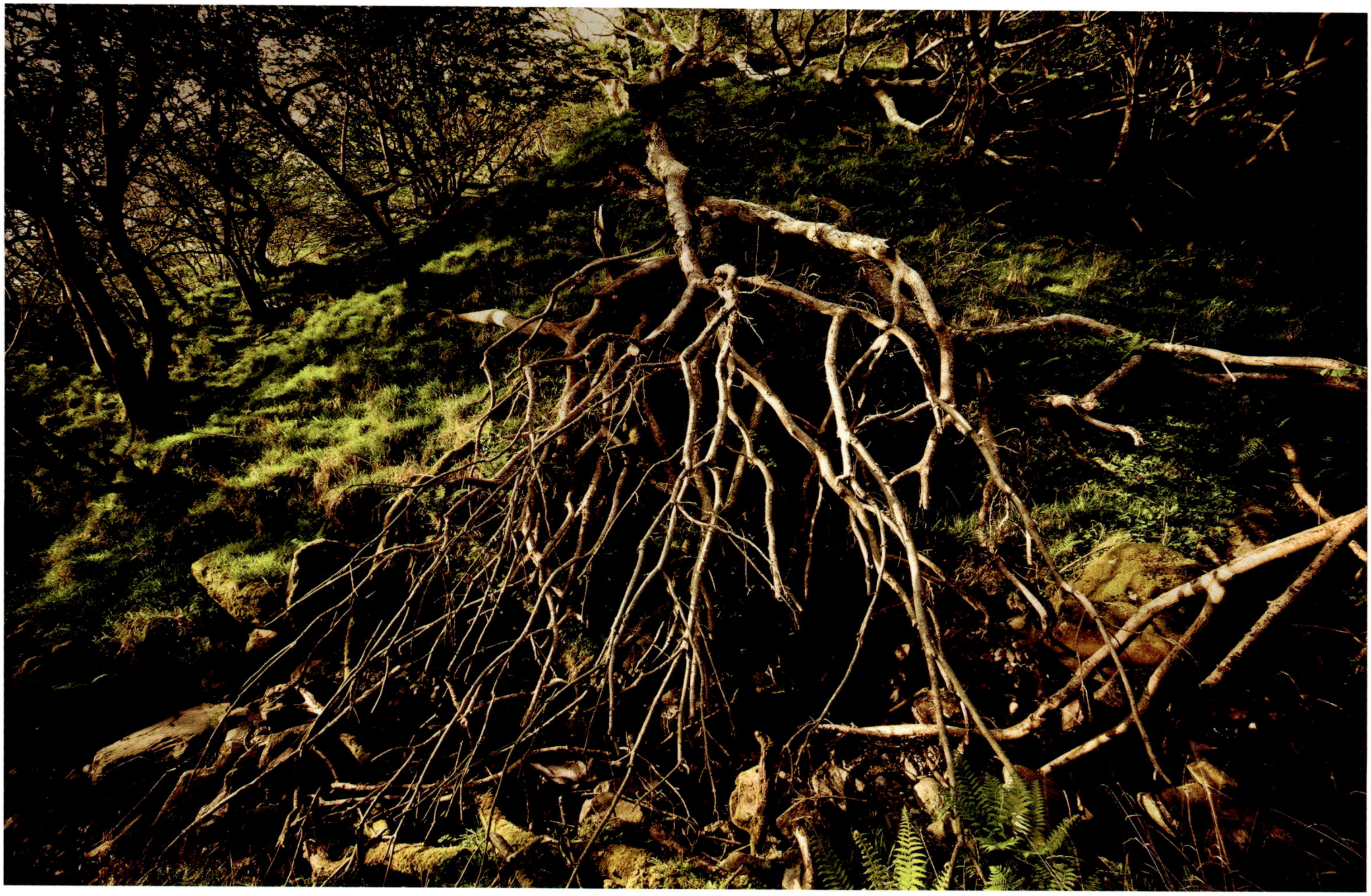

Death and Moving Waters — *Marwolaeth a Dyfroedd Aflonydd*

Braidd yn rhyfedd fu cael hyd i'r goeden farw hon, wedi cwympo ynghanol coedlan glòs. Nid oedd fel petai dim byd arall yn farw, ond 'roedd hon wedi ymchwalu'n llwyr, wedi syrthio i gyfeiriad y nant fyrlymus. Symudai ei bysedd yn ysgafn yn y ceunant gwlyb, ond ar wahân i hynny nid oedd dim arwydd o fywyd ar ôl ynddi.

The end wall of Tŷ Canol stands firmly at the edge of the dark pinewood, its chimney still funnelling a draught of icy air skyward. The remains of its walls can be seen, and it's not too difficult to imagine a warm fire, smoke billowing out of the chimneypots and the sound of chatter from within. It is yet another example of a return to absolute quietness after the fall of the last community living here in Nant Gwrtheyrn.

Saif talcen Tŷ Canol yn gadarn ar gwr coedwig binwydd dywyll, ei simnai'n parhau i gyfeirio chwa o awyr rewllyd tua'r wybren. Gellir gweld adfeilion ei furiau, ac nid yw'n anodd iawn dychmygu tân cynnes, mwg yn tonni o gyrn y simnai a sŵn clebran o'r tu mewn i'r tŷ. Dyma enghraifft arall eto o ddychweliad i dawelwch llwyr wedi tranc y gymdogaeth olaf i fyw yma yn Nant Gwrtheyrn.

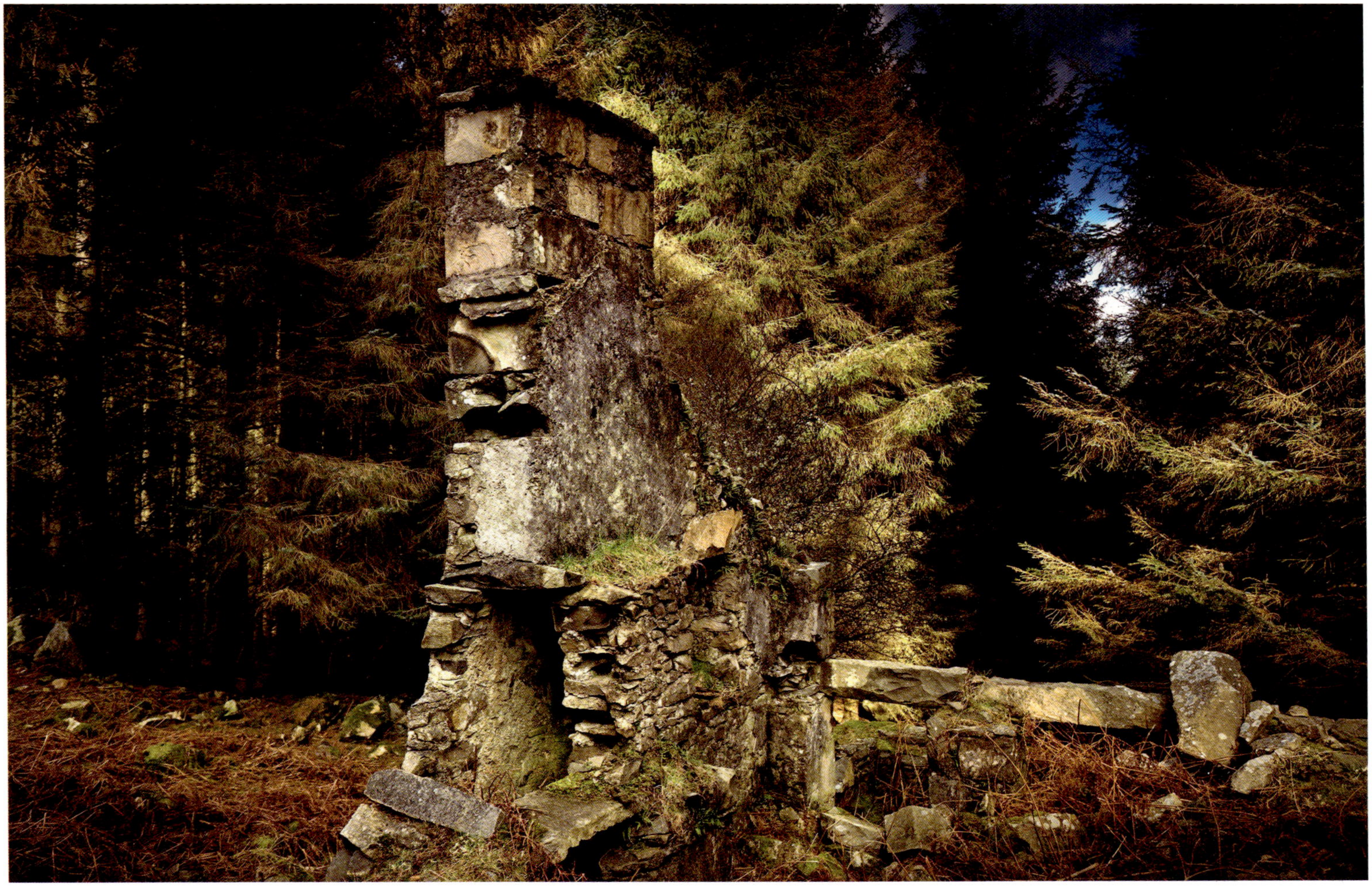

The Hollow Wall *Y Wal Wag*

Alongside the wood, a small river flows down to the sea from the cascading waterfall of Y Graig Ddu. Through the often stunted and twisted trees at its edge, the old farm of Tŷ Uchaf can be seen, no longer inhabited, but still worked by a local farmer. The sudden downpour of light on the fields created a vivid separation between the open higher ground and the cold, dark, tight-packed mass of trees behind me. Tŷ Uchaf was like a Wuthering Heights to me, dark windows looking out over the valley and a sense of harshness and foreboding about running a farm in this remote isolated valley.

Ar gwr y goedwig, llifa afon fechan i lawr i'r môr o genllif rhaeadr y Graig Ddu. Trwy'r coed ar ei glannau, llawer ohonynt yn gorachaidd ac yn gam, gwelir hen ffermdy Tŷ Uchaf, lle nad oes neb yn byw mwyach, er bod ffermwr lleol yn gweithio'r tir. Daeth tywalltiad sydyn o oleuni ar y caeau, i greu gwahaniad clir rhwng y tir agored, uwch, a thrwch tywyll, oer, y coed clòs eu twf y tu ôl imi. I mi, 'roedd Tŷ Uchaf fel rhyw *Wuthering Heights*, ffenestri tywyll yn edrych allan dros y cwm a theimlad o galedwch rhagofn ynghylch ffermio yn y cwm unig, anghysbell hwn.

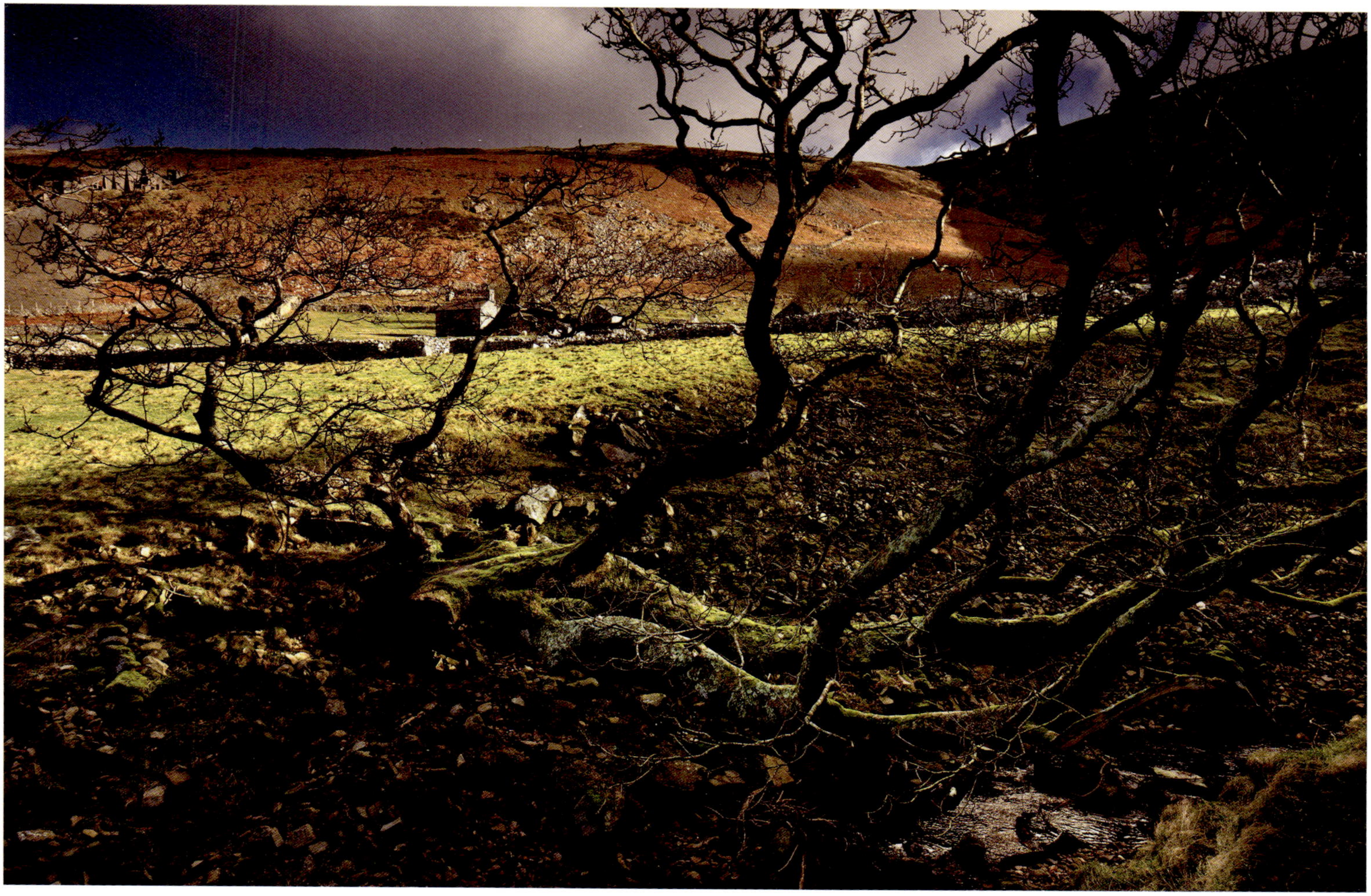

A Light Flow

Llif o Oleuni

The salt lick buckets are replaced. The straw and hay appear. The sheep seem well tended, but I never saw anyone at this farm on any visit. Tŷ Uchaf stands proudly on the hillside overlooking its fields, but the windows remain dark and lifeless. Inside, a huge buzzard perches and devours remnants of dead lambs. The floor is thick with sheep droppings, maybe a foot or two deep in places and now compacted. There are the remains of an old range where, once again, you can imagine the heat from the fire and cooking pots upon the hotplates. It is quite a large building as it happens, with several spacious rooms, and it's therefore even more of a pity that no one lives there any more.

Deuir â bwcedi halen newydd ar gyfer y defaid. Daw'r gwellt a'r gwair i'r golwg. Mae golwg bod y defaid yn cael pob gofal, ond ni welais erioed neb ar y fferm hon ar yr un o'm hymweliadau. Saif Tŷ Uchaf yn falch ar y llethr, gan edrych dros ei gaeau, ond mae'r ffenestri bob amser yn dywyll a marwaidd. Y tu mewn, mae bwncath anferth yn clwydo a llowcio gweddillion ŵyn meirwon. Mae caglau defaid yn drwch, efallai troedfedd neu ddwy, ar y llawr mewn rhai mannau ac wedi'u sathru'n galed. Mae gweddillion grât hen ffasiwn lle, unwaith eto, gallwch ddychmygu gwres y tân a sosbenni ar blatiau'r stof. Mae'n adeilad go fawr, fel mae'n digwydd, gyda sawl ystafell eang, felly mae hyd yn oed yn fwy o drueni nad oes neb yn byw yno mwyach.

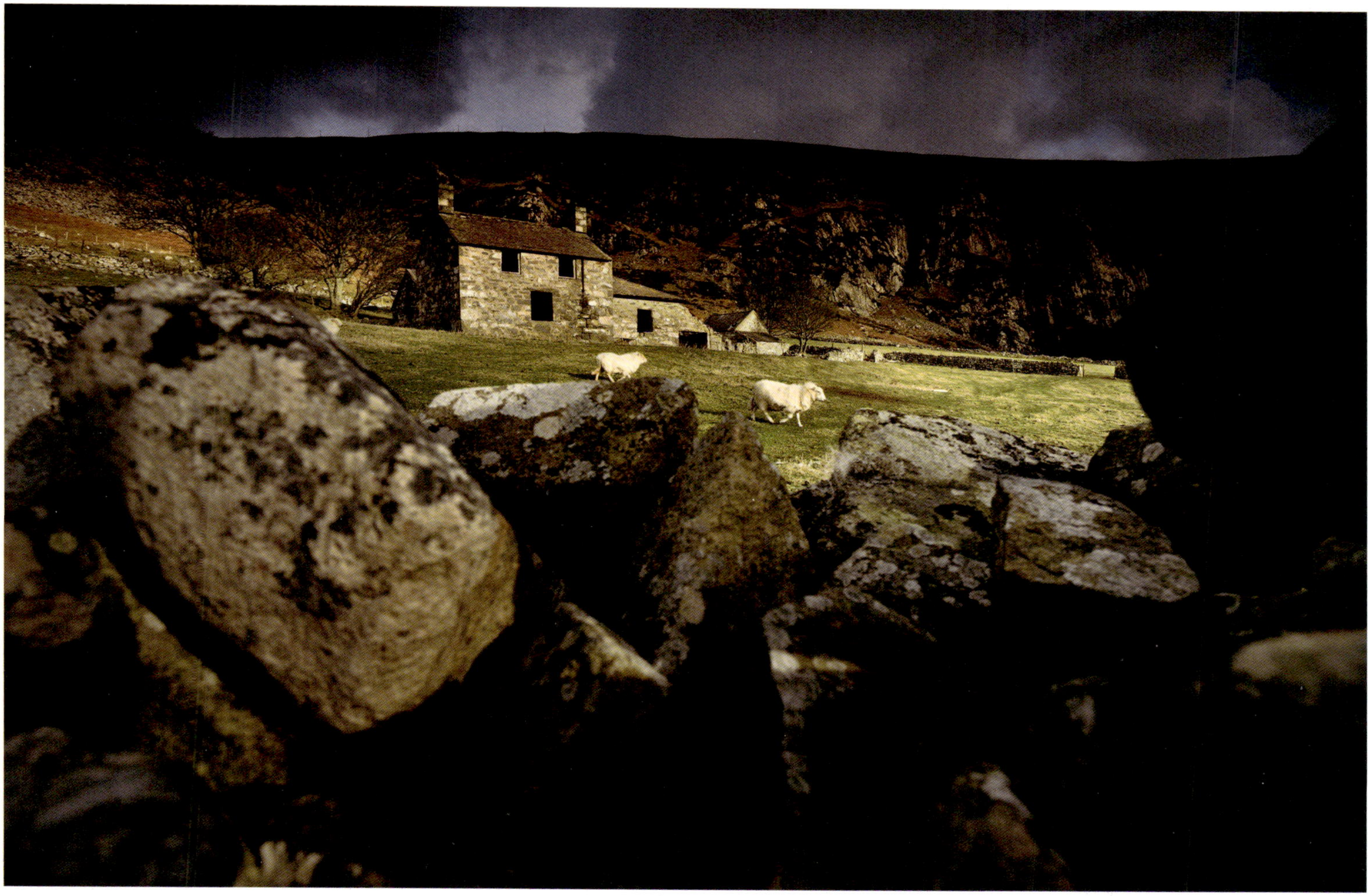

The Invisible Shepherd — *Y Bugail Anweledig*

Another place to die. I can only assume that the ill or old goat had sheltered in the comparative warmth of this quarry building before finally giving way to death, its corpse lying there for a long time after.

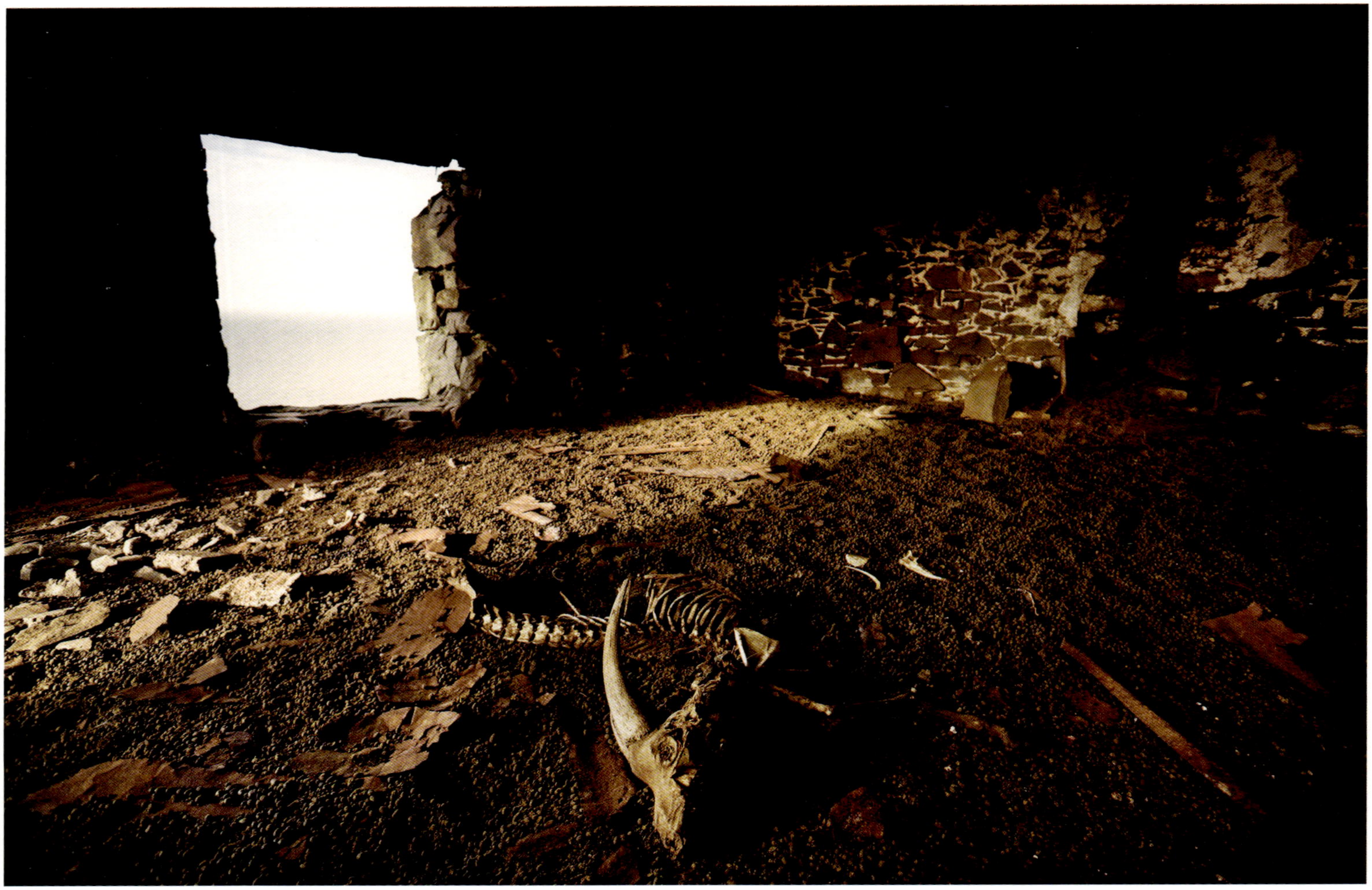

She Missed the View — *Collodd yr Olygfa*

Rhywle arall i farw. Ni allaf ond tybio i'r afr, hen neu wael, gysgodi yng ngwres cymharol yr adeilad hwn o eiddo'r gwaith, cyn ildio a marw o'r diwedd, a'i chorff yn gorwedd yno am hydoedd wedyn.

Another interior of Tŷ Uchaf. Every room had its own fireplace.

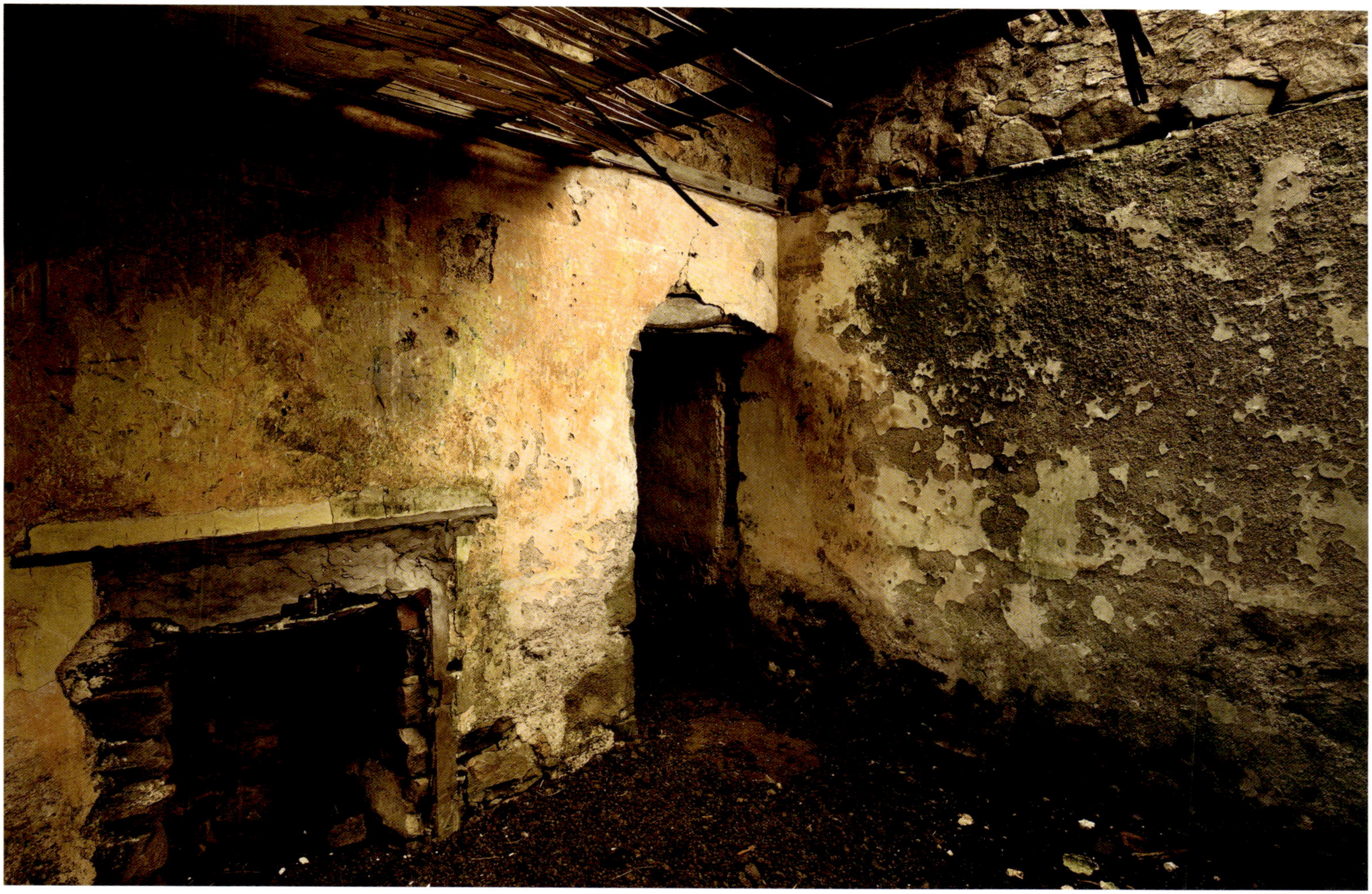

Light in the Dark Room

Goleuni yn yr Ystafell Dywyll

Llun arall y tu mewn i Dŷ Uchaf. 'Roedd gan bob ystafell ei lle tân ei hun.

The contrast of the delicate, wide-spaced, beautiful and life-nurturing old woodland, with the dark, dense and monotonous new pine forest was striking. A metaphor for the importance of careful development of this valley lies therein, for sure.

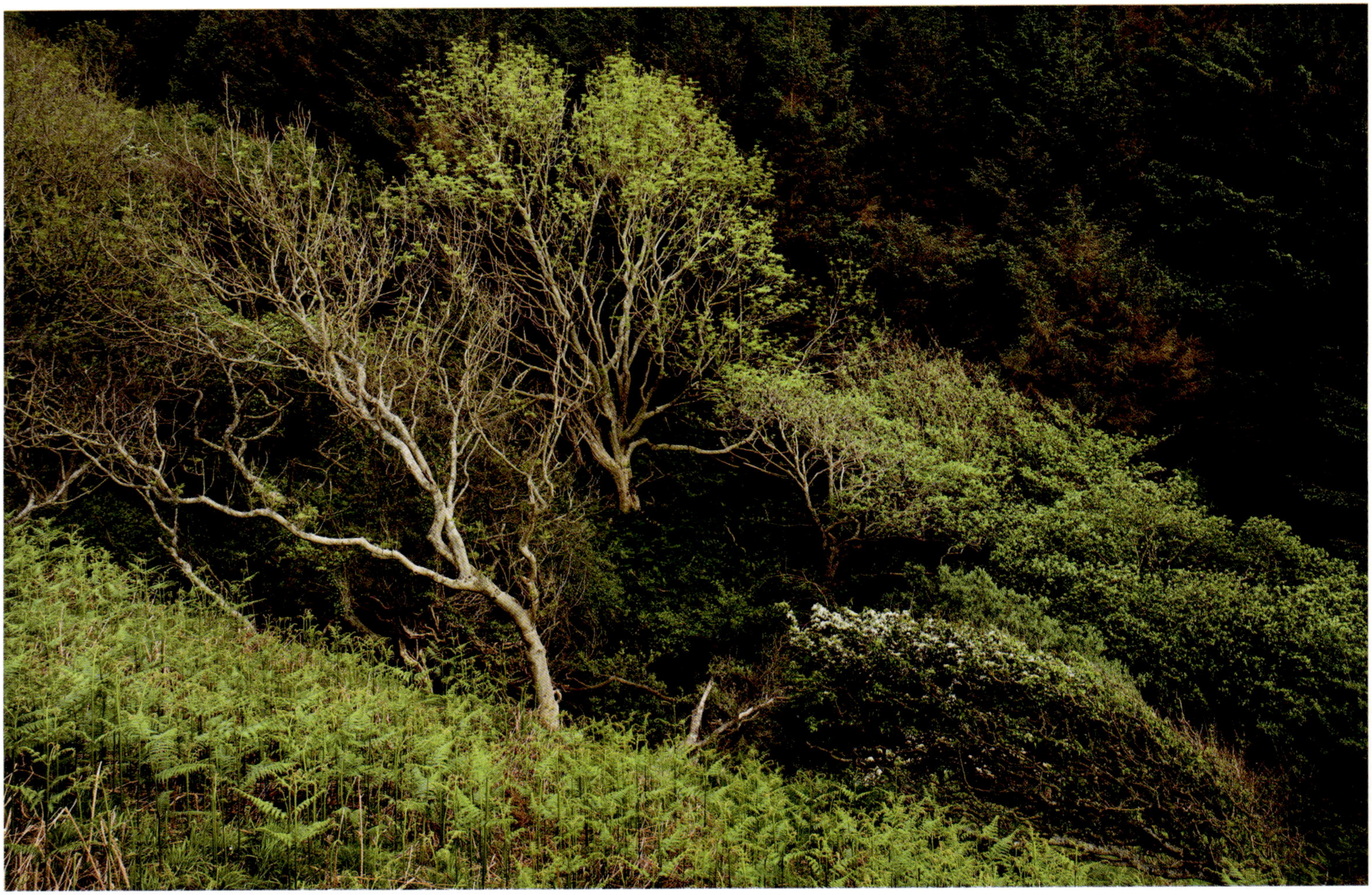

Through Thick and Through Thin *Trwy'r Tew a'r Tenau*

'Roedd cyferbyniad yr hen goetir, firain, wasgarog, hardd a maethlon i fywyd gwyllt, â'r coed pîn newydd, tywyll, trwchus ac undonog, yn un trawiadol. Mae trosiad yma, mae'n sicr, o bwysigrwydd datblygu gofalus ar y cwm hwn.

I found the prominent sheep tracks amusing, radiating rapidly either side of this narrow gateway in the high stone wall near Tŷ Uchaf.

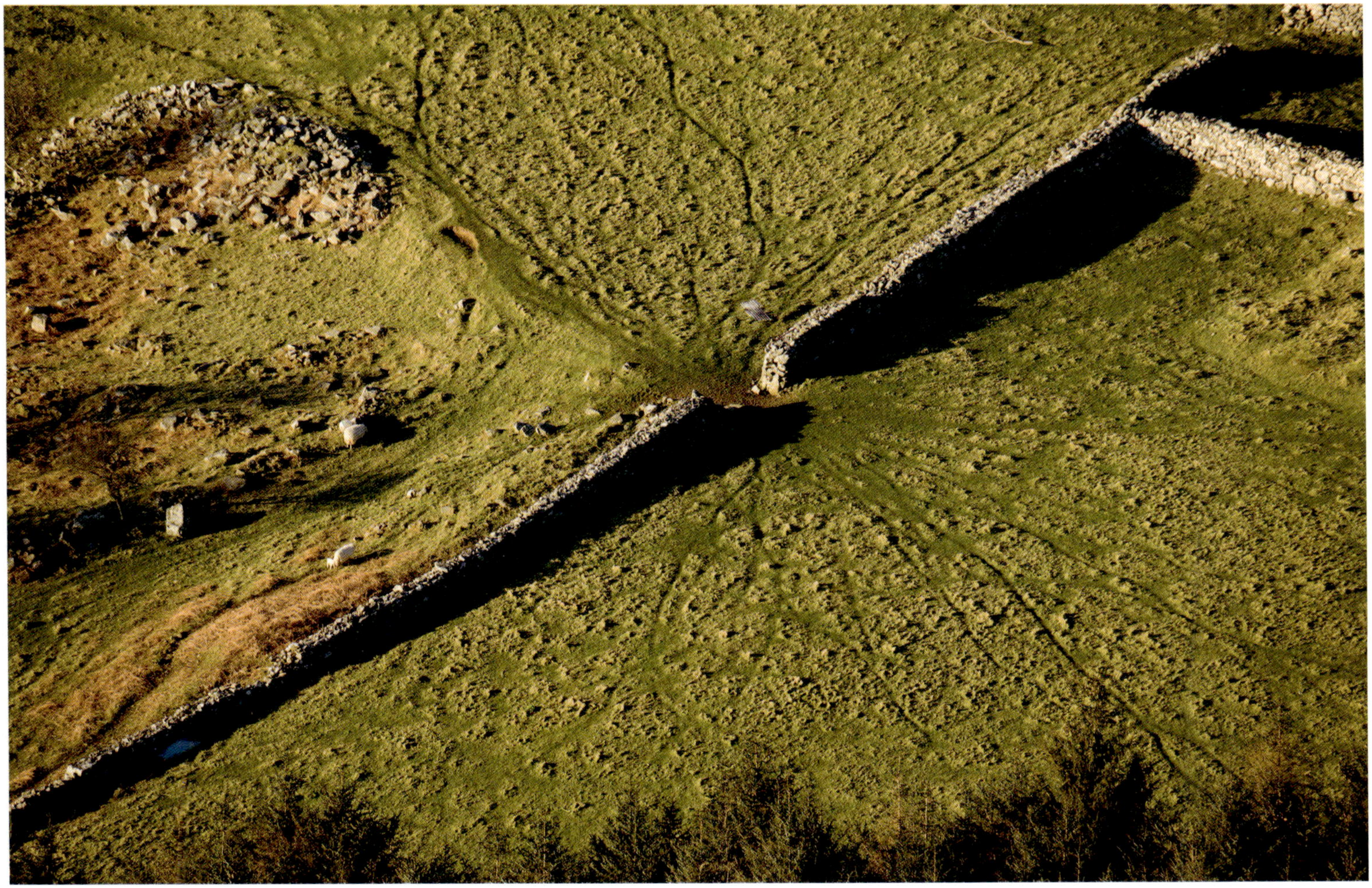

A Passage of Time *Hynt Amser*

Cefais lwybrau amlwg y defaid yn ddoniol, yn rheiddio'n sydyn o bob tu i'r adwy gul yn y clawdd cerrig uchel ger Tŷ Uchaf.

Just above the village, which contained its own bakery, shop, school and chapel, there were also farms and, of course, industry. It is quite fantastic that so much of what was needed to sustain life was found within the immediate area.

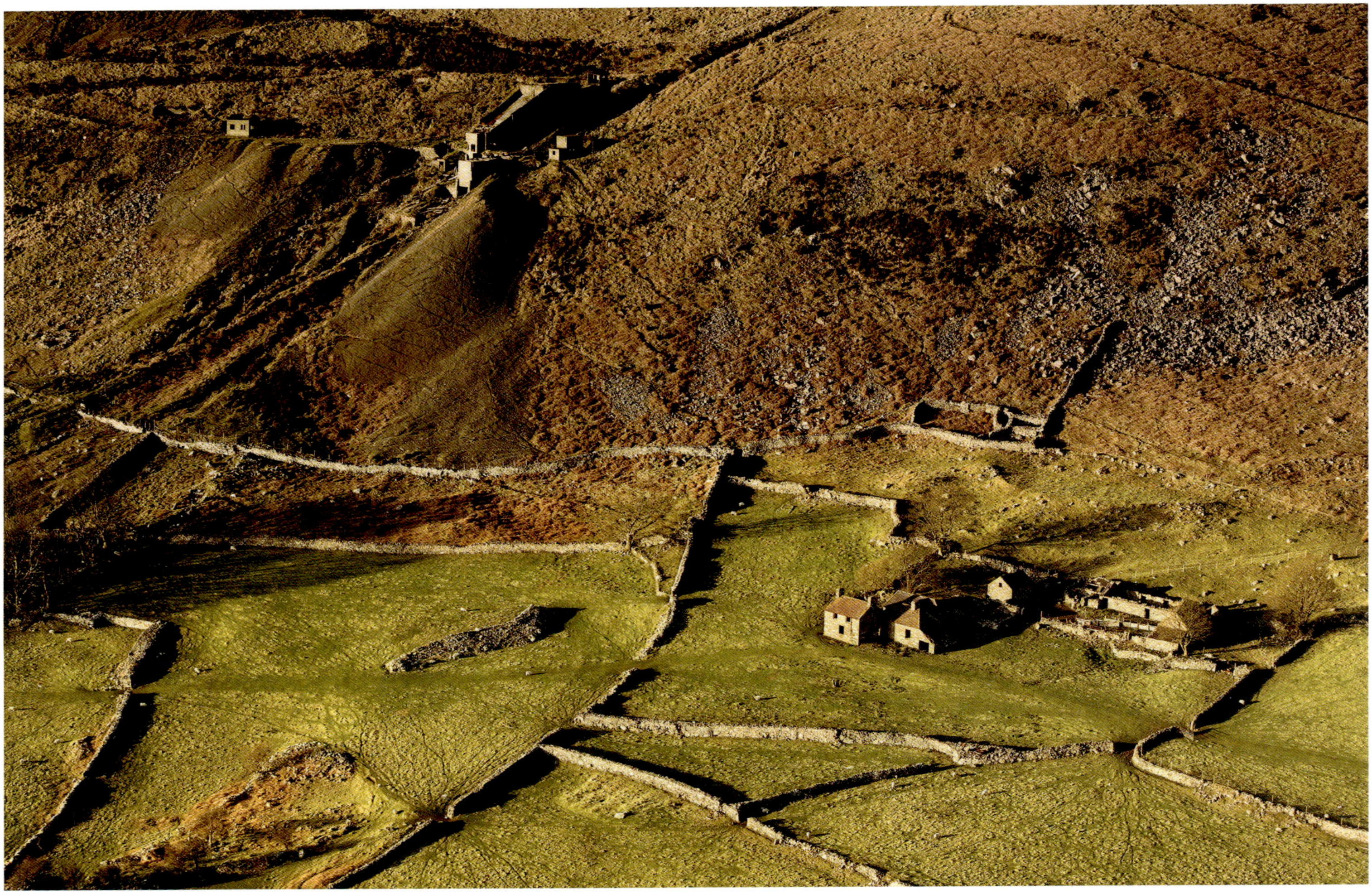

The Valley Provided *Yn y Cwm Ceid y Cwbl*

Yn union uwchben y pentref, a gynhwysai ei bopty, ei siop, ei ysgol a'i gapel ei hun, yr oedd hefyd ffermydd ac, wrth gwrs, diwydiant. Mae'n anhygoel bod cymaint o'r hyn yr oedd ei angen i gynnal bywyd i'w gael yn y gymdogaeth.

From above, and in the natural serenity of recent snow, Tŷ Uchaf farmhouse looks beautiful, normal and inhabited, no longer the empty shell for sheep droppings, birds of prey and an occasional dead lamb. At one point in time I can imagine this farm could have been a very striking place to live and work, with stunning views, but the isolation, loneliness and hardship of tending livestock in this difficult valley, and getting them to market, could also have been just seriously hard work!

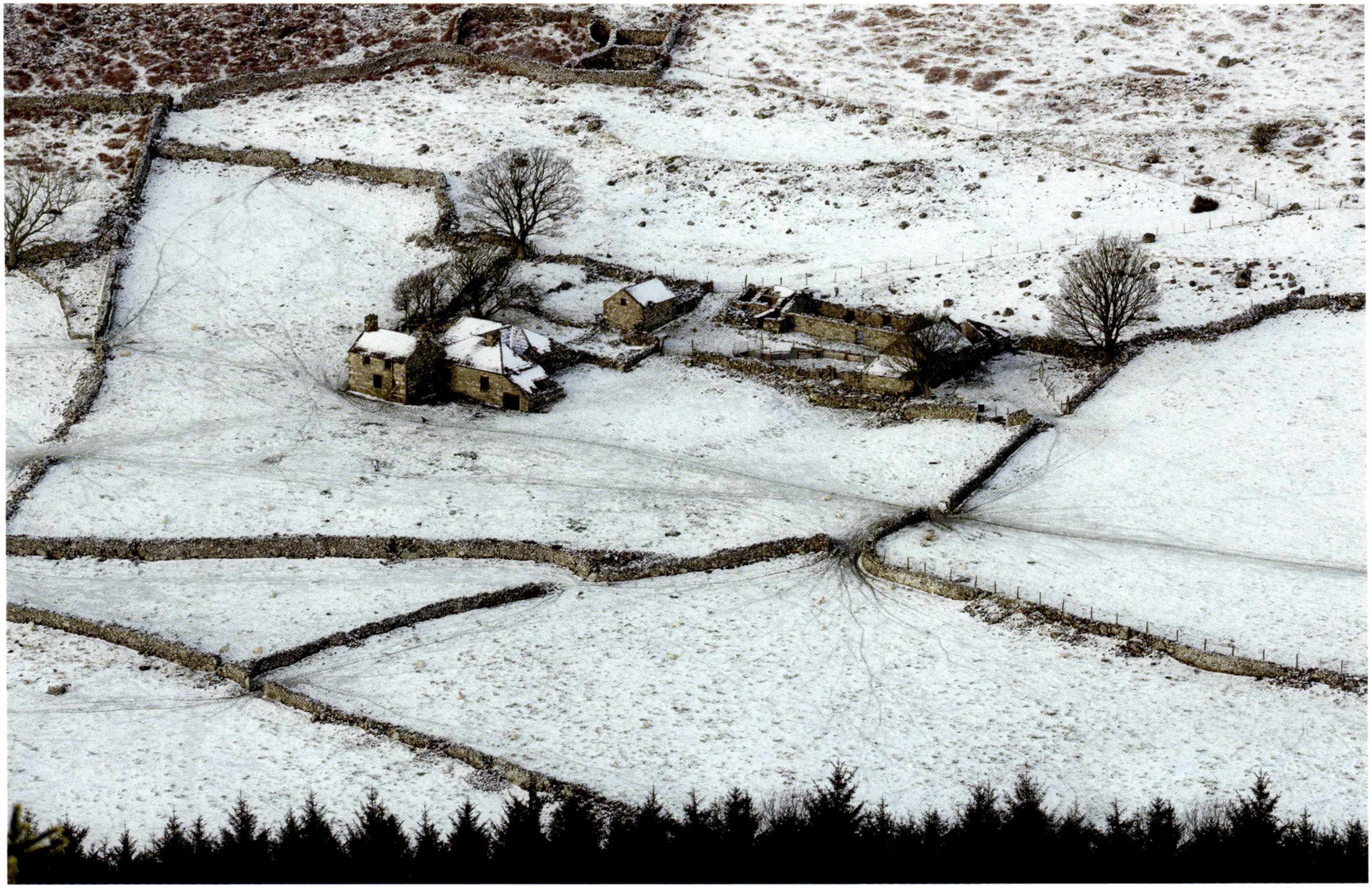

Beautiful Desolation — *Harddwch yr Anghyfannedd*

Oddi uchod, ac yn nhawelwch naturiol yr eira newydd, mae golwg hardd, normal, ar ffermdy Tŷ Uchaf, fel petai pobl yn byw yno, fel pe na bai mwyach yn gragen wag ar gyfer baw defaid, adar ysglyfaethus ac ambell oen marw. Gallaf ddychmygu y gallasai'r fferm hon, ar un adeg, fod yn lle trawiadol iawn i fyw a gweithio, gyda golygfeydd syfrdanol, ond, gyda'r pellter o bob man, yr unigrwydd, a chaledwaith magu anifeiliaid yn y cwm anodd hwn a mynd â nhw i'r farchnad, fe allasai hefyd nad oedd ond gwaith andros o galed!

I always enjoyed being on the hilltops when staying at Y Nant. There is liberation and escape on the open hillsides. The views are spectacular and wide and you can see for miles in most directions. As we are on a peninsula here, the sea and sky dominate everything, even more than the mountains running down its length. The snows gave the whole area an even greater freshness and brilliance of light. Just being there was invigorating and life-enhancing, the wind blowing deeply into your lungs and chilling your face.

Mwynhawn bob amser fod ar bennau'r bryniau pan fyddwn yn aros yn y Nant. Mae rhyw ryddhad a dihangfa ar y llechweddau agored. Mae'r golygfeydd yn ysblennydd ac yn eang a gallwch weld am filltiroedd ym mron pob cyfeiriad. Gan ein bod ar benrhyn yma, y môr a'r awyr sy'n drech na phopeth, hyd yn oed yn fwy na'r mynyddoedd sy'n asgwrn cefn iddo. Taflai'r eira olau ffresiach a disgleiriach byth dros yr holl ardal. 'Roedd bod yno, yn unig, yn bywiogi rhywun ac yn codi'r ysbrydion, gyda'r gwynt yn chwythu'n ddwfn i'r ysgyfaint ac yn fferru'r wyneb.

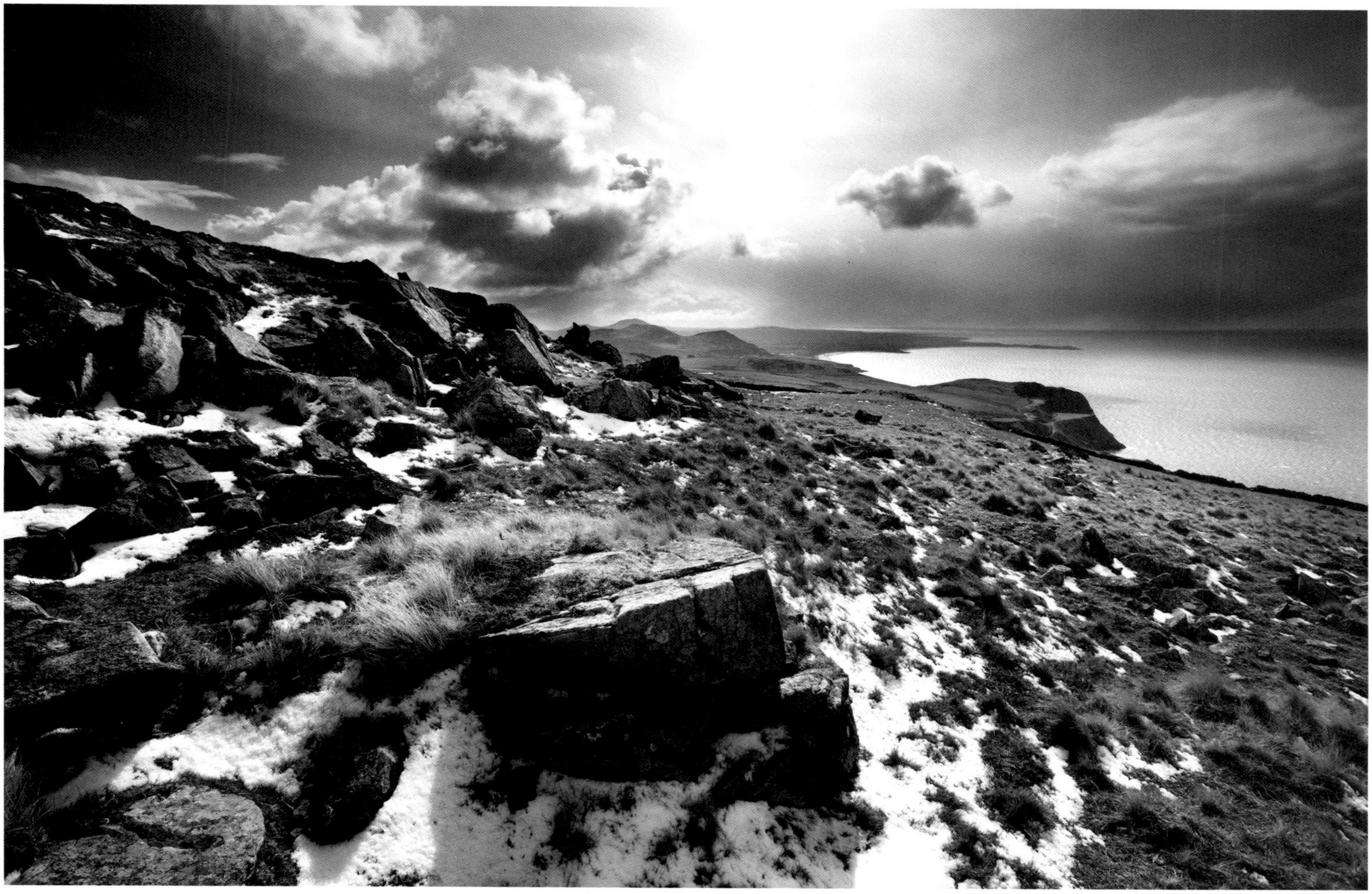

Light Escapism *Dianc i'r Goleuni*

On the other side of the hill the winter sunshine warmed the rock, not enough to fry an egg, but enough to allow you to sit down without your buttocks freezing to the stone! Out of the icy north-westerly winds, it was possible to just sit and enjoy the view down the Llŷn to Nefyn, Porth Dinllaen and Tudweiliog. The clouds scurried past at speed, but no matter how many there seemed to be, this day remained sunny and bright most of the time and was an enriching experience.

Ytu arall i'r bryn, cynhesid y graig gan heulwen y gaeaf, nid yn ddigon i ffrio wy, ond yn ddigon i adael ichi eistedd heb i'ch pen ôl rewi'n sownd i'r graig! Yng nghysgod gwyntoedd rhewllyd y gogledd-orllewin, 'roedd modd peidio â gwneud dim ond eistedd a mwynhau'r olygfa ar hyd glannau Llŷn i Nefyn, i Borth Dinllaen ac i Dudweiliog. Ysgubai'r cymylau heibio'n gyflym, ond ni waeth ba faint ohonynt a welid, parhaodd y diwrnod hwn ar y cyfan yn heulog a chlir ac yn brofiad cyfoethog.

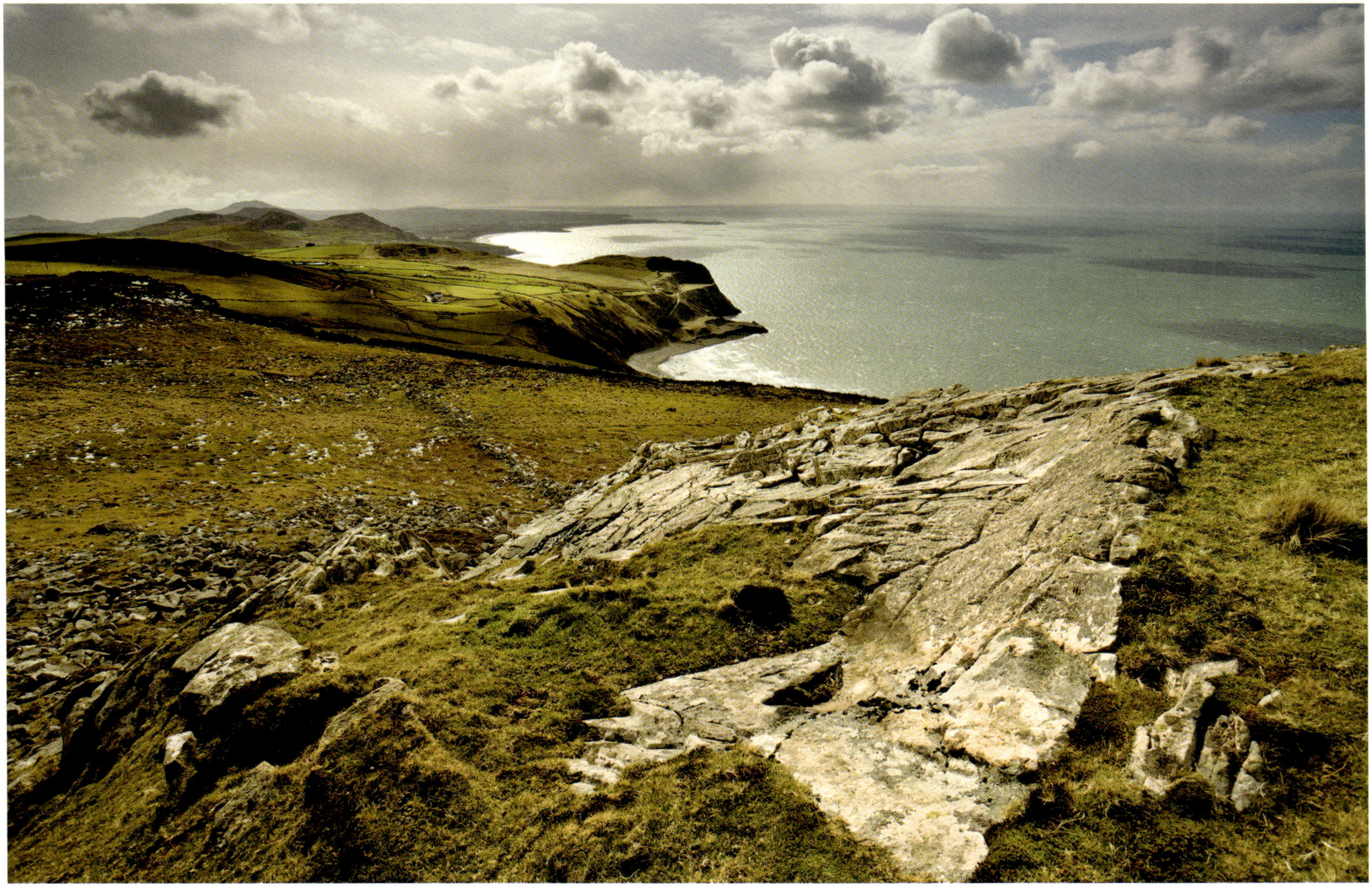

Basking in Winter Sun — *Torheulo yn Heulwen y Gaeaf*

In the early evening haze, the gentle sunlight picked out details and textures on the soft rolling hillsides west of Llithfaen and high above Y Nant. I loved all the wall and field patterns, backed by a series of small rounded hilltops. It was a very romantic rural scene, made all the more important because it really exists!

Yn nhes y cyfnos cynnar, amlygai'r heulwen fwyn fanylion a gweadau ar y llechweddau tonnog addfwyn i'r gorllewin o Lithfaen ac ymhell uwchlaw'r Nant. 'Roeddwn wrth fy modd â holl batrymau'r cloddiau a'r caeau, gyda chyfres o fryncynnau bach pengrwn y tu ôl iddynt. Golygfa wledig ramantus iawn ydoedd, a'r ffaith ei bod yn olygfa go iawn yn ei gwneud yn bwysicach fyth.

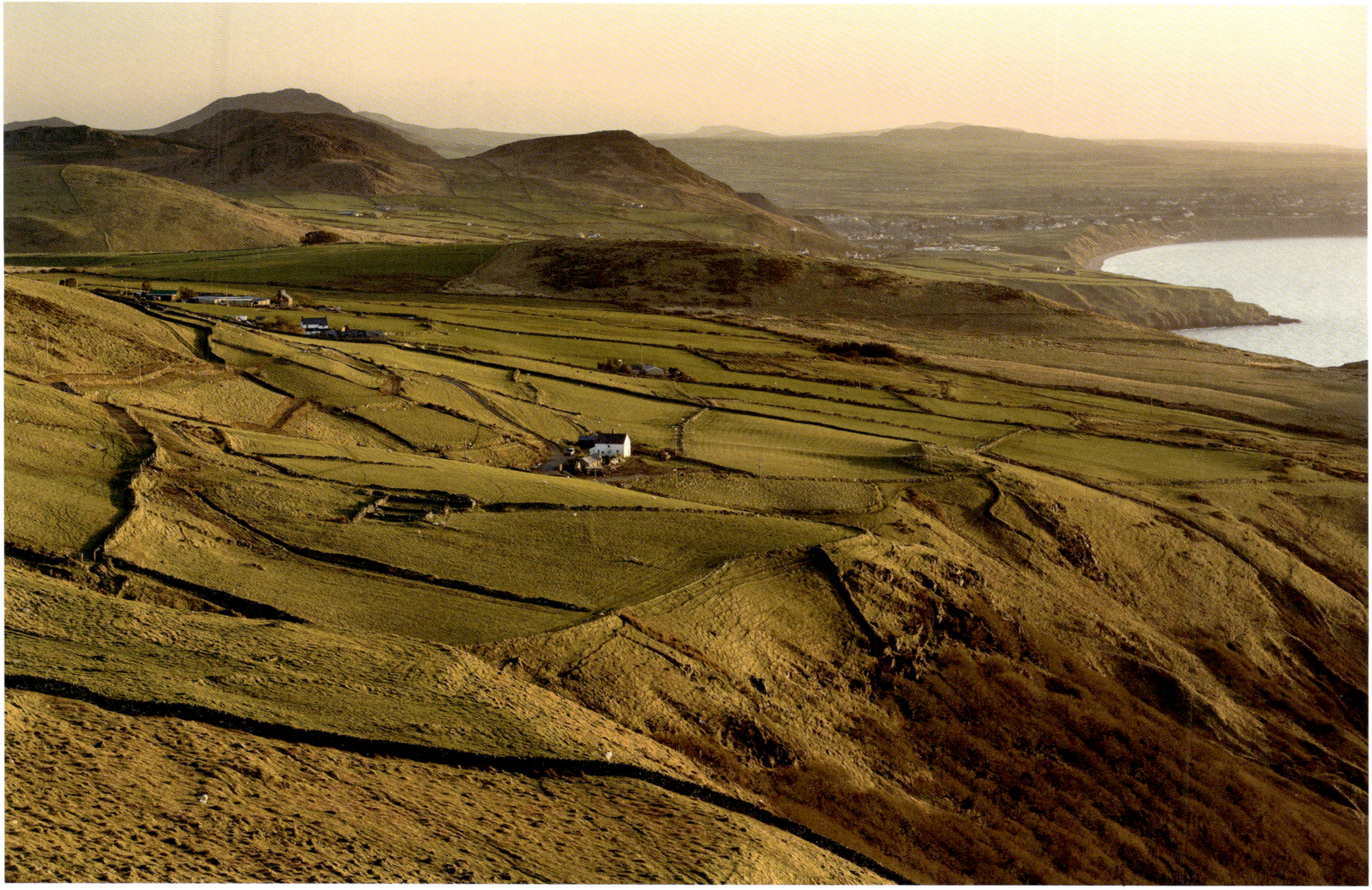

Softer Above *Addfwynach Uwchben*

It's a strange feeling for me at Nant, the constant opposites of so many things. It may be, of course, that it's just my way of seeing any place, but I knew that after the beautiful sunset had disappeared, I would have to find my way back across the rocky mountain top, pick my way really carefully through a dense and seriously dark pine wood before reaching the road. The village would be empty on my return and every window would be black, with open curtains. The warm and universal beauty of the sunset was always countered by the approach of the cold and the dark.

Mae'n deimlad rhyfedd i mi yn y Nant, gwrthgyferbyniadau cyson cymaint o bethau. Efallai, wrth gwrs, nad yw ond fy null innau o weld unrhyw le, ond gwyddwn, ar ôl i'r machlud hardd ddiflannu, y byddai'n rhaid imi ddod o hyd i'm llwybr yn ôl dros ben creigiog y mynydd, troedio'n ofalus iawn trwy goedwig binwydd drwchus a hynod dywyll cyn cyrraedd y ffordd. Byddai'r pentref yn wag erbyn imi ddychwelyd, a byddai pob ffenestr yn ddu, a'r llenni'n agored. Câi harddwch cynnes a byd-eang y machlud ei gyferbynnu bob amser gan nesâd yr oerni a'r tywyllwch.

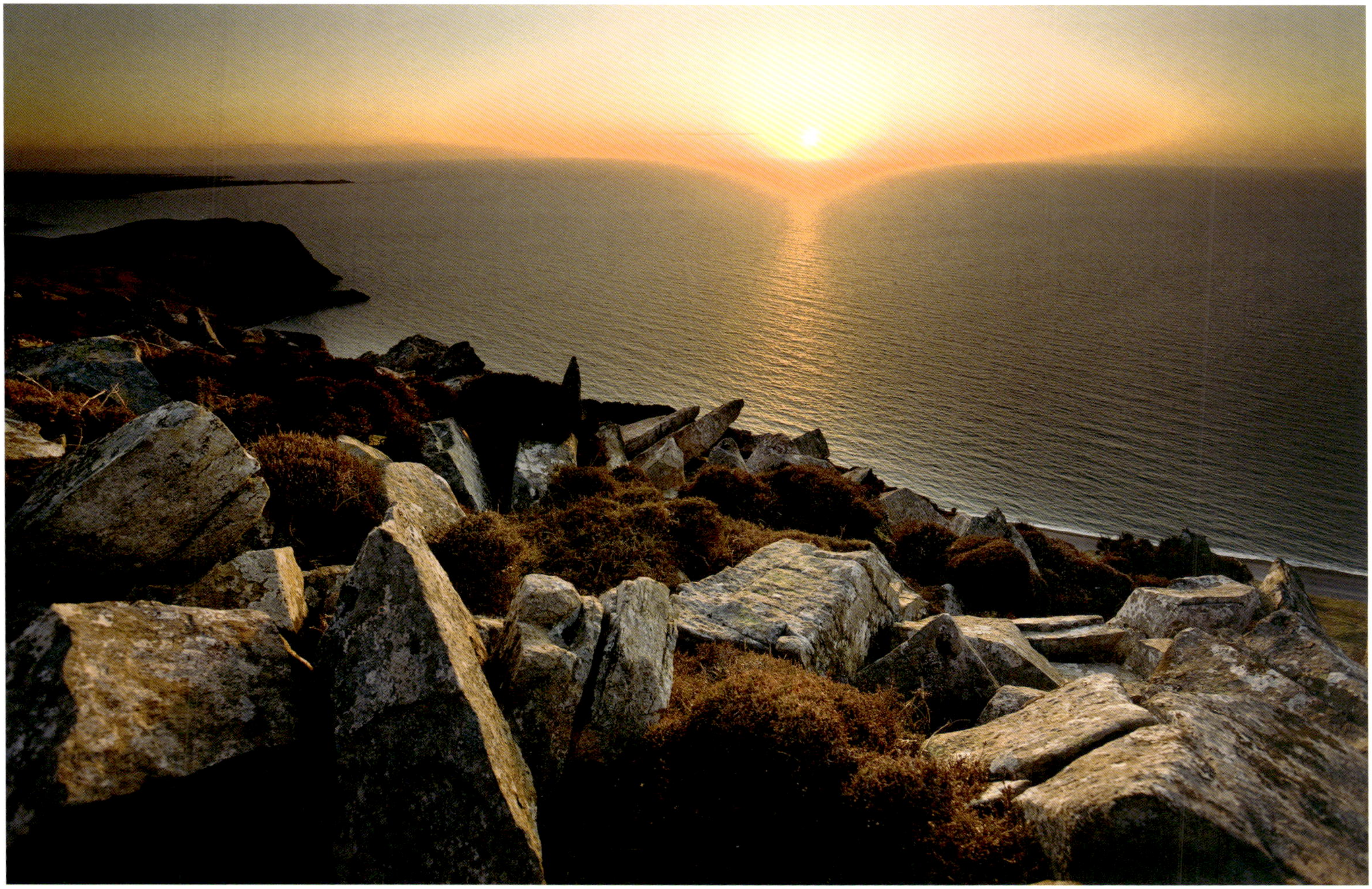

Light Before Darkness — *Goleuni cyn Tywyllwch*

Without question, the valley, the mountains, hillsides and stunning beaches are majestic and romantic, yet truly mysterious. That legend interweaves with history is no surprise, and the resulting blend of human and geographical history has covered this landscape with a richly coloured quilt of fascination for all who visit.

Yn ddi-os, mae'r cwm, y mynyddoedd, y llechweddau a'r traethau syfrdanol yn urddasol ac yn rhamantaidd, ac eto'n wir anchwiliadwy. Nid yw'n syndod bod chwedl a hanes yn cydblethu â'i gilydd, ac mae'r cyfuniad o hanes dynol a daearyddol a ddaw ohonynt wedi taenu dros y tirlun hwn gwrlid amryliw o gyfaredd ar gyfer pawb sy'n ymweld â'r lle.

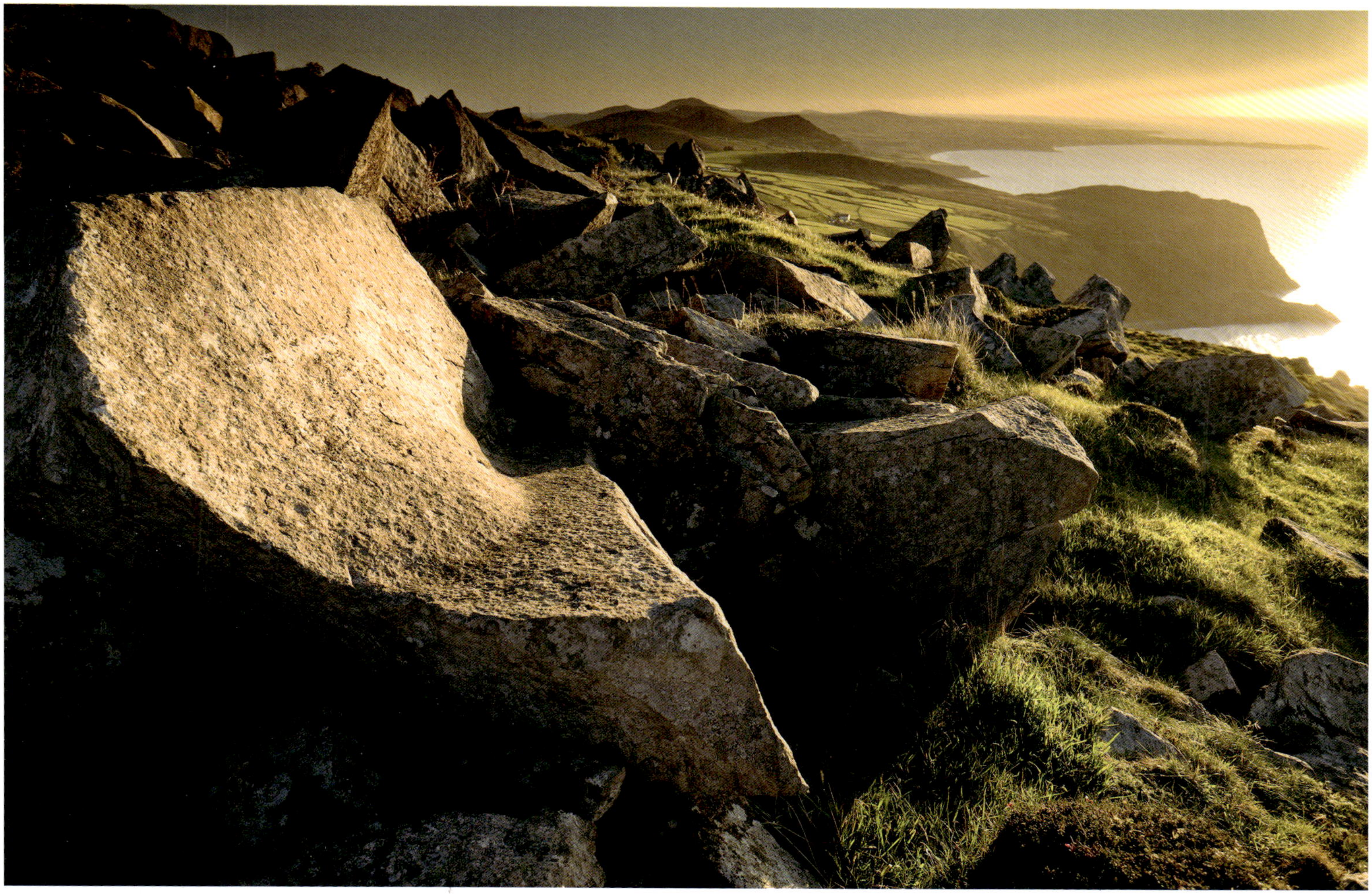

A Place for Kings and Lovers

Man i Frenhinoedd a Chariadon

Chronology

Born	Cheshire, 1964, but raised in Cornwall from 6 months old		
Parentage	Welsh father from Ynys Môn, Gareth Davies, artist and retired senior lecturer in fine art		
	Mother, Diana Davies from the Wirral, textile designer, ceramicist & painter		
	Glyn's great-uncle was Welsh illustrator and cartoonist Wilf Mitford Davies		
Secondary Education	Falmouth Comprehensive, Cornwall (1976-1983)		
Further Education	Foundation Course, Falmouth School of Art, Falmouth, Cornwall (1983-84)		
Higher Education	BA(Hons) in Photography, Film & TV, University of Westminster (1984-87)		
Associations	Full member of the Association of Photographers (London) (1995)		
	Vice-Chair, Anglesey Arts Forum – set up to aid and promote Anglesey artists (2004)		
Other previous	Member of the AOP Northern Committee, Manchester (2001)		
	Business Adviser for the Prince's Youth Business Trust (1996-97)		
Awards / Competitions	LPA International Awards '05 – Silver Winner in 'Landscape' Competition		
	IDEA 2002 – International Digital Exhibition & Awards		
	SUN (Shot up North) 2000, 2001, 2002 – eight winning entries		
	Prince's Youth Business Trust Award (1990)		
Exhibitions	2009	April 4-27	Solo Exhibition, 'Nant Gwrtheyrn – The Enchantment / Y Swyngyfaredd' To accompany the book launch of the same name, at the Wales Millennium Centre, Cardiff
	2008	Oct-Nov	Joint Exhibition, 'Davies, Davies, Davies & Davies', Oriel Ucheldre Gallery, Holyhead
	2008	Jul-Sept	Solo Exhibition, 'The Enchantment', Nant Gwrtheyrn Village, Gwynedd
	2008	March	'Recent Works', 1st quarter release of new work, Oriel Glyn Davies
	2007	Nov	Solo Exhibition for Glyn's book launch 'Anglesey Landscapes', Oriel Glyn Davies
	2007	May 4-28	Solo Exhibition, 'Isles Apart' Oriel Ucheldre Gallery, Holyhead, both galleries
	2006	June-July	Solo Exhibition, 'Recent Works', Pensychnant Nature Conservation Centre
	05/06	Nov-Feb	Father & Son Exhibition, 'Salt n Ships', Williamson Municipal Art Gallery, Wirral
	2005	July	Solo exhibition, 'Celtic Connections', Kooywood Gallery, Cardiff
	2005	Mar-Apr	Solo exhibition, 'Celtic Connections', Oriel Ynys Môn, Llangefni
	2004	Oct-Dec	Two-man exhibition, 'Stunning Views', Oriel Dafydd Hardy, Caernarfon
	2004	Aug	Trio exhibition, 'Lasting Impressions', Penrhyn Castle, Bangor
	2002	Nov	Solo exhibition, 'Recent Landscapes 2', Caernarfon Gallery
	2001	Sept	Three images in 'Abstraction', Association of Photographers Gallery, London
	2001	Sept	Joint exhibition, 'Family Affair', Oriel Ucheldre Gallery, Holyhead
	2001	Aug	Solo exhibition, 'Beside the Sea', Pendeitsh Gallery, Caernarfon
	2001	Jan	Solo exhibition, 'Recent Landscapes', Canolfan Beaumaris Gallery
	1996		Solo exhibition, 'Welsh TV & Music Personalities', Theatr Gwynedd
	1993		Joint exhibition of personal landscapes, '2+2', Oriel Bangor
	1986		Solo exhibition in the Royal Festival Hall, for the London Cycling Campaign
Articles & Publications	*Nant Gwrtheyrn – The Enchantment – Y Swyngyfaredd* (April 2009) – 152pp hard-back art book (Publisher: Glyn Davies Photo-Artist Ltd)		
	Anglesey Landscapes – Tirluniau Môn Vol. II (Oct 2008) – 120pp hard-back art book (Publisher: Glyn Davies Photo-Artist Ltd)		
	Golwg (July 2008) – Welsh-language feature on 'The Enchantment', Glyn's exhibition about the lost village of Nant Gwrtheyrn		
	Digital Photographer (Feb 2008) – Seascapes Article with Specialists' Advice		
	FotoVideo (Romania) (Jan 2008) – Article about Glyn's recent work and latest book		
	Digital Photographer (December 2007) – Book review: *Anglesey Landscapes – Tirluniau Môn* (Nov 2007)		
	Golwg (Nov 2007) – Welsh-language feature on Glyn's new art book, *Anglesey Landscapes – Tirluniau Môn* (Nov 2007)		

Anglesey Landscapes – Tirluniau Môn (Nov 2007) – 120pp hard-back art book (Publisher: Glyn Davies Photography)
Digital Photographer (June 2007, Issue 58) – An illustrated article about Glyn's work specifically related to his approach to shooting landscapes in summer
Business (Nov 2005) (Welsh Development Agency) – Feature on Glyn's Art Photo Wales website and the pros and cons of using e-commerce
Image (May 2005) (Association of Photographers) – Full eight-page article and cover on Glyn's 'Celtic Connections' show and his landscape work
Art Business Today (August 2004) – An article looking at the introduction of new print technology and the Internet in selling fine art today
Digital Photography Made Easy (July 2004) – Article on shooting high-quality landscapes in terms of approach and technique
British Journal of Photography (21.07.04) – Trade journal article on e-commerce and web-marketing for photographers
Digital Photographer (April 2004) – An illustrated article about Glyn and techniques for shooting landscapes using digital equipment
Welsh Living (Summer 2003) – An illustrated article on Glyn's variety of commissions and his business as a photographer in rural North Wales

Media

5 September 2008 – ***Tidal Wales*, ITV** – Documentary series about people whose lives or work are influenced by the tides, focusing on Glyn's work from the Dulas Estuary, Anglesey
28 November 2007 – ***The Jamie Owen Show*, BBC Radio Wales** – Live magazine programme with Jamie regarding Glyn's new book, *Anglesey Landscapes - Tirluniau Môn*
23 May 2007 – ***Sioe Gelf – Cwmni Da*, S4C** – Primary Welsh arts show covers Glyn's exhibition, 'Isles Apart', at the Ucheldre Centre Holyhead – Glyn's first real Welsh interview!
23 April 2006 – ***Mousemat*, BBC Radio Wales** – Adam Walton discusses landscape photography with Glyn with respect to digital workflow from camera to software
December 2005 – ***The Jamie Owen Show*, BBC Radio Wales** – Live magazine programme featuring an interview with Glyn about his work
29 November 2005 – ***'Welsh Journeys' with Jamie Owen*, BBC2 Wales** – Programme on 'Celtic Connections' and Glyn's approach to landscape photography
September 2005 – ***Wedi 7*** – Welsh-language news magazine with Gwyn Llewelyn regarding Glyn's London Photographic Award, Silver win

Judging, Talks & Workshops

Anglesey AONB Photo Competition (Spring 2007). Adviser, sponsor, venue and solo judge for public competition. The competition was devised to promote Anglesey's Areas of Outstanding Natural Beauty
Brewery Fields Competition (Dec 2006). Solo judge for public competition. The competition was devised to highlight the threat of development over a wonderful and environmentally rich greenfield site. Glyn also selected images for a subsequent exhibition at Theatr Gwynedd
Oriel Ynys Môn Photo Workshop (Spring 2005). Two-day workshop alongside Glyn's 'Celtic Connections' exhibition
Oriel Ynys Môn Open Photo Competition (Spring 2004). Main judge and opening speaker for competition

Teaching

Glyn taught photography between 1988 and 2003, primarily adult education through the University of Wales, Bangor, North Wales

Work Purchased / Public & Corporate collections

Bangor Business School, University of Wales, Bangor (2007) – 45 images for their new Management Centre
Williamson Art Gallery, Wirral (Jan 2006) – 'Rusty Light', A1 Limited Edition Print for their permanent collection
Oriel Ynys Môn (June 2005) – 'Forbidden Links', A1 Limited Edition Print for their permanent collection
BBC Bangor (2005) – 14 large-format Limited and Open Editions for public display
North Wales Fire Service (2005) – 15 large-format Limited and Open Editions for public display at their new Headquarters in St Asaph
University of Wales, Bangor (2003) – ten images for their permanent collection

Cronoleg

Ganwyd	Sir Gaer, 1964, ond magwyd yng Nghernyw ers chwe mis oed
Rhieni	Ei dad, Gareth Davies, Cymro o Ynys Môn, yn arlunydd a chyn-ddarlithydd hŷn mewn celfyddyd gain
	Ei fam, Diana Davies o Gilgwri, yn ddylunydd tecstilau, seramegydd a pheintiwr
	Ewythr ei dad oedd y darlunydd a chartwnydd o Gymro, Wilf Mitford Davies
Addysg Uwchradd	Ysgol Uwchradd Falmouth, Cernyw (1976-1983)
Addysg Bellach	Cwrs Sylfaen, Ysgol Gelf Falmouth, Falmouth, Cernyw (1983-84)
Addysg Uwch	BA (Anrhydedd) yn Ffotograffiaeth, Ffilm a'r Teledu, Prifysgol San Steffan (1984-87)
Cymdeithasau	Aelod cyflawn o Gymdeithas y Ffotograffwyr (Llundain) (1995)
	Is-Gadeirydd Fforwm Gelf Ynys Môn – fforwm a sefydlwyd i gynorthwyo a hyrwyddo artistiaid Ynys Môn (2004)
Eraill cyn hyn	Aelod o Bwyllgor y Gogledd, Cymdeithas y Ffotograffwyr, Manceinion (2001)
	Ymgynghorydd Busnes i Ymddiriedolaeth Busnes Ieuenctid y Tywysog (1996-97)
Dyfarniadau/ Cystadlaethau	Dyfarniadau Rhyngwladol yr LPA '05 – Gwobr Arian mewn Cystadleuaeth 'Tirlun'
	IDEA 2002 – Arddangosfa a Dyfarniadau Digidol Rhyngwladol
	SUN (Shot up North) 2000, 2001, 2002 – Dyfarniad Ymddiriedolaeth Busnes Ieuenctid y Tywysog (1990)

Arddangosfeydd	2009	Ebrill 4-27	Arddangosfa un dyn, 'Nant Gwrtheyrn – Y Swyngyfaredd' I gyd-fynd â lansiad y llyfr o'r un enw, yng Nghanolfan Mileniwm Cymru, Caerdydd
	2008	Hydref-Tachwedd	Arddangosfa ar y cyd, 'Davies, Davies, Davies a Davies', Oriel Ucheldre, Caergybi
	2008	Gorffennaf-Medi	Arddangosfa un dyn, 'Y Swyngyfaredd', Porth y Nant (Nant Gwrtheyrn), Gwynedd
	2008	Mawrth	'Gwaith Diweddar', Rhyddhad gwaith newydd y chwarter cyntaf, Oriel Glyn Davies
	2007	Tachwedd	Arddangosfa un dyn ar gyfer lansiad llyfr Glyn 'Tirluniau Môn', Oriel Glyn Davies
	2007	Mai 4-28	Arddangosfa un dyn, 'Ynysoedd Pell ac Agos', Oriel Ucheldre, Caergybi, y ddwy oriel
	2006	Mehefin-Gorffennaf	Arddangosfa un dyn, 'Recent Works', Canolfan Gwarchod Natur Pensychnant
	05/06	Tachwedd-Chwefror	Arddangosfa Tad a Mab, 'Salt n Ships', Williamson Municipal Art Gallery, Cilgwri
	2005	Gorffennaf	Arddangosfa un dyn, 'Cysylltiadau Celtaidd', Oriel Kooywood, Caerdydd
	2005	Mawrth-Ebrill	Arddangosfa un dyn, 'Cysylltiadau Celtaidd', Oriel Ynys Môn, Llangefni
	2004	Hydref-Rhagfyr	Arddangosfa ddeuddyn, 'Stunning Views', Oriel Dafydd Hardy, Caernarfon
	2004	Awst	Arddangosfa tri dyn, 'Lasting Impressions', Castell y Penrhyn, Bangor
	2002	Tachwedd	Arddangosfa un dyn, 'Recent Landscapes 2', Oriel Caernarfon
	2001	Medi	Tri llun yn 'Abstraction', Oriel Cymdeithas y Ffotograffwyr, Llundain
	2001	Medi	Arddangosfa ar y cyd, 'Family Affair', Oriel Ucheldre, Caergybi
	2001	Awst	Arddangosfa un dyn, 'Ar Lan y Môr', Oriel Pendeitsh, Caernarfon
	2001	Ionawr	Arddangosfa un dyn, 'Recent Landscapes', Oriel Canolfan Beaumaris
	1996		Arddangosfa un dyn, 'Welsh TV & Music Personalities', Theatr Gwynedd
	1993		Arddangosfa o dirluniau personol ar y cyd, '2+2', Oriel Bangor
	1986		Arddangosfa un dyn yn y Royal Festival Hall, ar gyfer London Cycling Campaign

Erthyglau, Llyfrau a Chyhoeddiadau	*Nant Gwrtheyrn – Y Swyngyfaredd* (Ebrill 2009) – llyfr celf clawr caled 152tt. (Cyhoeddwr: Glyn Davies Photo-Artist Ltd)
	Anglesey Landscapes – Tirluniau Môn Cyf. II (Hydref 2008) – llyfr celf clawr caled 120 tt (Cyhoeddwr: Glyn Davies Photo-Artist Ltd)
	Golwg (Gorffennaf 2008) – Ysgrif nodwedd ynghylch 'Y Swyngyfaredd', arddangosfa Glyn ynglŷn â phentref coll Nant Gwrtheyrn.
	Digital Photographer (Chwefror 2008) – Erthygl ynghylch Morluniau, gyda chyngor gan arbenigwyr
	FotoVideo (Romania) (Ionawr 2008) – Erthygl ynghylch gwaith diweddar Glyn a'i lyfr diweddaraf
	Digital Photographer (Rhagfyr 2007) – Book review: *Anglesey Landscapes – Tirluniau Môn* (Tachwedd 2007)
	Golwg (Tachwedd 2007) – Ysgrif nodwedd ynghylch llyfr celf newydd Glyn, *Anglesey Landscapes – Tirluniau Môn* (Tachwedd 2007)

Anglesey Landscapes – Tirluniau Môn (Tachwedd 2007) – llyfr celf clawr caled 120 tt (Cyhoeddwr: Glyn Davies Photography)
Digital Photographer (Mehefin 2007, Rhifyn 58) – Erthyglau gyda lluniau ynghylch gwaith Glyn, yn ymwneud yn benodol â'i waith yn tynnu tirluniau yn yr haf
Business (Tachwedd 2005) (Awdurdod Datblygu Cymru) – Ysgrif nodwedd ynghylch gwefan Glyn, Art Photo Wales, a manteision ac anfanteision defnyddio e-fasnach
Image (Mai 2005) (Cymdeithas y Ffotograffwyr) – Erthygl lawn 8 tudalen a chlawr ynghylch sioe 'Cysylltiadau Celtaidd' Glyn a'i waith tirluniol
Art Business Today (Awst 2004) – Erthygl sy'n edrych ar gyflwyno technoleg argraffu newydd a'r rhyngrwyd wrth werthu celfyddyd gain heddiw
Digital Photography Made Easy (Gorffennaf 2004) – Erthygl ynghylch dulliau a thechnegau tynnu tirluniau o safon uchel
British Journal of Photography (21.07.04) – Erthygl i gyfnodolyn y fasnach ynghylch e-fasnach a marchnata dros y we i ffotograffwyr
Digital Photographer (Ebrill 2004) – Erthygl ddarluniol ynghylch Glyn ac ynghylch technegau ar gyfer tynnu tirluniau gan ddefnyddio offer digidol
Welsh Living (Haf 2003) – Erthygl ddarluniol ynghylch comisiynau amrywiol Glyn a'i fusnes fel ffotograffydd yng nghefn gwlad Gogledd Cymru

Y Cyfryngau

5 Medi 2008 – ***Tidal Wales*, ITV** – Cyfres ddogfennol ynghylch pobl y mae'r llanwau'n effeithio ar eu bywydau neu eu gwaith. Mae'n canolbwyntio ar waith Glyn o aber Dulas, Ynys Môn
28 Tachwedd 2007 – ***The Jamie Owen Show*, BBC Radio Wales** – Rhaglen gylchgrawn fyw gyda Jamie ynghylch llyfr newydd Glyn, *Anglesey Landscapes – Tirluniau Môn*
23 Mai 2007 – ***Sioe Gelf – Cwmni Da*, S4C** – Prif sioe gelf Cymru yn ymdrin ag arddangosfa Glyn, 'Ynysoedd ar Wahân', yng Nghanolfan Ucheldre, Caergybi. Cyfweliad go iawn cyntaf Glyn yn y Gymraeg!
23 Ebrill 2006 – ***Mousemat*, BBC Radio Wales** – Mae Adam Walton yn trafod ffotograffiaeth dirluniol gyda Glyn mewn perthynas â llif gwaith digidol o'r camera i'r feddalwedd
Rhagfyr 2005 – ***The Jamie Owen Show*, BBC Radio Wales** – Rhaglen gylchgrawn fyw yn cynnwys cyfweliad gyda Glyn ynghylch ei waith
29 Tachwedd 2005 – ***'Welsh Journeys' gyda Jamie Owen*, BBC2 Wales** – Rhaglen ar 'Cysylltiadau Celtaidd' ac ar agwedd Glyn at ffotograffiaeth dirluniol
Medi 2005 – ***Wedi 7***– Cylchgrawn newyddion Cymraeg gyda Gwyn Llewelyn ynghylch y wobr arian a gafodd Glyn gan y London Photographic Award

Gwaith Beirniadu, Sgyrsiau a Gweithdai

Cystadleuaeth ffotograffig AHNE (Gwanwyn 2007). Ymgynghorydd, noddwr, darparwr lleoliad ac unig feirniad y gystadleuaeth gyhoeddus. Dyfeisiwyd y gystadleuaeth i hybu Ardaloedd o Harddwch Naturiol Eithriadol ym Môn
Cystadleuaeth Caeau Briwas (Rhagfyr 2006). Unig feirniad cystadleuaeth gyhoeddus. Dyfeisiwyd y gystadleuaeth i dynnu sylw at fygythiad ymlediad datblygu dros safle o gaeau gwyrdd rhyfeddol ac amgylcheddol gyfoethog. Hefyd, Glyn a ddewisodd ddelweddau ar gyfer arddangosfa a fu wedyn yn Theatr Gwynedd
Gweithdy Ffotograffiaeth Oriel Ynys Môn (Gwanwyn 2005). Gweithdy deuddydd i gyd-fynd ag arddangosfa Glyn, 'Cysylltiadau Celtaidd'
Gweithdy Ffotograffiaeth Oriel Ynys Môn (Gwanwyn 2004). Prif feirniad a siaradwr agoriadol ar gyfer y gystadleuaeth

Dysgu

Bu Glyn yn dysgu ffotograffiaeth rhwng 1988 and 2003, yn bennaf mewn addysg i oedolion trwy Brifysgol Cymru, Bangor, Gogledd Cymru

Gwaith a Brynwyd/ Casgliadau Cyhoeddus a Chorfforaethol

Ysgol Fusnes Bangor, Prifysgol Cymru, Bangor (2007) – 45 o ddelweddau ar gyfer ei Chanolfan Reoli newydd
Williamson Art Gallery, Cilgwri (Ionawr 2006) – 'Rusty Light', Print A1 Argraffiad Cyfyngedig ar gyfer ei harddangosfa barhaol
Oriel Ynys Môn (Mehefin 2005) – 'Forbidden Links', Print A1 Argraffiad Cyfyngedig ar gyfer ei harddangosfa barhaol
BBC Bangor (2005) – 14 o ddelweddau diwyg mawr Argraffiadau Cyfyngedig ac Agored i'w harddangos yn gyhoeddus
Gwasanaeth Tân Gogledd Cymru (2005) – 15 o ddelweddau diwyg mawr Argraffiadau Cyfyngedig ac Agored i'w harddangos yn gyhoeddus ym Mhencadlys newydd y Gwasanaeth yn Llanelwy
Prifysgol Cymru, Bangor (2003) – 10 o ddelweddau ar gyfer ei chasgliad parhaol

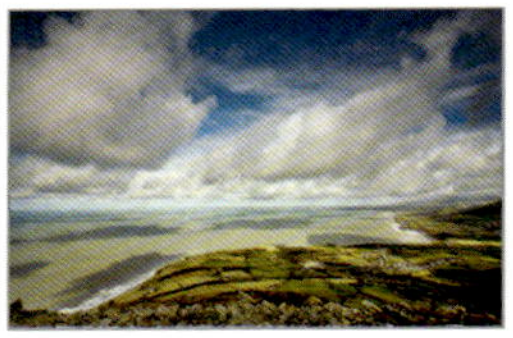

On Cloud Nine
Ar Ben y Byd
p9

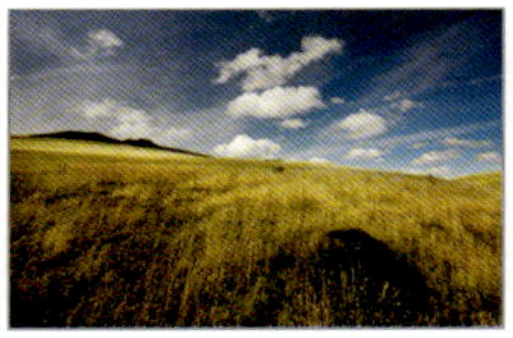

Cloud Route, Yr Eifl
Llwybr Cymylau, Yr Eifl
p13

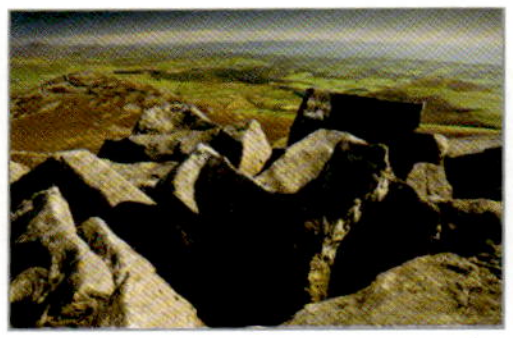

Stone Signs
Arwyddion Cerrig
p15

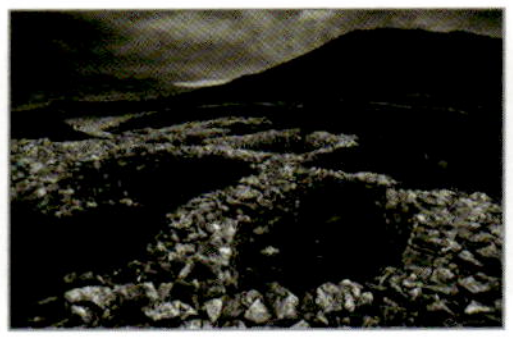

Since Ancient Kings
Ers Dyddiau'r Hen Frenhinoedd
p17

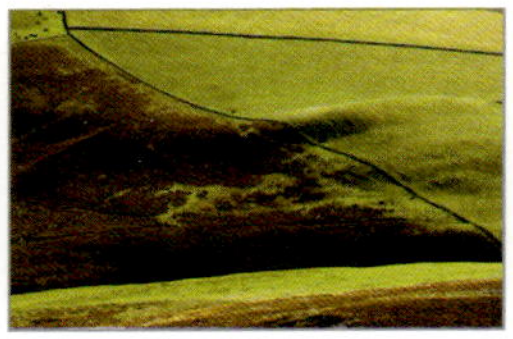

A Divided Land – 2
Tir Rhanedig – 2
p20

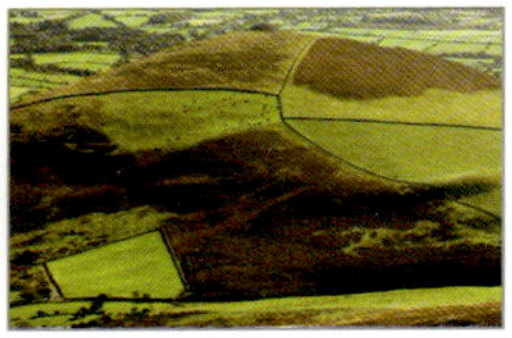

Bron y Ferch
Bron y Ferch
p21

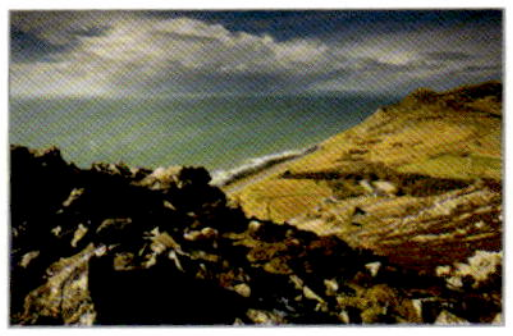

A Valley Exposed
Cwm Agored i'r Tywydd
p25

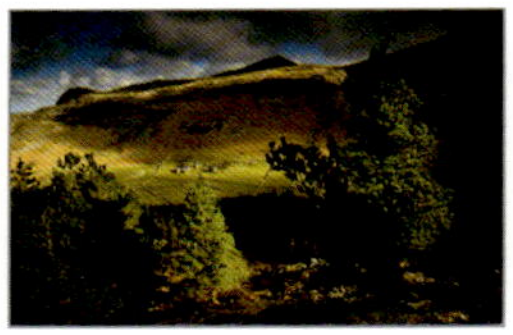

The Valley that Watches
Y Cwm sy'n Gwylio
p27

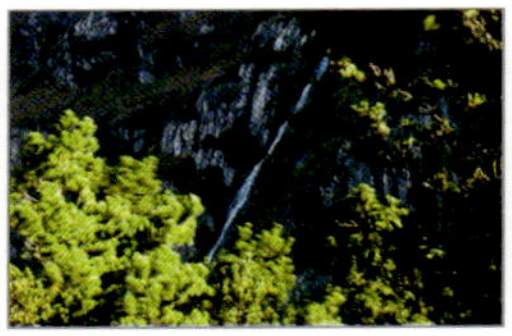

Tumbling Falls through Gale-Blown Trees
Rhaeadr yn Cwympo trwy Goed Aflonydd *p29*

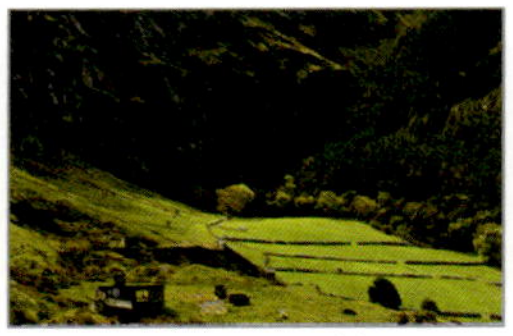

Black Crag, Green Fields
Craig Ddu, Caeau Gwyrddion
p31

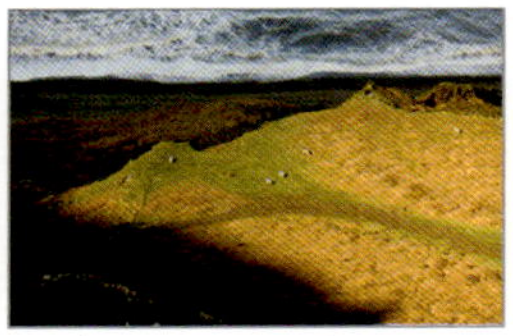

Sunshine in Stormy Skies
Heulwen mewn Awyr Stormus
p33

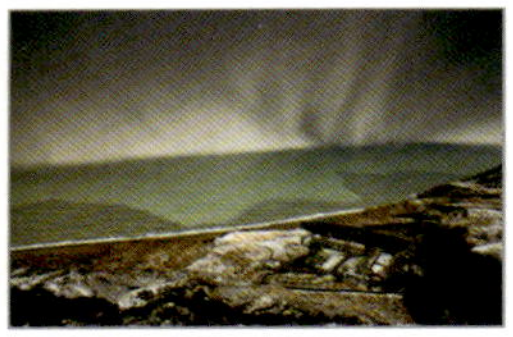

And Then There Was Silence
Ac yna bu Distawrwydd
p35

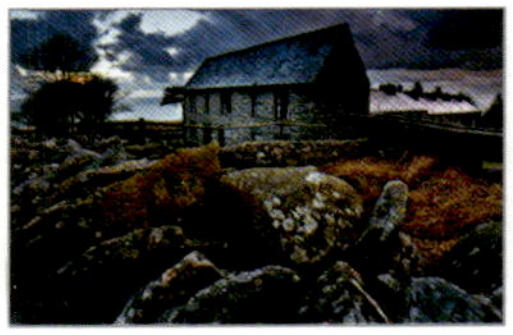

A Silent Reception
Croeso Mud
p37

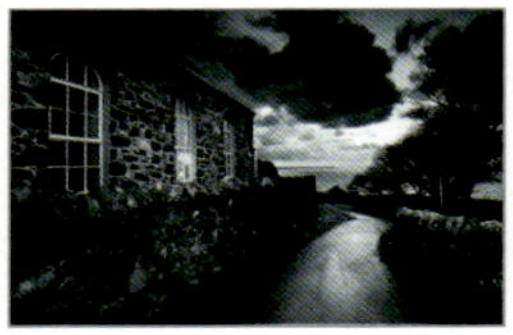

Light at the End of the Road
Golau ym Mhen Draw'r Ffordd
p39

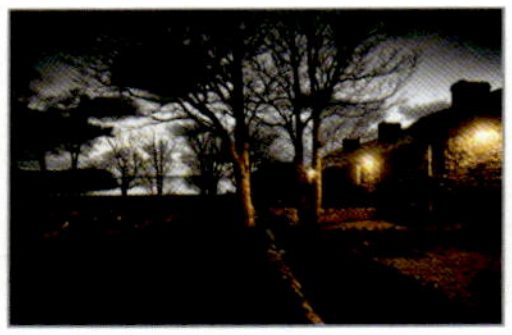

Deserted at Dusk
Cyfnos Anghyfannedd
p41

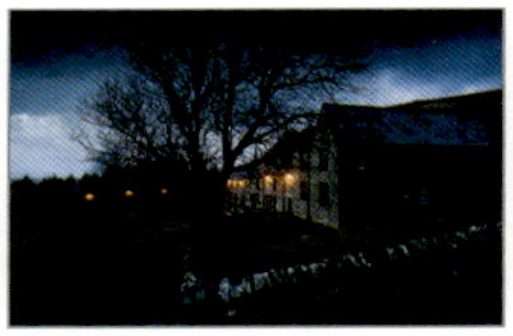

Lights for Absent Souls
Goleuadau ar gyfer Eneidiau Pell
p43

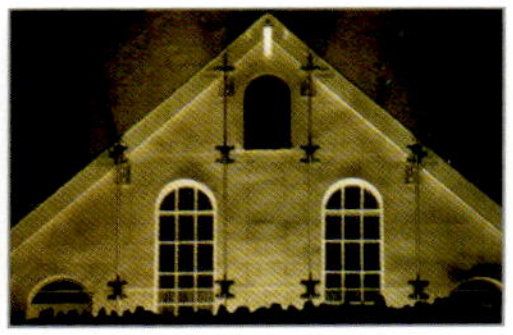

A Comforting Light
Golau Cysurlon
p45

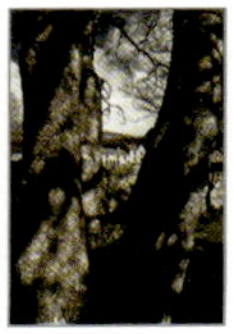

Trapped in a Tree
Daliwyd mewn Coeden
p47

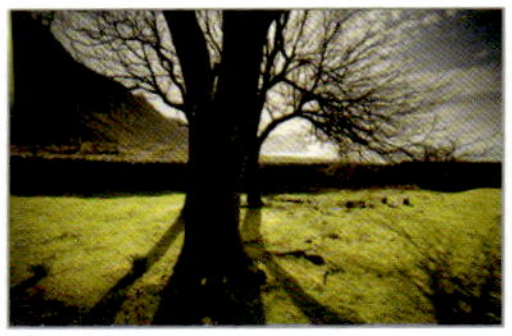

Tree of Life
Coeden Bywyd
p49

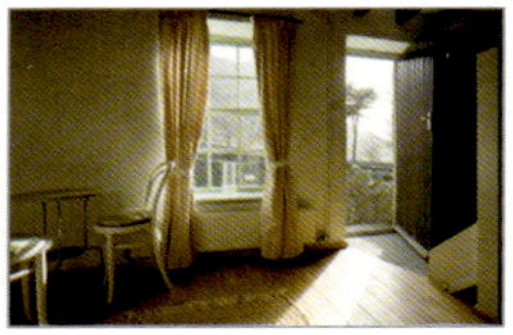

Inside Out
Y Tu Mewn Allan
p50

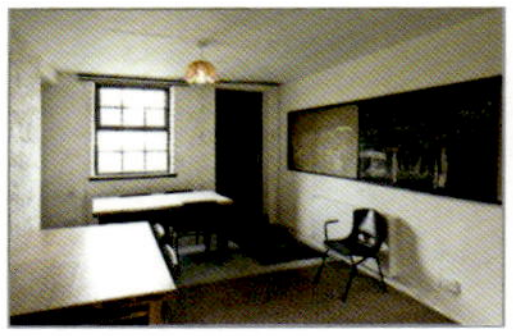

There's a Room for Language
Mae Lle i'r Iaith
p51

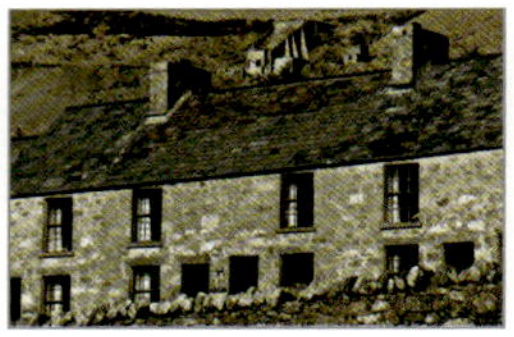

A Close Working Relationship
Perthynas Glòs â'r Gwaith
p53

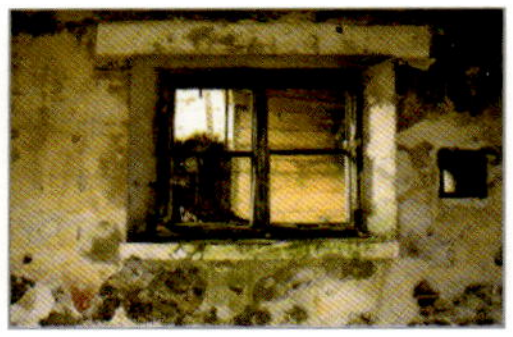

Window to Nowhere
Ffenestr i Unman
p54

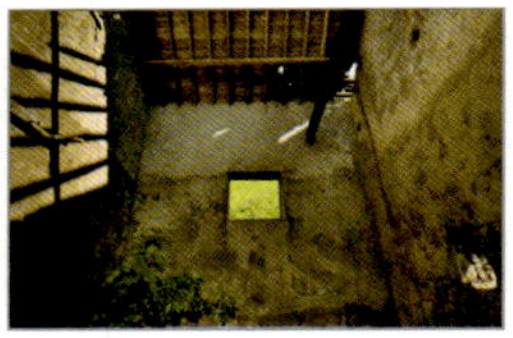

Living Room – 2
Ystafell Fyw – 2
p55

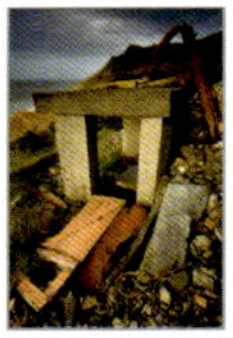

High Levels of Dilapidation
Adfeilion ar y Bonc Uchaf
p57

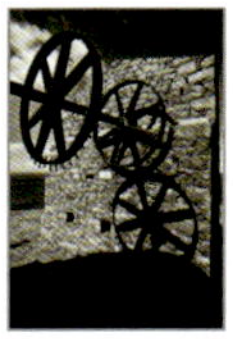

A Shadow of its Former Self
Cysgod o'r Hyn oedd Gynt
p59

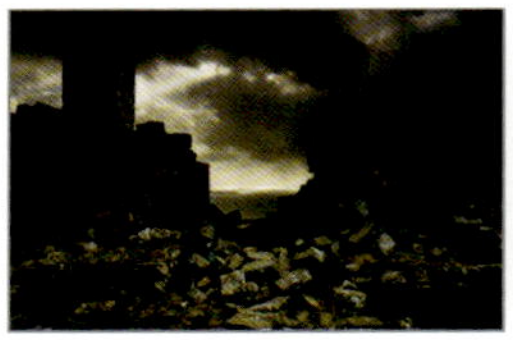

Darkness was Prevalent
Tywyllwch oedd ym Mhobman
p60

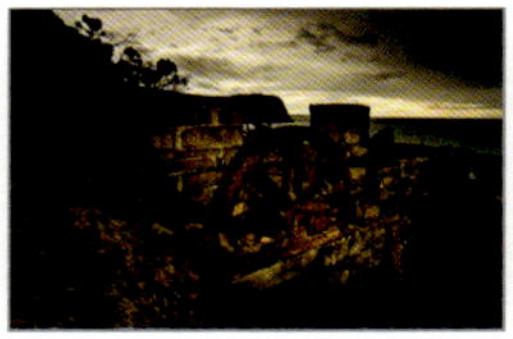

It Turned from Dawn to Dusk
Trodd o Wawr yn Gyfnos
p61

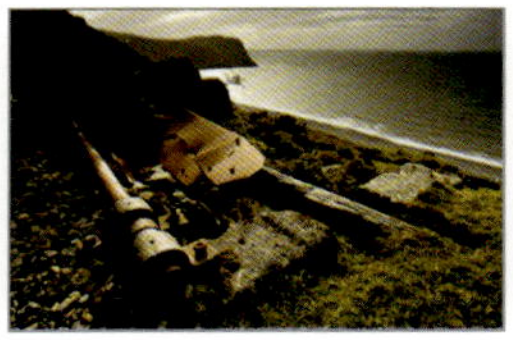

No Longer High Levels of Employment
Dim Rhagor o Waith ar y Bonc Hon *p63*

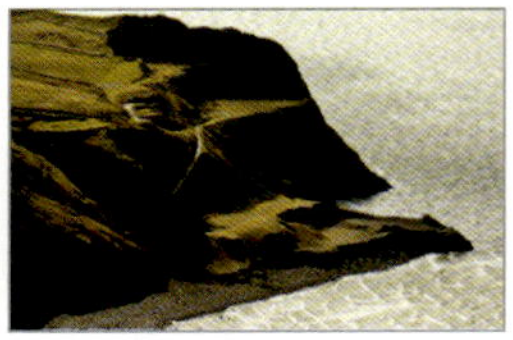

Forced into the Light
Ymwthio i'r Goleuni
p69

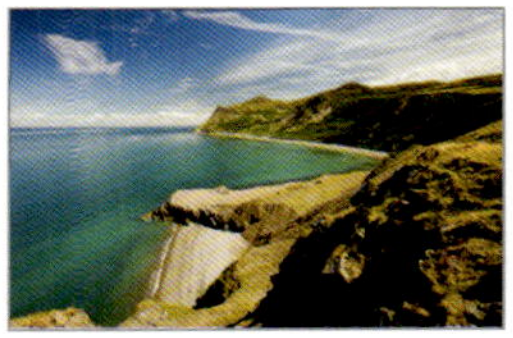

Crystal Waters
Dyfroedd Crisialaidd
p71

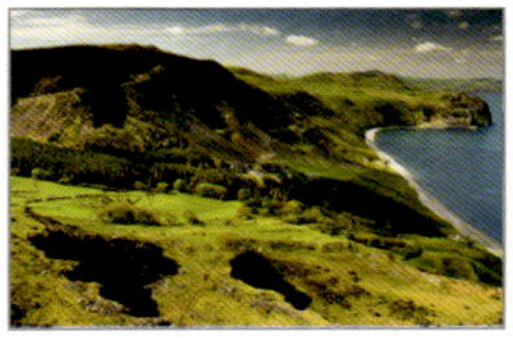

Spirit Level
Uchelfan yr Ysbryd
p73

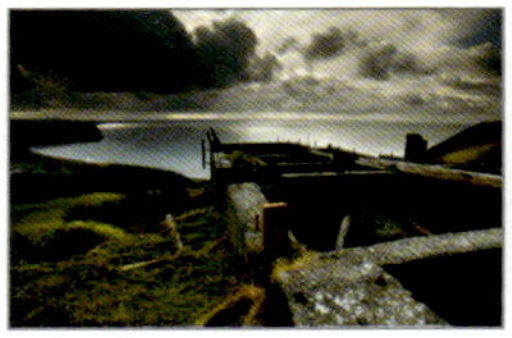

What the Buzzard Saw
Trwy Lygaid y Bwncath
p75

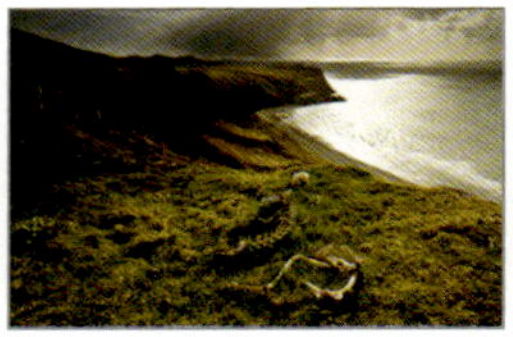

A View to Die For
Golygfa Werth Marw Drosti
p77

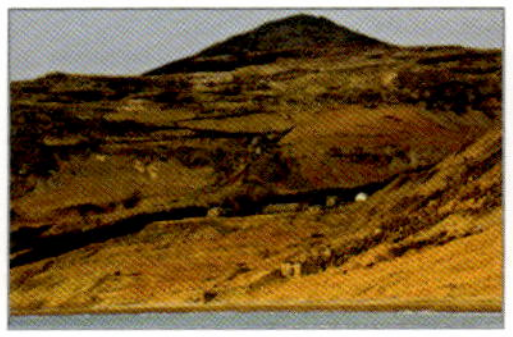

Sea View Terrace
Trem y Môr
p79

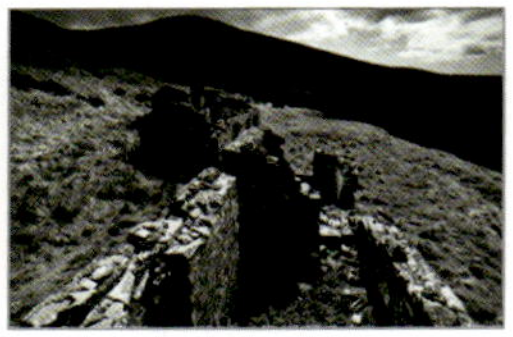

On the Bright Side
Ar yr Ochr Olau
p81

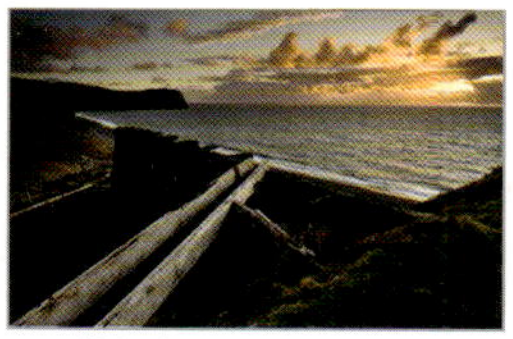

Parallel Elements
Elfennau Cyfochrog
p83

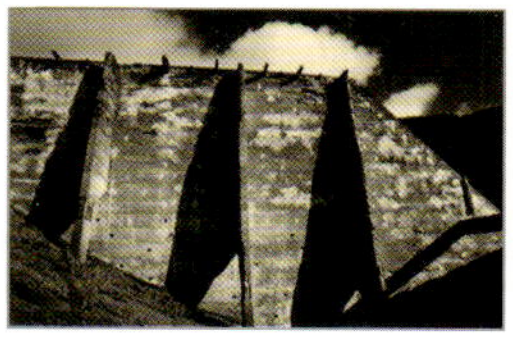

Wall's Ice Cream
Hufen Iâ Wall's
p85

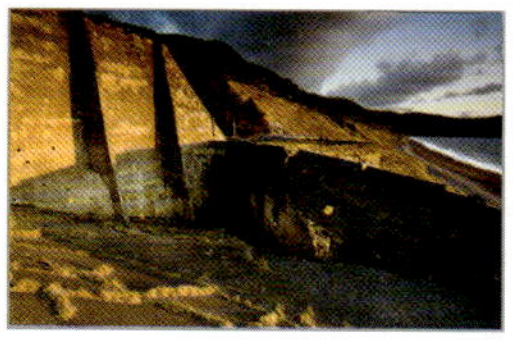

A Light Spillage
Gorlif Goleuni
p87

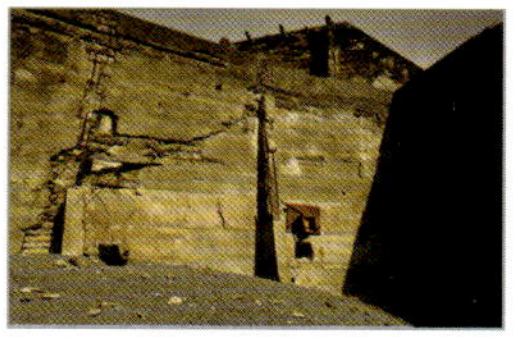

Broken Barriers
Atalfuriau Toredig
p89

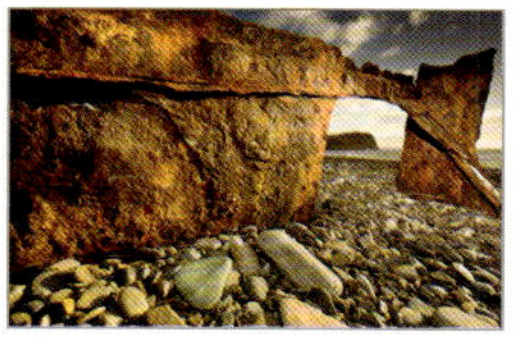

They Leapt into the Sea
Llamasant i'r Môr
p91

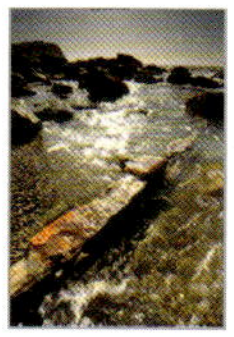

Still Pointing Seaward
Tua'r Môr o Hyd
p93

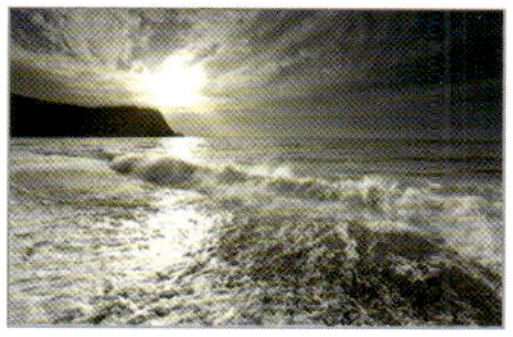

Bright Sea before White Snow
Môr Disglair cyn Eira Gwyn
p95

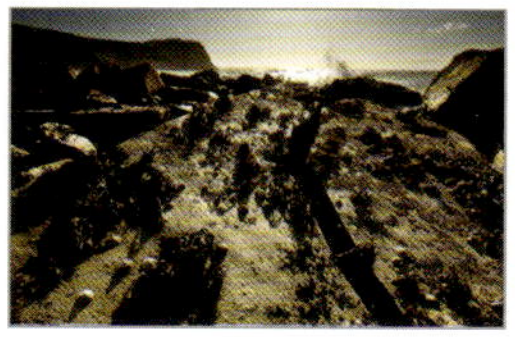

A Crack Appeared
Gwelwyd Hollt
p97

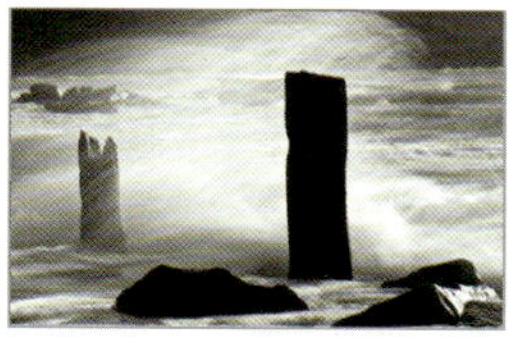

Defiant Last Posts
Pyst Olaf Herfeiddiol
p99

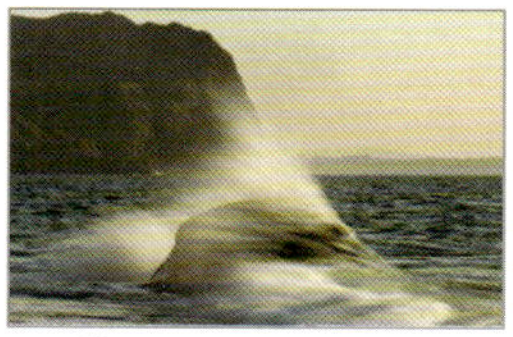

Steadfast against Continued Attack
Cadarn dan Ymosodiad Parhaol
p107

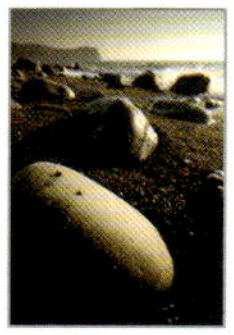

Varied Solidarity
Cadernid Amrywiol
p109

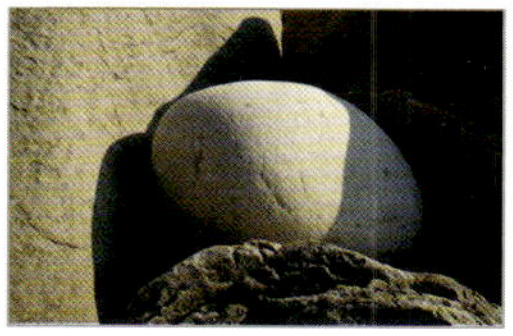

Perfect Irregularity
Perffaith Afreolaidd
p110

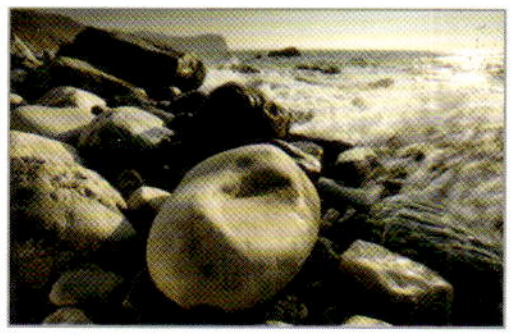

Explosions on a Deserted Beach
Ffrwydradau ar Draeth Unig
p111

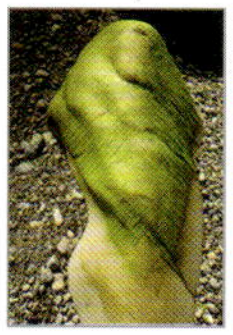

The Mermaid
Y Fôr-forwyn
p112

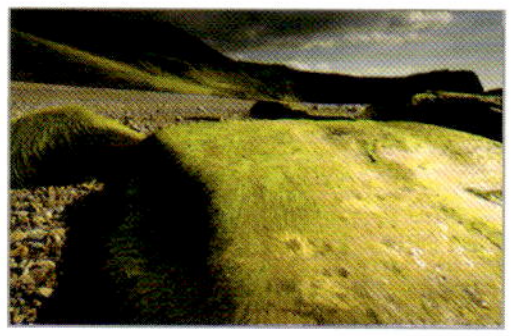

Smooth Beauties on the Dark Shore
Ceinion Llyfnion y Traeth Tywyll
p113

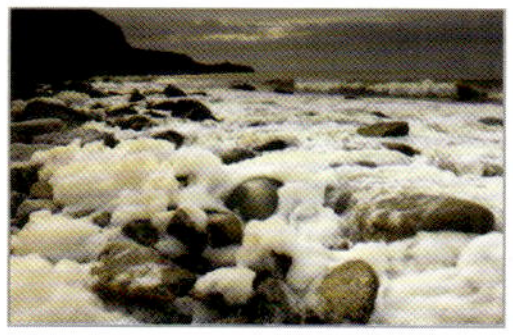

Where Things Get Washed Up
Lle Golchir Pethau i'r Lan
p115

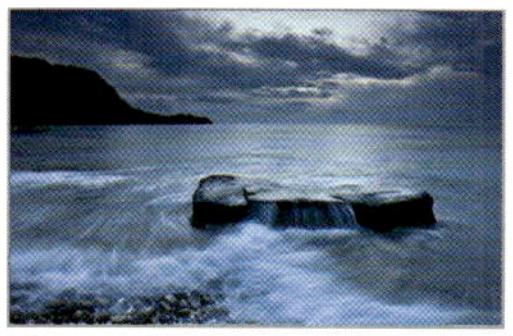

Things Changed at Night!
Newidiodd Pethau gyda'r Nos!
p117

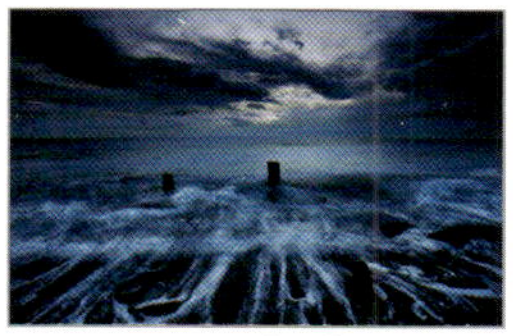

Against Time and Tide
Yn erbyn Amser a'r Llanw
p119

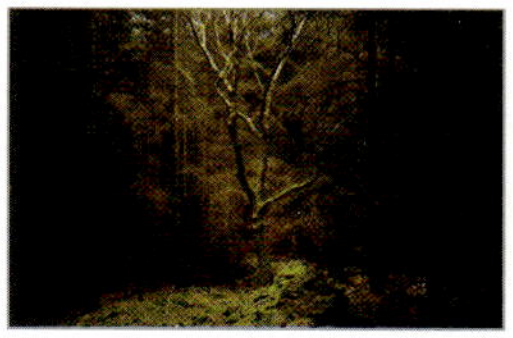

Not Alone in the Wood
Nid yr Unig Un yn y Coed
p121

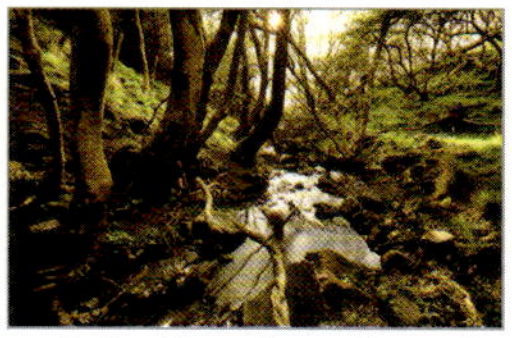

Pool of Light in the Dark Wood
Pwll o Oleuni yn y Goedwig Dywyll
p122

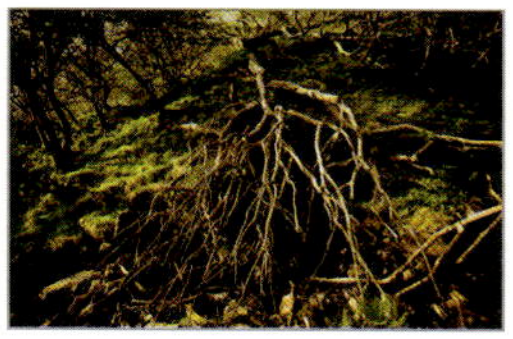

Death and Moving Waters
Marwolaeth a Dyfroedd Aflonydd *p123*

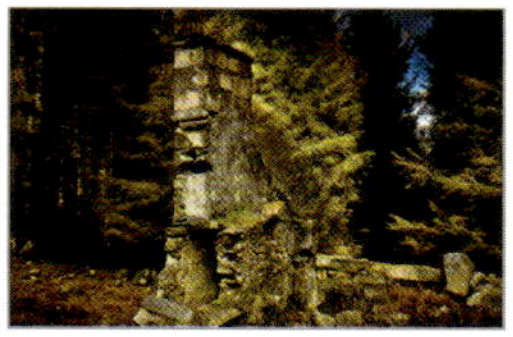

The Hollow Wall
Y Wal Wag
p125

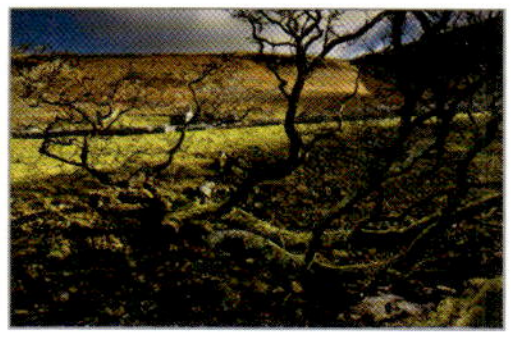

A Light Flow
Llif o Oleuni
p127

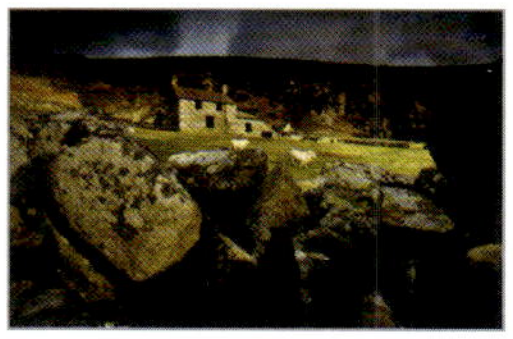

The Invisible Shepherd
Y Bugail Anweledig
p129

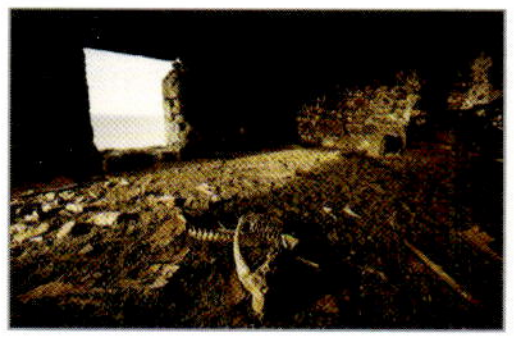

She Missed the View
Collodd yr Olygfa
p130

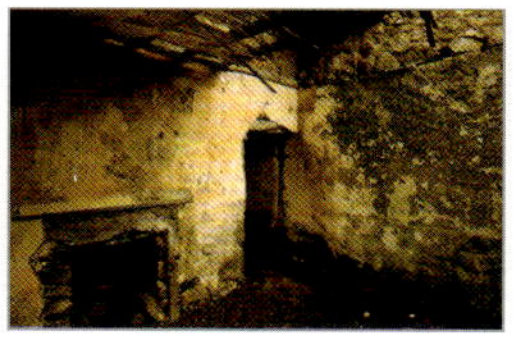

Light in the Dark Room
Goleuni yn yr Ystafell Dywyll
p131

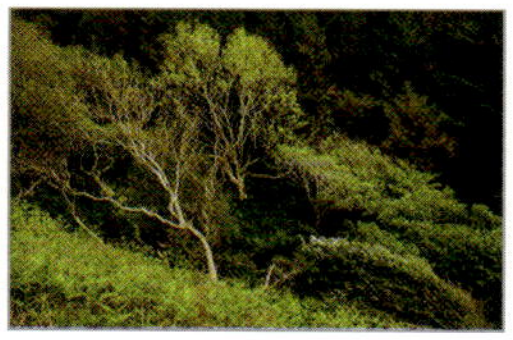

Through Thick and Through Thin
Trwy'r Tew a'r Tenau
p132

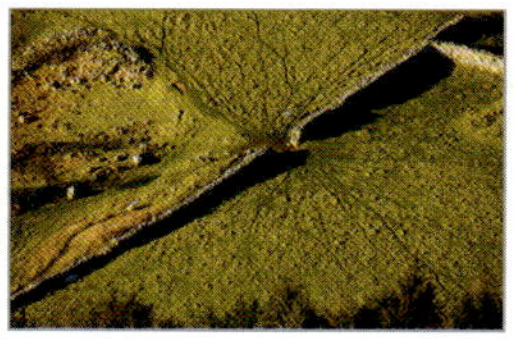

A Passage of Time
Hynt Amser
p133

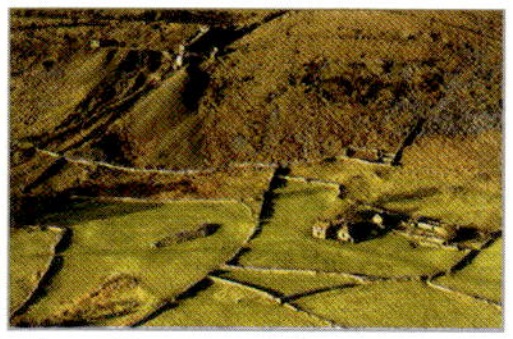

The Valley Provided
Yn y Cwm Ceid y Cwbl
p134

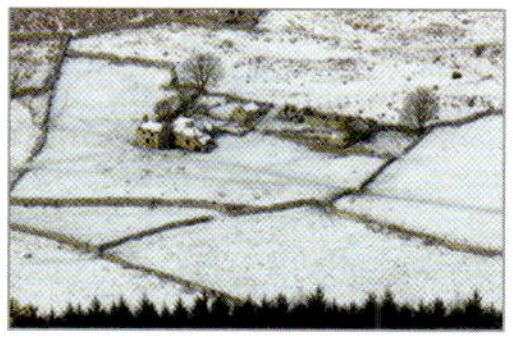

Beautiful Desolation
Harddwch yr Anghyfannedd
p135

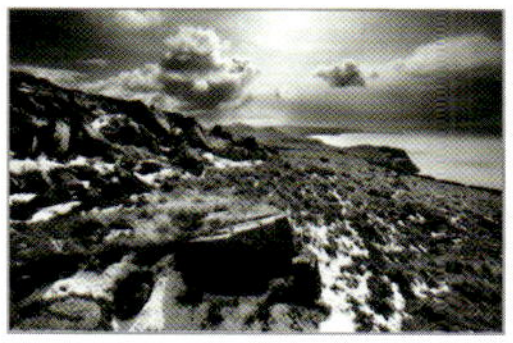

Light Escapism
Dianc i'r Goleuni
p137

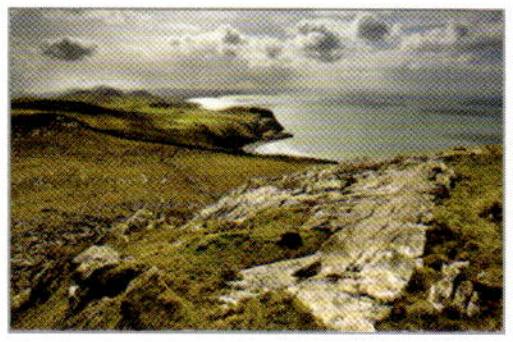

Basking in Winter Sun
Torheulo yn Heulwen y Gaeaf
p139

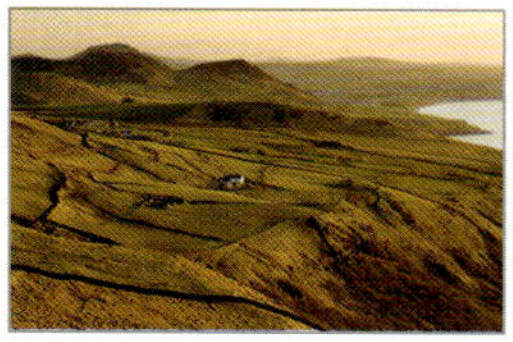

Softer Above
Addfwynach Uwchben
p141

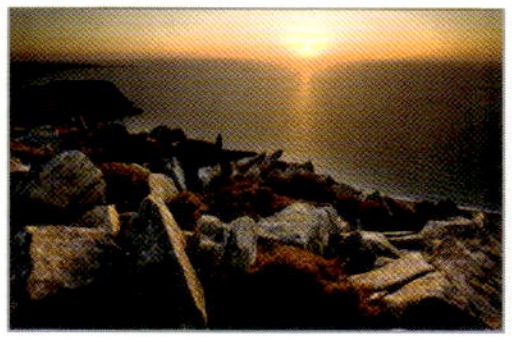

Light Before Darkness
Goleuni cyn Tywyllwch
p143

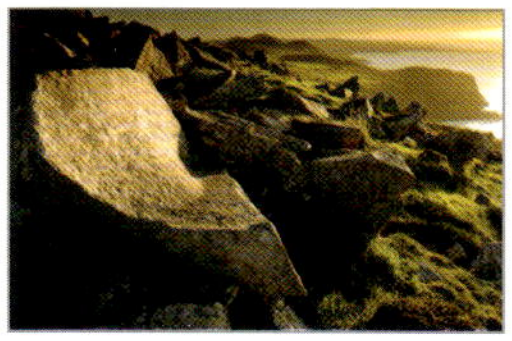

A Place for Kings and Lovers
Man i Frenhinoedd a Chariadon
p145

Acknowledgements

I would like to thank all of the following people for their exceptional support with the financing and production of Nant Gwrtheyrn – The Enchantment:

Dr Carl Clowes, for asking me to become involved with his Nant guidebook in the first place, and thus giving rise to the very rewarding opportunity to produce this art book of my resulting images. I would also like to thank him and his wife Dorothi for their friendship, support of my work, and introductions to many wonderful people, throughout this photographic project.

All the staff at Y Nant, for their warmth of friendship whenever I visited, their wonderful ability to drop in and out of Welsh when chatting with me, and their unhesitating willingness to help sort any requirements. I would like to specially thank my friend Bethan in Caffi Meinir, who not only acted as a main contact, but also provided me with some of the best food and hospitality I've experienced! I must also thank the lovely Buddug, who always made sure I was fed and watered after I'd slogged around the hills all day carrying a hundredweight of gear!

My Welsh tutor, Ann Corkett, and her husband Dr Bruce Griffiths, who once again have painstakingly provided the translation for one of my books, with intelligent interpretation of my 'creative' use of English!

My fantastic and diligent friend, Jonathan Briggs from Magic Bean, who has once again painstakingly handled production of my book from start to finish, and whose attention to detail, layout and image fidelity remains tenacious. I must also thank him for going beyond the call of duty with several visits to North Wales just to ensure successful completion of a quality book.

My wife, Carol, who has provided superb opinions during the selection process for this book, and whose occasional company at Y Nant has provided me with different and wonderful experiences of this unique valley XXX.

My Mum and Dad, for occasionally staying with me at Y Nant; their company on those visits was so wonderful and so important, creating opportunities to be just me, Mum and Dad. These powerful memories will never fade and will always be triggered by any visit to Y Nant XX.

Diolchiadau

Hoffwn ddiolch i'r canlynol i gyd am eu cefnogaeth eithriadol wrth ariannu a chynhyrchu Nant Gwrtheyrn – Y Swyngyfaredd:

Y Dr Carl Clowes, am ofyn imi ymwneud â'i dywyslyfr i'r Nant yn y lle cyntaf, gan arwain felly at gyfle boddhaol iawn imi gynhyrchu'r llyfr celf hwn o'r lluniau a gododd o'r herwydd. Hoffwn hefyd ddiolch iddo ac i'w wraig, Dorothi, am eu cyfeillgarwch, eu cefnogaeth i'm gwaith, ac am fy nghyflwyno i lawer o bobl ryfeddol, trwy gydol y cynllun ffotograffaidd hwn.

Holl aelodau staff y Nant, am gynhesrwydd eu cyfeillgarwch ar bob ymweliad, eu gallu rhyfeddol i newid o'r naill iaith i'r llall wrth sgwrsio â mi, a'u parodrwydd dibetrus i helpu gydag unrhyw anghenion. Hoffwn ddiolch yn arbennig i'm cyfeilles Bethan, yng Nghaffi Meinir, nid yn unig am weithredu fel un o'm prif gysylltiadau, ond hefyd am ddarparu ar fy nghyfer beth o'r bwyd, a'r croeso, gorau a gefais erioed! Rhaid imi ddiolch hefyd i'r hawddgar Fuddug, a ofalodd bob amser y cawn ddigon i'w fwyta a'i yfed ar ôl imi ymlwybro o gwmpas y bryniau trwy'r dydd, gan gario canpwys o offer.

Fy nhiwtor Cymraeg, Ann Corkett, a'i gŵr, y Dr Bruce Griffiths, sydd unwaith eto, gyda gofal diwyd, wedi cyfieithu un o'm llyfrau, gan ddehongli'n ddeallus fy nefnydd 'creadigol' o'r Saesneg.

Fy nghyfaill rhagorol a dyfal, Jonathan Briggs o Magic Bean, sydd unwaith eto wedi ymgymryd yn ofalus â chynhyrchu fy llyfr o'r dechrau i'r diwedd, ac sy'n parhau i roi sylw dyfal i'r manylion, i osodiad ac i gywirdeb y delweddau. Rhaid imi ddiolch iddo hefyd am fynd y tu hwnt i ofynion ei swydd trwy ymweld â Gogledd Cymru nifer o weithiau yn unswydd er mwyn sicrhau cwblhau'n llwyddiannus lyfr o safon.

Fy ngwraig, Carol, a fynegodd ei barn yn wych pan ddewisem gynnwys y llyfr hwn, ac y mae ei chwmni yn y Nant, o dro i dro, wedi rhoi imi brofiad gwahanol a rhyfeddol o'r cwm unigryw hwn XXX.

Fy Nhad a'm Mam, am aros gyda mi yn y Nant o dro i dro; yr oedd eu cwmni ar yr ymweliadau hyn mor rhyfeddol ac mor bwysig, gan greu cyfleoedd inni fod yn ddim ond y fi, Mam a Nhad. Ni fydd yr atgofion cryfion hyn fyth yn pylu, a bydd pob ymweliad â'r Nant wastad yn eu deffro XX.